ROSEN

KNAURS NATUR- UND GARTENFÜHRER

ROGER PHILLIPS & MARTYN RIX

ROSEN

Mehr als 1400 Rosen in Farbe

DROEMER KNAUR

Unter Mitarbeit von Alison Rix

Layout von Jill Bryan

Deutsch von Gabriele Burkhardt
und Cornelia Hermanns

DANKSAGUNG

Wir danken besonders Charles und Brigid Quest-Ritson, die uns bei der Beschreibung der alten Rosenarten halfen, uns an ihren eigenen Beobachtungen teilhaben ließen und uns großzügig mehrere Fotografien zur Verfügung stellten.

Weiter möchten wir für Hilfe und Unterstützung danken: Ted Allen, David Austin, Henry Bath, Oliver Baxter, Peter Beales, Beverly Behrens, John Bond, Christopher Brickell, Humphrey Brooke, Ursula Buchan, Bev Dobson, Fred Edmunds, Bob Flood, Jim Gardiner, Alan und Carolyn Hardy, Philip Harkness, Polly Hunt, Daryl Johnson, June Justice, Roy Lancaster, Sid Love, Donald Maginnis, Bob Mitchell, Mikinori Ogisu, Andrew Paterson, Graham Thomas, Peter Yeo, Peter Stone.

Die fotografierten Rosen stammen überwiegend aus folgenden Gärten, und wir danken den Mitarbeitern dieser Gärten für ihre Hilfe: The Royal Horticultural Society Gardens, Wisley; The National Trust, Mottisfont; Savill Gardens, Windsor; Gardens of the Rose, St Albans; The Royal Botanic Gardens, Kew; The University Botanic Garden, Cambridge; R. Harkness & Co; David Austin Roses; Fred Edmunds Roses; Eccleston Square Gardens, London; Justice Mini Roses, Oregon; International Rose Test Gardens, Portland, Oregon; The Hillier Arboretum, Ampfield und Meilland & Cie, Antibes, Frankreich.

Für ihre freundliche Hilfe und die Bereitstellung von Fotografien danken wir Sue Hauser, Roseries Hauser, Vaumarcus und Richard Huber A. G., Dottikon, Schweiz.

Unser Dank für unermüdliche Unterstützung gilt Brent Elliott und den Mitarbeitern der Lindley Library.

Titel der englischen Originalausgabe
»Roses«

Satzarbeiten: Compusatz GmbH, München
Printed in Singapore

ISBN 3-426-26382-3

Inhalt

Wilde *Rosa chinensis* var. *spontanea* in Südwest-Szetschuan (China)

Einführung

In diesem Buch haben wir nicht nur über 1400 der Rosen abgebildet und beschrieben, die am häufigsten in Gärten angepflanzt werden, sondern auch die wilden Arten, aus denen sie gezogen wurden. Zwar gibt es zahllose andere Bücher über Rosen, doch auf den Fotos in diesem Buch, die im Studio aufgenommen wurden, sind viele Rosen deutlicher zu sehen als sonst; sie zeigen Einzelheiten der Knospen, der geöffneten Blüten und der Blätter. Zusätzlich haben wir viele der wilden Arten an ihren heimischen Plätzen fotografiert; manche chinesische Wildrosen etwa sind im Westen noch weitgehend unbekannt.

Zur Benutzung dieses Buches

Die Rosen sind nach Gruppen zusammengestellt. Den Anfang bilden die Wildrosen und einfachen Hybriden, dann folgen die alten Strauchrosen, die modernen Strauchrosen, Teehybriden und Floribunda-Rosen. Den Schluß bilden die Miniaturrosen und schließlich die Früchte. Innerhalb jeder Sektion sind die Rosen, soweit möglich, nach dem Tag der Einführung zusammengestellt; die ältesten kommen zuerst. Das Buch kann auf dreierlei Weise verwendet werden: einmal als Nachschlagewerk, wenn Sie wissen wollen, wie eine bestimmte Rose aussieht; dann können Sie mit seiner Hilfe eine Rose von bestimmter Farbe, Form und Wuchshöhe aussuchen, die Sie in einer Rosenschule bestellen wollen; und schließlich lassen sich Rosen, die Sie nicht kennen, anhand der Bilder bestimmen.

Der Text

Der Begleittext zum Bild steht immer auf derselben oder gegenüberliegenden Seite. Texte in einem Buch dieser Art können nur kurz sein. Wir haben die auffallenden Merkmale der Arten kurz beschrieben, die Anordnung der Härchen, Drüsen, Stacheln etc., bei den wilden Rosen außerdem Standort und Verbreitungsgebiet.

Für Rosenzüchter haben wir einmal die Gruppe angegeben, zu der die jeweilige Rose gehört (für die spezifischen Merkmale der jeweiligen Gruppe siehe S. 8-10), dann den Züchter und das Datum der Einführung, soweit bekannt. Im allgemeinen wird dieses Datum registriert (und nicht der Tag, an dem die Kreuzung vorgenommen wurde). Weiter haben wir die Wuchshöhe, den Duft und andere Merkmale beschrieben, wobei wir nur einen guten oder besonders schwachen Duft vermerkt haben, denn nahezu alle Rosen duften. Außerdem ist die Abstammung angegeben, die registrierte oder auch vermutete. Früher nahmen die Züchter die Bestäubung nicht sorgfältig vor, sondern sie verließen sich auf den Samen und auf die Zuchtwahl von Tausenden von Sämlingen. Daher ist die Abstammung der Rosen, die vor 1900 gezogen wurden, sehr wahrscheinlich unbekannt oder zumindest unsicher.

Vorkommen wilder Rosen

Wilde Rosen sind überall auf der nördlichen Halbkugel beheimatet. Man findet sie in der Arktis, aber auch sehr weit im Süden wie etwa in Nordafrika, im Jemen, in Südindien, Thailand und Mexiko; auf der südlichen Halbkugel sind sie hingegen unbekannt. Die größte Artenvielfalt, an Rosen wie an anderen Gattungen, ist in Westchina anzutreffen. Dort wachsen Vertreter sieben verschiedener Sektionen. Eine große Zahl der Arten gehört zu zwei Sektionen: die Sektion *cinnamomeae* umfaßt 26 Arten (die bekannteste ist *R. moyesii*), und die Sektion *synstylae* zählt 19 Arten (hierzu gehört etwa *R. filipes*).
In Zentralasien sind ebenfalls viele Arten anzutreffen; hier ist die Sektion der gelben *pimpinellifoliae* weit verbreitet, außerdem die Sektionen der *cinnamomae* (26 Arten) und der Hundsrosen oder *caninae* (22 Arten).
In Europa sind die Hundsrosen ebenfalls mit 30 Arten stark vertreten, von den anderen Sektionen der Gattung findet man jedoch nur 12 Arten. In Frankreich wachsen 32 Arten, darunter so wichtige Vorfahren kultivierter Rosen wie *R. sempervirens*, *R. gallica* und *R. majalis* sowie die ihrer Blätter wegen bekannte *R. glauca* (*rubrifolia*).

Rosa pimpinellifolia in den Dünen von Süd-Wales

In England gibt es 14 heimische Arten; *R. rugosa* allerdings, die heute häufig in den Dünen im Küstenbereich zu finden ist, gehört nicht dazu. *R. arvensis* zählt als einzige zu den *synstylae; R. pimpinellifolia* ist die häufigste Art. Die übrigen Arten sind in drei Gruppen unterteilt: die Hundsrosen, die feinstflaumigen Rosen und die Weinrosen.
Nordamerika besitzt nur 25 heimische Arten. Drei gehören der Untergattung *Hesperhodos* an, die Wüstenklima bevorzugt und in Arizona, Neu-Mexiko und Baja California vorkommt. Die bekannteste kultivierte Sorte dieser Untergattung ist *R. stellata* var. *myrifica* (S. 18). Zur Gruppe der *synstylae*, die in China eine wichtige Rolle spielt, zählt nur *R. setigera*, die Prärie-Rose. Die übrigen Arten sind in zwei Gruppen unterteilt: in die *cinnamomae*, *R. californica* etwa, und in die *carolinae*, zu der die im Osten heimischen Arten *R. carolina*, *R. virginiana* und *R. nitida* gehören.

Die Standorte wilder Rosen

Wilde Rosen wachsen meistens an ungeschützten Plätzen: an Flußufern, auf Klippen und an Abhängen, wo abgeholzt wurde oder ein sehr rauhes Klima herrscht und kein Baumbestand möglich ist. Allein die Kletterrosen wie *R. gigantea* und die *synstylae* wie *R. filipes*, die bis in die Baumwipfel klettern und dort blühen, haben eine Chance, im Wald zu überleben. Seit der Mensch Haustiere hält und sie von der Saat fernhalten muß, bilden Hecken einen idealen Standort für die wilden Rosen. Vögel, die hier ihren Ruheplatz haben, streuen die Samen längs der Hecken aus. Häufig wurden die wilden Rosen auch gezielt angepflanzt, so etwa *R. banksiae* var. *banksiae* in vielen Gegenden Yunnans (siehe S. 30). In Nordamerika wurden *R. laevigata*, die Cherokee-Rose, sowie *R. bracteata* ursprünglich als schnell wachsende Hecken zum Schutz gegen Bodenerosion gepflanzt. Beide sind später in vielen Staaten heimisch geworden.

Klassifikation der Rosen

Die Arten der Gattung (oder Familie) *Rosa* werden aus Gründen der Übersichtlichkeit folgendermaßen in Untergattungen (Unterfamilien), Sektionen und Gruppen von Arten innerhalb der Sektionen unterteilt:

Die Arten der Gattung *Rosa* in Gruppen

HULTHEMIA *R. persica* (S. 19).
HESPERHODOS *R. stellata* var. *myrifica* (S. 18), *R. minutifolia* (Niederkalifornien).
PLATYRHODON *R. roxburghii* (S. 18), *R. hirtula* (S. 18).
ROSA
1. Chinenses *R. chinensis* (S. 32) *R. gigantea* (S. 33).
2. Banksianae *R. banksiae* (S. 30), *R. cymosa* (S. 31), *R. collettii* (Birma).
3. Laevigatae *R. laevigata* (S. 32).
4. Bracteatae *R. bracteata* (S. 32), *R. clinophylla* (Indien).
5. Pimpinellifoliae *R. pimpinellifolia* (S. 21), *R. ecae* (S. 16), *R. primula* (S. 14), *R. kokanica* (S. 14), *R. xanthina* (S. 20), *R. hemisphaerica* (S. 14), *R. foetida* (S. 14), *R. sericea* (S. 16).
6. Synstylae *R. arvensis* (S. 34), *R. sempervirens* (S. 34), *R. phoenicea* (westliches Asien und Griechenland), *R. moschata* (S. 34), *R. brunonii* (S. 39), *R. longicuspis* (S. 39), *R. glomerata* (China), *R. rubus* (China), *R. helenae* (S. 37), *R. filipes* (S. 39), *R. soulieana* (S. 215), *R. henryi* (China), *R. mulliganii* (S. 39), *R. leschenaultiana* (Südindien), *R. setigera* (S. 34), *R. multiflora* (S. 39), *R. wichuraiana* (S. 34), *R. luciae* (Japan), *R. sambucina* (S. 34), *R. abyssinica* (Äthiopien), *R. bottaiana* (Jemen).
7. Cassiorhodon oder Cinnamomeae *R. beggeriana* (S. 29), *R. pisiformis* (Türkei), *R. iliensis* (S. 29), *R. willmottiae* (S. 17), *R. nanothamnus* (S. 23), *R. acicularis* (S. 215), *R. majalis* (S. 27), *R. glauca* (S. 18), *R. pendulina* (S. 25), *R. setipoda* (S. 23), *R. corymbulosa* (S. 215), *R. caudata* (S. 23), *R. sertata* (China), *R. davidii* (S. 25), *R. farreri* (S. 23), *R. rugosa* (S. 100), *R. laxa* (S. 21), *R. bella* (S. 25), *R. prattii* (S. 18), *R. wardii* (S. 25), *R. sweginzowii* (S. 25), *R. moyesii* (S. 23), *R. macrophylla* (S. 25), *R. forrestiana* (S. 23), *R. multibracteata* (S. 25), *R. giraldii* (S. 19), *R. webbiana* (S. 23), *R. fedtschenkoana* (S. 23), *R. blanda* (Nord-Amerika), *R. californica* (S. 27), *R. arkansana* (S. 20), *R. nutkana* (S. 27), *R. pisocarpa* (S. 27), *R. woodsii* (S. 27), *R. yainacensis* (S. 27), *R. gymnocarpa* (S. 27), *R. colvillei* (S. 27), *R. suffulta* (S. 27).
8. Carolinae *R. virginiana* (S. 27), *R. carolina* (S. 27), *R. foliolosa* (S. 27), *R. nitida* (S. 21), *R. palustris* (S. 21).
9. Rosa *gallica* (S. 48).
10. Caninae Caninae *R. canina* (S. 28), Villosae *R. mollis* (S. 28), *R. orientalis* (S. 29), Rubiginosae *R. rubiginosa* (S. 18), *R. serafinii* (S. 18), *R. iberica* (S. 28), *R. glutinosa* (S. 215).

Die Winterhärte wilder Rosen

Rosen sind in fast allen Klimazonen der nördlichen Hemisphäre zu finden, von der nördlichen Polargegend bis zu den Tropen. Die meisten Arten halten bis zu -15 Grad Kälte ebenso aus wie heiße Sommer. Chinesische Arten können allerdings bei -10 Grad eingehen; da sie, wie etwa *R. gigantea*, eine entscheidende Rolle bei der Entwicklung der Teehybriden gespielt haben, sind manche Teehybriden empfindlich. Kletterrosen der Sorte *sempervirens* halten auch Temperaturen unter -10 Grad aus, so zum Beispiel *R. roxburghii*. Zu den robustesten Arten zählen die in den Dünen Nordjapans und in Sibirien wachsende *R. rugosa*, die aus Japan stammende *R. wichuraiana* und *R. pimpinellifolia*. Aus ihnen wurden äußerst kälteresistente Hybriden für den Osten der USA und Kanadas gezüchtet.
Die zentralasiatischen Arten vertragen zwar Kälte, doch in Westeuropa bekommen sie mitunter zuwenig Sonne, um ihr Holz voll ausbilden zu können. Sie wachsen zögernd, blühen spärlich und erliegen Krankheiten oder frühen Frösten. Ausgesprochene Wüstenarten wie *R. persica* blühen nur, wenn man sie unter Glas zieht, im Frühjahr feucht und im Sommer trocken hält.

Rosa glauca und *Golden Elder*

Geschichte der Kultivierung

Wir wissen, daß bereits die Römer Rosen in großer Zahl zur Zierde anpflanzten, doch welche Arten sie genau kultivierten, entzieht sich unserer Kenntnis. Die Araber bewahrten und pflegten im frühen Mittelalter viele aus der Antike überkommene Traditionen, und vermutlich brachten Kreuzfahrer die Damaszener-Rosen wieder aus dem Nahen Osten nach Europa. *Rosa gallica* ›Officinalis‹ wurde im 13. Jahrhundert in Provins bei Paris gezogen. Die Stadt entwickelte sich zu einem Zentrum der Parfümherstellung. Zusammen mit anderen südeuropäischen Kulturpflanzen wie dem Granatapfelbaum, der Weinrebe und dem Feigenbaum ist diese Rose auf dem Pontinari-Altarbild der Genter Kathedrale aus dem Jahre 1430 zu sehen. Auch eine halbgefüllt blühende weiße Rose, *Rosa × alba* ›Semi-plena‹, ist auf Gemälden dieser Zeit dargestellt. *Rosa × centifolia* ist erstmals auf holländischen Blumenbildern aus dem frühen 17. Jahrhundert abgebildet. Moosrosen – Sports oder Mutationen der Damaszener-Rosen oder der Zentifolien – wurden zuverlässig erstmals 1720 im Botanischen Garten von Leyden registriert; allerdings soll es schon 1696 welche in Carcassonne gegeben haben. Im 18. Jahrhundert entwickelte sich die Kultivierung der Rosen nur langsam, doch kamen am Ende des Jahrhunderts zwei Faktoren zusammen, die der Rosenzucht zu einem erstaunlichen Aufschwung verhalfen.

Dies war einmal die Einführung der mehrmals blühenden (remontierenden) China-Rosen (1792, 1793) und der Teerosen (1810-24) aus China, und zum anderen die Initiative Josephines, der Gemahlin Napoleons, die von 1799 bis zu ihrem Tod 1814 in Malmaison Rosen züchtete und damit eine regelrechte Mode auslöste. Der große Rosenzüchter des frühen 19. Jahrhunderts, J. P. Vibert, gründete 1815 seine Pflanzschule bei Paris. Viele seiner Rosen werden heute noch kultiviert. Zwei frühe, zufällige Hybriden zwischen chinesischen und europäischen Rosen entstanden im außereuropäischen Raum und wurden, als sie wiedereingeführt waren, zur Grundlage neuer Spielarten: die Bourbon-Rosen von der Insel Réunion (Île de Bourbon) und die Noisette-Rosen aus Charleston in South Carolina. In Frankreich hielt die Begeisterung für Rosen das ganze 19. Jahrhundert über an. Im 20. Jahrhundert schwappte sie schließlich auch auf die übrige Welt über. Hybriden aller Sorten entstanden, häufig rein zufällig. Aus ihnen wurden die Gruppen kultivierter Rosen gezüchtet, die nachfolgend aufgezählt sind.

Gallica-Rose (auch Provins-Rose genannt). Seit alters sind Sorten der *Rosa gallica* in Kultur, einer Rose, die kurze Ausläufer treibt und in Südeuropa von Frankreich bis in die Türkei heimisch ist. Sie ist äußerst robust, einmal blühend. Die stark duftenden Blüten reichen von Rosa über Karmesinrot bis Purpurrot. Bis 1,5 m hoch.

Damaszener-Rose Es gibt zwei Gruppen von Damaszener-Rosen: die einmal blühenden »sommerblühenden« Damaszener-Rosen und die »herbstblühenden« Damaszener-Rosen, die ein zweites Mal im Herbst blühen. Beide werden seit alters kultiviert. Die »sommerblühende« Damaszener-Rose ist eine Hybride zwischen *R. gallica* und *R. phoenicea*, die im östlichen Mittelmeerraum heimisch ist und mit ihren behaarten Blättern der *R. multiflora* gleicht; die »herbstblühende« Damaszener-Rose ist eine Hybride zwischen *R. gallica* und *R. moschata* (S. 34). Die Damaszener-Rosen sind empfindlicher als die Gallica-Rosen, oft höher, bis 2,5 m hoch, mit meist stark duftenden, roten, rosa oder weißen Blüten in lockeren Büscheln.

Ein Hof im alten Bukhara

Monorine du Brabant

Rosa alba (Weiße Rose). Die dritte Gruppe der alten Rosen. Hybriden zwischen einer Rose der Sektion *R. canina*, wie etwa *R. mollis* (S. 28), und *R. gallica*, vielleicht auch einer Damaszener-Rose. Die Blüten der Weißen Rosen sind immer weiß oder zartrosa, sie duften süß, die Blätter sind bläulich. Sie bilden dichte, bis zu 2,5 m hohe Sträucher mit verhältnismäßig wenig Stacheln.

Moosrosen Moosrosen entstanden ursprünglich als Mutationen oder Sports normaler Rosen. Die erste wurde 1720 verzeichnet. Nach heutigem Wissensstand sind solche Formen dreimal bei Zentifolien aufgetreten, ein- oder zweimal bei Damaszener-Rosen, wo das Moos dann härter und bräunlich wird. Eine ungefüllt blühende Zentifolien-Moosrose, die im frühen 19. Jahrhundert entstand, erlaubte die Züchtung Hunderter von Mooshybriden zusätzlich zu den zahlreichen Mutationen, die im 18. Jahrhundert aufgetreten sind.

Zentifolien (auch Kohl-Rose, Rose des Peintres oder Provence-Rose). Die ersten Zentifolien entstanden vermutlich gegen Ende des 16. Jahrhunderts aus der Kreuzung einer »herbstblühenden« Damaszener-Rose mit einer Weißen Rose. Sie bilden große, eher hängende Sträucher mit dichtgefüllten Blüten an den dünnen Zweigen. Eine ungefüllt oder halbgefüllt blühende Mutation entstand im frühen 19. Jahrhundert. Davor war die Gruppe steril, und alle gezogenen frühen Sorten waren Mutationen der ursprünglichen Kreuzung.

Portland-Rosen Portland-Rosen sind nach Margaret Cavendish Bentinck, der zweiten Herzogin von Portland, benannt. Die wilde Form, eine Hybride zwischen einer »herbstblühenden« Damaszener-Rose und *R. gallica* ›Officinalis‹, ist seit 1792 bekannt. Portland-Rosen wurden wegen ihrer späten Blüte und der kräftigen roten Farbe geschätzt. Aus der Kreuzung mit China-Rosen, die schon früh durchgeführt wurde, entstanden die Vorfahren der Remontantrosen.

China-Rosen waren in China bereits jahrhundertelang im großen Stil kultiviert und gezüchtet worden, bevor 1792 die ersten in europäische Gärten gelangten.

Die niedrigen, mehrmals blühenden China-Rosen sind Mutationen der Kletterrose *R. chinensis* (S. 32), einige möglicherweise auch Hybriden von *R. × odorata* (siehe unten). Diese Form der Mutation wurde bei der Kultivierung mit ›Little White Pet‹ beobachtet, einem niedrigen, mehrmals blühenden Sport von ›Felicité et Perpetué‹. Die ersten Chi-

China-Rosen, Mottisfont

naimporte waren Slater's Crimson China‹ (S. 69), die um 1792 eingeführt wurde, und ›Parson's Pink China‹ 1793, die heute den Namen ›Old Blush‹ trägt. Die wilden China-Rosen sind ziemlich empfindliche Zwergformen und werden bis zu 2 m, in der Regel jedoch nur etwa 1 m hoch. Die Blüten sind weiß bis rosa, ungefüllt oder locker gefüllt.

Teerosen Die Teerose, *Rosa × odorata*, ist eine Hybride zwischen *R. gigantea* und *R. chinensis*, die vor langer Zeit in China auftrat, wo viele Sorten kultiviert wurden (siehe S. 179). Zwei davon wurden in Europa eingeführt: die zartrosa ›Hume's Blush tea-scented China‹ (1809) und ›Park's Yellow tea-scented China‹ (1824). Leider wird heute keine davon in Europa kultiviert. Die Früchte blieben jedoch erhalten; aus ihnen wurden eine ganze Reihe von Teerosen durch Kreuzung mit Bourbon-Rosen und Noisette-Rosen gezogen. Aus diesen entstanden durch Kreuzung mit Remontantrosen die Teehybriden.
Teerosen sind gewöhnlich Kletterrosen oder kleine, spärliche Sträucher, die ununterbrochen sehr schöne, große Blüten in allen Schattierungen von Rosa, Aprikosengelb bis Hellgelb hervorbringen. Sie haben wenige Stacheln und sind relativ empfindlich, am trefflichsten gedeihen sie im Mittelmeerraum, in Kalifornien und Australien.

Bourbon-Rosen Vor der Eröffnung des Suezkanals war die Île de Bourbon, heute Réunion, östlich von Madagaskar, ein wichtiger Anlegepunkt für französische Schiffe, die zwischen dem Nahen Osten und Europa verkehrten. Um 1817 wurden hier *R. chinensis* und die aus Europa stammende »herbstblühende« Damaszener-Rose gezogen. Beide wurden offenbar als gemischte Hecke zusammen angepflanzt. Einem französischen Botaniker, M. Bréon, fiel eine Mischform beider Sorten in einer solchen Hecke auf. Er nahm sie mit in seinen botanischen Garten und schickte von dort aus Samen an M. Jacques in Paris. Dieser zog aus ihnen die erste Bourbon-Rose, die Redouté 1824 malte. Sie hat halbgefüllte Blüten von kräftigem Rosa, einen angenehmen Duft, den sie von der Damaszener-Rose geerbt hat, und eine schöne Herbstblüte. Die heutigen Bourbon-Rosen entstanden durch Kreuzungen dieser ersten Bourbon-Rose mit *R. gallica* und Damaszener-Hybriden.

Noisette-Rosen Vorfahre der Noisette-Rose ist eine Hybride zwischen *R. moschata* und ›Parson's Pink China‹, die Champneys 1802 in South Carolina gelang und unter dem Namen ›Champneys' Pink Cluster‹ bekannt wurde. Sie ist eine Kletterrose mit zahlreichen halbgefüllten rosa Blüten, die jedoch, wie *R. moschata* nur im Sommer blüht. Philippe Noisette in Charleston zog aus ›Champneys' Pink Cluster‹ Samen und gewann aus ihm durch Zuchtwahl ›Old Blush‹ oder *R. noisettiana*, die Redouté 1821 zeichnete. Aus ihrer Kreuzung mit ›Park's Yellow China‹ entstanden die kletternden gelben Noisette-Rosen wie ›Desprez à fleur Jaune‹ (S. 77), gelbe Teerosen und schließlich großblütige Kletterrosen wie ›Maréchal Niel‹ (S. 79). Die meisten sind nicht sehr winterhart.

Remontantrosen Mehr als tausend Sorten Remontantrosen wurden in der zweiten Hälfte des 19. Jahrhunderts gezogen, von denen heute vermutlich nicht einmal mehr hundert erhalten sind. Vorfahre dieser Klasse ist die Hybride einer Portland-Rose × China-Rose, ›Rose du Roi‹, die 1816 erschienen war. Durch Kreuzung mit China-Hybriden (Gallica- × China-Hybriden) und Bourbon-Rosen entstand um 1835 die neue Klasse der ›Remontant-Hybriden‹ oder Remontantrosen. Einige der ersten Sorten wurden von Laffay gezüchtet. Hier sind vor allem ›La Reine‹ (S. 72) und ›Gloire des Rosomanes‹ (S. 71) zu nennen. Die modernsten wie ›Arilaga‹ (S. 74) entstanden im frühen 20. Jahrhundert.
Remontantrosen wachsen normalerweise kräftig, sind in der Regel rot, mauve, rosa oder weiß, oft mit großen Blüten und starken Trieben, die angebunden werden müssen, wenn sie über die ganze Länge Blüten treiben sollen. Wegen der Portland-Vorfahren sind sie robuster als die Noisette-Rosen, benötigen in kalten Regionen jedoch trotzdem einen Winterschutz.

Teehybriden Zusammen mit den Floribunda-Rosen sind sie die verbreitetsten Rosen im 20. Jahrhundert. Zuweilen wurden sie als großblütige Teehybriden bezeichnet – eine unglückliche Namenswahl, da sie eine Verwechslung mit den Grandiflora-Rosen nahelegt, einer weiteren

›Eye paint‹

neuen Klasse, die eine Mittelstellung zwischen Teehybriden und Floribunda-Rosen einnimmt. Teehybriden entstanden Mitte des 19. Jahrhunderts als Kreuzungsprodukte aus Teehybriden und Remontantrosen. Sie vereinigen die Eleganz der Teehybriden und deren mehrmaliges Blühen mit der Robustheit und Vielblütigkeit der Remontantrosen. Als erste Teehybride gilt im allgemeinen ›La France‹, die Guillot 1867 gelang. Damals sah man in ihr allerdings nur eine weitere Remontantrose. Sie war, wie die ersten Bourbon-Rosen, triploid und nahezu steril. Doch nach und nach erschienen einige fertile und tetraploide Teehybriden, so etwa ›Mme. Caroline Testout‹ im Jahr 1890 (S. 95) oder ›Lady Mary Fitzwilliam‹, die 1882 von Bennet gezogen wurde.
Den nächsten größeren Schritt stellte die Einführung der Farbe Gelb bei den Teehybriden dar. Von 1883 bis 1888 nahm Pernet-Ducher in Lyon Tausende von Bestäubungen von Teehybriden und Remontantrosen mit *R. foetida* vor, einer Rose, die selbst hochgradig steril ist. Schließlich gelang ihm die Kreuzung mit der Remontantrose ›Antoine Ducher‹. Als er diese dann mit einer Teehybride kreuzte, erzielte er ›Soleil d'Or‹, die erste kräftig gelbe Teehybride. Aus ihr und weiteren Kreuzungsprodukten entstand die Sorte der sogenannten Pernetiana-Rosen. Ihr Steckbrief: gelbe oder orangefarbene Blüten, sehr stachlig, wenig duftend und äußerst anfällig für Sternrußtau.
Ein zweites bedeutendes Züchtungsvorhaben unternahmen die Brownells auf Rhode Island. Ihr Ziel: widerstandsfähigere Sorten, die resistenter gegen Sternrußtau waren und auch im Nordwesten der USA gedeihen konnten. Zu diesem Zweck brachten sie Pollen von *R. wichuraiana* auf Teehybriden. Sie verwendeten die Hybride ›Dr. W. van-Fleet‹ (Elternpflanze von ›New Dawn‹) und zwei andere Hybriden von *R. wichuraiana*, mit denen sie die sogenannten Unter-Null-Teehybriden zogen, die um 1945 erschienen, darunter auch ›Lafter‹ (S. 131). Kordes züchtete aus einigen von ihnen Sorten, die den deutschen Verhältnissen angepaßt waren. Teehybriden sind unterschiedlich winterhart. Einen Hinweis darauf, wie widerstandsfähig sich eine bestimmte Sorte in den kälteren Regionen Europas und im Osten der USA erweisen wird, gibt der Ursprungsort. Sorten, die von Kordes oder Tantau in Deutschland gezüchtet wurden, sind aller Voraussicht nach winterhärter als solche, die in Frankreich, England oder Neuseeland entstanden sind.

Kletterrosen (Climber) Viele Rosen sind von Natur aus Kletterpflanzen. Einige, wie etwa *R. gigantea, R. chinensis* und *R. moschata*, sind wichtige Vorfahren der modernen Rosen. Außerdem ist bekannt, daß Gene, durch welche die Eigenschaft des Kletterwuchses vererbt wird, dominant sind gegenüber Genen, die für die Ausbildung der Zwerg- oder Strauchform bestimmend sind. So erklärt sich die Vielzahl der kletternden Teehybriden und Floribunda-Rosen. Einige traten als Sämlinge auf, andere als Mutationen gewöhnlicher Rosen, so auch ›Climbing Iceberg‹ oder ›Climbing Grandmère Jenny‹. Viele kletternde Mutationen blühen nur im Sommer, andere auch später noch. Die neueren großblumigen Kletterrosen, von denen McGredy viele gezüchtet hat, sind öfterblühend.

Rankrosen (Rambler) Rambler sind eine Untergruppe der Kletterrosen. Sie bilden im Sommer an der Basis lange, blütenlose Triebe aus, an denen sich im folgenden Jahr Büschel von Blüten über die ganze Länge verteilt entfalten. Diese Triebe stellen danach ihre Tätigkeit ein, und der Gärtner schneidet sie ab. Kletterrosen (Climber) dagegen bilden Triebe aus, die länger als zwei Jahre produktiv sind und oft sehr dick und holzig werden. Die Rambler werden in drei Hauptgruppen unterteilt, die nach den Vorfahren unterschieden werden:

Sempervirens Diese Hybriden der im Mittelmeerraum heimischen *R. sempervirens* und anderer unbekannter Rosen bilden die älteste gezüchtete Gruppe. Die berühmteste Gruppe, ›Adelaïde d'Orléans‹, wurde um 1827 von M. Jacques gezogen (S. 85). Sie ist am wenigsten winterhart.

Multiflora Diese Kreuzung zwischen der chinesischen *R. multiflora* und verschiedenen Remontantrosen oder Teehybriden entstand gegen Ende des 19. Jahrhunderts. Einige zählen wegen ›Crimson Rambler‹, einer alten japanischen Hybride, auch *R. wichuraiana* zu ihren Vorfahren. Diese Sorten sind meistens relativ winterhart.

Wichuraiana Hierzu gehören zwei sehr unterschiedlich aussehende Gruppen. Die Großblütigen wie ›Albertine‹ (S. 81) wurden vor allem von Barbier zwischen 1900 und 1920 in Orléans gezüchtet. Sie haben große Blüten, die an locker gefüllte Teehybriden erinnern. *R. luciae*, eine nahe Verwandte von *R. wichuraiana*, soll die eine Elternpflanze sein, die andere eine Teerose oder Teehybride.
Die Kleinblütigen, wie ›Dorothy Perkins‹ (S. 89), entstanden vermutlich durch Kreuzung von *R. wichuraiana* mit einer Remontantrose. Die meisten Sorten wurden von Jackson Perkins und M. H. Walsh in den USA gezüchtet. Andere Rambler, die im allgemeinen ähnlich aussehen, entstanden durch Kreuzung verschiedener Sorten der Sektion *synstylae*, so zum Beispiel durch Kreuzung von ›Kew Rambler‹ mit *R. soulieana* oder von ›Baltimore Belle‹ mit der Prärie-Rose *R. setigera*. Letztere sollte extrem winterhart sein.

›Mme. Caroline Testout‹ an einem Pfeiler

Gelbe Charles Austin

Moschata-Hybriden Die meisten dieser Rosen wurden von Reverend Joseph Pemberton in Havering-atte-Bower, Essex, gezüchtet. Er verwendete die Rose ›Trier‹, eine Hybride aus einer Teehybride und einem Sämling von ›Aglaia‹, deren Stammbaum auch Moschusrosen aufweist. Daher erscheint der Name Moschata-Hybride etwas weit hergeholt, auch wenn er allgemein anerkannt ist. Pemberton kreuzte ›Trier‹ mit verschiedenen Teehybriden. Dabei erzielte er mehrere sehr schöne, wenn auch sterile Sämlinge: große, mehrmals blühende, duftende Sträucher, mit großen Büscheln kleiner Blüten. ›Penelope‹ (1923) und ›Felicia‹ (1928) sind bekannte Beispiele. Sowohl ›Trier‹ als auch ›Aglaia‹ wurden in Deutschland von Lambert gezüchtet. Seinem Landsmann Kordes gelang 1930 mit der Züchtung der fertilen und tetraploiden ›Wilhelm‹ ein weiterer Schritt. Kordes, Tantau und Boerner haben in dieser Richtung weitere Rosen gezüchtet.

Rugosa Diese Rosen sind Sämlinge oder Kreuzungsprodukte von *R. rugosa*, einer sehr widerstandsfähigen, aus Nordjapan und Sibirien stammenden Art (S. 100). Sie sind stachelig, die Blätter haben ausgeprägte Adern, die Blüten duften im allgemeinen gut. Verschiedene Hybriden wurden in der ersten Hälfte dieses Jahrhunderts gezogen. Die bekanntesten, die Grootendorsts (S. 103), sind eine Kreuzung zwischen *R. rugosa* und einer *Multiflora*-Hybride.

Polyantha-Rosen Die ersten niedrigen Polyantha-Rosen waren mehrmalsblühende Zwergformen von *R. multiflora*, die mit der Zwergform einer China-Rose gekreuzt wurden. Sie waren zwar winterhart und blütenreich, jedoch auch kleinblütig und duftlos. Gegen 1910 versuchte der dänische Züchter Poulsen, die Teehybriden kälteresistenter zu machen, und kreuzte niedrige Formen der Polyantha-Rosen mit Teehybriden. Das Ergebnis waren die Poulsen-Rosen oder Polyantha-Hybriden. Nur wenige sind heute noch erhalten. Die Floribunda-Rosen, die aus ihnen hervorgegangen sind, haben ihren Platz eingenommen.

Floribunda-Rosen Poulsens erste Polyantha-Hybriden wurden mit Teehybriden zurückgekreuzt, und andere Rosenarten wie *R. wichuraiana*, *R. rubiginosa*, *R. rugosa* und *R. pimpinellifolia* wurden in die Gruppe eingeführt. Ein Ziel dabei war, neue Rosen zu schaffen, die lange Zeit in sehr kräftigen Farben blühen: die sogenannten Beetrosen. Außerdem wollten die Züchter Blüten mit marmorierten oder ›handgemalten‹ Blütenblättern einführen. McGredy, der bei seinen Versuchen ›Frühlingsmorgen‹ (S. 105) verwendete, erzielte einige solcher Sorten.

Grandiflora-Rosen Dieser Gruppenname stammt aus den USA und soll großblütige Floribunda-Rosen mit besonders kräftigem Wuchs wie ›Queen Elizabeth‹ (S. 171) bezeichnen, die hinsichtlich ihrer Abstammung zwischen den Floribunda-Rosen und den Teehybriden stehen.

Englische Rosen David Austin bewies Weitblick, als er den alten Gallica-, Damaszener-Rosen und Zentifolien mit ihren zarten Farben, ihrem Duft und den vielblättrigen Blüten wachsende Beliebtheit prophezeite. Und er hatte das Glück, daß ihm bei seinen ersten Kreuzungsversuchen die wunderschöne ›Constance Spry‹ gelang (S. 83). Deren Eltern waren ›Belle Isis‹ (eine Gallica, 1845) und ›Dainty Maid‹ (eine Floribunda-Rose, 1940). Austin hat entlang dieser Linie weitergezüchtet und neben anderen alten Rosen wie etwa ›Comte de Chambord‹ auch moderne Teehybriden und Floribunda-Rosen verwendet. Aus ihnen zog er öfterblühende Rosen, die zwar die Form der Gallica hatten, jedoch resistenter gegen Krankheiten waren, Nässe vertrugen und die Farbpalette um Gelb, Aprikosengelb und Lachsrot erweiterten.

Boursault-Rosen Diese großen Sträucher oder halben Kletterrosen, die im frühen 19. Jahrhundert gezogen wurden, sollen von *R. pendulina* × *R. chinensis* abstammen. Doch ihre Chromosomenzahl spricht eher dafür, daß nicht *R. pendulina*, sondern *R. majalis* oder *R. blanda* verwendet wurde. *R. blanda* wurde in den USA auch zur Züchtung stachelloser Rosen verwendet.

Wein-Rosen (Schottische Zaunrose, Sweet Briar) Die bekannteste dieser Hybriden von *R. rubiginosa* gelang Lord Penzance, der die halbgefüllt blühende Sorte ›Janet's Pride‹ mit verschiedenen China-Hybriden und *R. foetida* kreuzte. Sie besaß noch die duftenden Blätter der Wein-Rosen, die bei späteren Kreuzungsprodukten verlorengingen.

Kordesii ›Max Graf‹ (1919) war eine sterile und diploide Hybride zwischen *R. rugosa* und *R. wichuraiana*. Trotzdem gelang es Kordes 1940 und 1950, drei fertile und tetraploide Sämlinge zu ziehen, aus denen die neuen Kordesii-Hybriden hervorgingen. Ein Beispiel: ›Parkdirektor Riggers‹ (siehe S. 115).

Pimpinellifolia Die frühen Bibernell- oder Burnet-Rosen, die um 1900 gezogen wurden, waren durch Zuchtwahl aus *R. pimpinellifolia* entstanden. Vermutlich waren einige auch mit *R. pendulina* gekreuzt worden, um die Farbe Rot einzuführen. Kordes kreuzte Sorten der Bibernell-Rose mit Teehybriden. Dabei gelangen ihm wunderschöne, ungefüllt blühende Sträucher wie ›Frühlingsmorgen‹ (1940) und ›Frühlingsgold‹ (1950).

Macrantha Bei Zuchtversuchen mit *R.* × *macrantha* ›Daisy Hill‹, einer vermutlichen Hybride zwischen *R. canina* und *R.* × *alba*, gelangen Kordes mehrere Hybriden, von denen besonders ›Raubritter‹ durch ungewöhnliche Schönheit besticht. Leider ist sie triploid und steril, so daß keine weiteren Generationen gezogen werden konnten. Eine ähnliche züchterische Sackgasse war ›Cerise Bouquet‹, eine Hybride zwischen *R. multibracteata* und der Teehybride ›Crimson Glory‹.

Bodendeckende Rosen, Wisley

Miniaturrosen Die modernen Miniaturrosen wurden aus einer Zwergform der China-Rose, ›Roulettii‹ (S. 203), gezüchtet. Schweizer Jurabauern zogen sie lange auf den Fensterbänken ihrer Häuser, bis sie 1922 von Henri Correvon wiederentdeckt wurden. Miniaturrosen sind heute besonders in Amerika beliebt, denn sie wachsen auch in kleinen Gärten, bei geeigneter Beleuchtung sogar im Zimmer. Einige größere Sorten sind als Balkonrosen bekannt. Neue Farben und Formen wurden durch Kreuzungen mit Floribunda-Rosen eingeführt, die ungefüllten Blüten durch Kreuzungen mit *R. wichuraiana*. Auch andere niedrige China-Rosen wie ›Pompon de Paris‹ waren als Topfpflanzen sehr beliebt.

Rosenfelder von R. Harkness & Co., Hitchin, Herts

Wie pflanze ich Rosen

Der Kauf. Rosenstöcke bestellt man am besten im Spätsommer in einer Rosenschule, so daß sie im Herbst oder im Vorfrühling kahl eingewurzelt eintreffen. Das ist besser, als im Sommer Rosen zu kaufen, die im Container wachsen. Pflanzen legen im Winter eine Ruhepause ein, und die Eingewöhnung fällt ihnen leichter, wenn sie nicht in ihrer Wachstumsphase gestört werden.
Wieviel Stöcke Sie für eine bestimmte Fläche brauchen, hängt von der Sorte ab. Die kleineren Floribunda-Rosen sollten im Abstand von 30 cm gepflanzt werden, größere oder kräftigere Stöcke im Abstand von 50 cm, und Strauchrosen entweder so, daß die Zweige einander nicht stören, oder so dicht, daß sie einen großen Strauch bilden können.

Vorbereiten des Bodens. Die meisten Rosen gedeihen in einem eher neutralen Boden am besten, vertragen jedoch auch saure und kalkige Böden. Wichtig ist eine gute Entwässerung und, wenn möglich, volle Sonneneinstrahlung. Heben Sie die Erde für das Pflanzloch aus. Mischen Sie die fruchtbare obere Erdschicht (circa 20 cm) mit Torf, Kompost und Knochenmehl und, wenn der Boden lehmig ist, mit etwas grobem Sand; wenn er sauer ist, mit Kalk. Setzen Sie die Stöcke nur ein, wenn der Boden trocken und krümelig ist – was bei einem lehmigen Boden während einer verregneten Saison nicht ganz einfach sein dürfte.

Das Pflanzen der Stöcke. Wenn die Stöcke kahl eingewurzelt aus der Rosenschule eintreffen, pflanzen Sie sie ein, sobald die Umstände es erlauben. Wenn sie nicht sofort eingesetzt werden können, müssen sie kühl, aber frostfrei gelagert werden. Öffnen Sie die Verpackung am oberen Ende, doch achten Sie darauf, daß die Wurzeln nicht austrocknen. Lassen Sie vor dem Pflanzen die Wurzeln in einem Eimer Wasser genügend Wasser ziehen, und schneiden Sie sie auf 20 bis 25 cm zurück. Entfernen Sie alle abgebrochenen oder irgendwie beschädigten Wurzeln. Belassen Sie Sträucher bei einer Größe von 45 cm, wenn sie im Herbst oder Winter eingesetzt werden; schneiden Sie sie jedoch zurück, wenn sie im Frühjahr in die Erde kommen. Das ideale Pflanzloch ist rund, von größerem Umfang als das ausgebreitete Wurzelwerk und circa 30 cm tief. Legen Sie in der Mitte eine niedrige, kegelförmige Erhebung an, über die Sie die Wurzeln verteilen, bevor das Loch aufgefüllt wird. So bekommen sie einen festen Halt und können nach allen Richtungen auseinanderstreben.
Wenn Sie im Frühjahr pflanzen, können Sie speziellen Rosendünger an die Wurzeln geben, ansonsten warten Sie am besten mit der Düngung, bis das Wachstum einsetzt. Treten Sie, bevor Sie wässern, den Boden fest; trockene und sandige Böden müssen stärker festgetreten werden als feuchte oder lehmige.

Düngung. Natürlicher Dünger sollte auf dem Boden verteilt und nicht eingearbeitet werden, so daß er langsam einsickern kann. Pflanzen- und Holzasche sind für Rosen ideal, denn sie enthalten Pottasche, die den besten Nährstoff für ein gesundes Wachstum und prächtige Blüten liefert. Eine gute Alternative zur Düngung ist eine Decke aus grobem Torf, dem ein granuliertes Düngemittel, zum Beispiel Toprose, zugefügt wird. Sie tun gut daran, nach der ersten Blüte zu düngen. So können Sie eine schöne zweite Blüte erreichen.

Container-Pflanzen. Rosen aus Containern können zu jeder Jahreszeit gepflanzt werden, vorausgesetzt, der Boden ist nicht zu naß. Kaufen Sie möglichst Sträucher, die in Kompost und nicht in Torf gezogen wurden. Im Sommer sollten Sie darauf achten, daß die Pflanze im Container ausreichend gewässert wird. Setzen Sie sie dann so behutsam wie möglich in das Pflanzloch ein und füllen sie es, nachdem der Container entfernt wurde, mit Erde auf. Gut gießen. Wurde die Rose in Kompost gezogen, empfiehlt es sich, sie im Herbst auszugraben und umzusetzen, damit sie den Winter über nicht in feuchtem Kompost sitzt.

Der Schnitt. Rosen zu schneiden ist einfach. Sie müssen nur wissen, wo der Strauch voraussichtlich Blüten treiben wird. Bevor der eigentliche Schnitt beginnt, sollten das ganze tote Holz und alle langen und dünnen Zweige abgeschnitten werden. Die meisten modernen Rosen, beispielsweise Teehybriden und Floribunda-Rosen, blühen am schönsten an den Enden neuer Triebe, die nahe der Basis entspringen. Diese Rosen können Sie bis auf die Hälfte ihrer unbeschnittenen Höhe zurückschneiden. Die guten Augen des letztjährigen Holzes sollten Sie dann aber stehenlassen, damit diese austreiben und blühen können.

Kürzen der Wurzeln

Schnitt einer neuen H.T.

Mehltau auf *Charles de Millo*

Rost auf *R. × alba*

Schwarzfleckigkeit bei *R. kokanica*

Schwarzfleckigkeit bei ›Zéphirine Drouhin‹

Außer in Gegenden mit sehr mildem Klima sollte der Hauptschnitt immer im Frühjahr vorgenommen werden. Je stärker zurückgeschnitten wird, desto weniger, dafür aber um so größere Blüten sind zu erwarten. Schwächere Pflanzen sollten mehr zurückgeschnitten werden als stärkere. Schneiden Sie nach der Blüte die verblühten Knospen ab. Die vollausgebildeten Blätter sollten stehenbleiben; damit begünstigen Sie die Bildung neuer, blühender Triebe. Bei kletternden Teehybriden müssen die langen kräftigen Triebe festgebunden werden. Dünnere Seitentriebe schneiden Sie bis auf ein gutes Auge zurück.
Die meisten Strauchrosen blühen an den kurzen Trieben der Zweige, die im vorhergehenden Sommer ausgebildet wurden. Beim Rückschnitt im Frühjahr werden Triebe, die im Vorjahr geblüht haben, allesamt entfernt, und nur diese sieben Monate alten Triebe bleiben stehen. Kürzen Sie diese Triebe nicht, ziehen Sie sie am Spalier hoch und binden Sie sie an, wenn es sich bei Ihren Pflanzen um Rambler handelt; bei Remontantrosen oder sehr kräftigen Damaszener-Rosen sollten Sie sie sorgfältig zurückbiegen und anbinden. Dann bilden sie über die ganze Länge verteilt Blüten aus und nicht bloß an der Spitze. Ist eine zweite Blüte zu erwarten, können Sie auch bei diesen Rosen die verblühten Knospen abschneiden, einen leichten Rückschnitt vornehmen und düngen, um die zweite Blüte zu fördern. (Moschus-Hybriden tut dieser leichte Rückschnitt nach der ersten Blüte ausgesprochen gut.) Einfache Rosenarten und einfache Hybriden – zu diesen zählen die Gallica-, Alba-Rosen und Zentifolien – brauchen nur wenig zurückgeschnitten zu werden. Es genügt, alles tote, sehr alte oder schwache Holz zu entfernen und da und dort etwas zu stutzen. Diese Rosen blühen Jahr für Jahr, ohne daß geschnitten werden muß. Öfter als an mangelnder Pflege gehen sie daran zugrunde, daß ein übereifriger Rosenschneider ihre keimenden Blüten kappt. Sehr alte Zweige sollten vollständig entfernt werden, damit starke neue Triebe an der Basis entspringen und genügend Platz finden können.

Schädlingsbekämpfung und Krankheiten

Heute können die meisten Schädlinge und Krankheiten unter Kontrolle gebracht werden durch einen ›Cocktail‹ von Spritzmitteln wie ›Multirose‹, ein Kontakt- und Systeminsektizid und -fungizid, das zusätzlich Blattnahrung enthält. Wie oft haben Sie schon gelesen ›Bei den ersten Anzeichen einer Krankheit sprühen‹, und wie oft haben Sie diesen guten Rat ignoriert! Die nachfolgenden Bilder und Beschreibungen sollen dabei helfen, einige der bekannteren Schädlinge und Krankheiten zu erkennen.

Grüne oder schwarze Blattläuse sind die häufigsten Schädlinge (der Fachausdruck lautet Aphididen). Vor allem bei trockener Witterung gehen sie an junge Triebe, verursachen Triebmißbildungen und behindern das Wachstum. Sie vermehren sich unglaublich schnell; fast täglich produziert das Weibchen neue Blattläuse, und zwar ohne männliche Hilfe (der Traum jeder Feministin!). Mit der wogenden Masse ihrer winzigen Körper können sie bald einen jungen Trieb oder den saftigen Stiel einer kleinen Knospe vollständig bedecken. Man kann sie vorsichtig abreiben oder wegbürsten, moderne Sprays auf Pirimicarb-Basis sind jedoch wirksamer.

Raupen verschiedener Großschmetterlinge und Motten haben ebenfalls eine Vorliebe für junge Triebe. Einige rollen das Blatt zu einer hübschen Röhre zusammen, andere verspeisen das Herz einer sich ausbildenden Knospe. Sehen die Rosen gesund aus, entwickeln aber weniger Blüten als erwartet, können kleine Raupen die Übeltäter sein. Sie können sie »abpflücken«; doch wenn frühzeitig gespritzt wird, sobald sich die ersten Blätter ausbilden, können die Raupen erst gar keinen Schaden anrichten.

Milben der Roten Spinne sind gegen Sprays teilweise resistent, doch können sie sowohl im Gewächshaus wie an warmen, geschützten Plätzen im Freien mit dem Schädlingsfresser *Phytoseiulus persimilis* wirkungsvoll bekämpft werden. Blätter, die durch die Rote Spinne geschädigt wurden, weisen winzige gelbe Punkte und im späteren Stadium Flecken auf. Schließlich ist das ganze Blatt gelb und auf der Rückseite mit einem feinen Gespinst überzogen. Unter der Lupe kann man beobachten, wie die winzigen braunen, spinnenähnlichen Milben langsam umherkrabbeln oder den Saft der Blätter aussaugen.

Japankäfer. Diese kleinen, braunen Käfer haben die Form von Maikäfern, sind aber nur halb so groß. Besonders in Nordamerika richten sie große Schäden an, wenn sie in Schwärmen in Gärten einfallen und Blüten und Blätter vertilgen. Regelmäßiges Spritzen ist das einzige Gegenmittel.

Mehltau erscheint als ein feiner, puderiger Belag auf Blättern und Trieben. Gewöhnlich ist der Befall bei trockener Witterung am stärksten; oder wenn die Wurzelerde ausgetrocknet ist. Der Pilz schädigt die Pflanze nicht allzu sehr, doch er macht sie unansehnlich. Eine wirksame Gegenmaßnahme ist Spritzen. Einige Pflanzen sind gegen Mehltau resistent, andere wiederum besonders dafür anfällig, so etwa die Rankrose ›Dorothy Perkins‹. Vor allem Pflanzen, die an Mauern wachsen, haben unter starkem Befall zu leiden.

Sternrußtau stellt bei modernen Rosen selten ein Problem dar, doch können einige Arten, vor allem gelbblütige wie *R. foetida*, besonders bei feuchtem Wetter vollständig entlaubt werden. Hier muß gespritzt werden, noch bevor die Krankheit richtig ausgebrochen ist. Wichtig ist auch, daß man im Herbst alle abgestorbenen Blätter verbrennt. Eventuell lohnt es sich, sehr anfällige Sorten vorbeugend zu spritzen.

Rost ist in manchen Gegenden ein ernsthaftes Problem. Heute kann diese Krankheit allerdings durch Sprays oder Düngung mit reichlich Pottasche unter Kontrolle gebracht werden.

Frostschäden. In kalten Wintern können Rosen durch Frost Schaden erleiden und sogar absterben. Die verschiedenen Gruppen sind sehr unterschiedlich winterhart. Wenn Sie nicht genau wissen, wie kälteresistent Ihre Pflanze ist, können Sie sie nach den ersten Herbstfrösten mit einer Schicht guter Gartenerde schützen, über die Sie als weiteren Schutz groben, natürlichen Dünger oder Torf ausbreiten. Diese Decke wird mit Tannenzweigen beschwert. Die Augen an den unteren Teilen der Pflanze sollen so lange wie möglich bei einer Temperatur um den Gefrierpunkt gehalten werden, damit ihnen das Wechselbad aus Gefrieren und Auftauen erspart bleibt, das bei kaltem, sonnigem Wetter leicht zum Vertrocknen führen kann.

Die Fotografien

Wenn Sie Rosen im Garten oder auf dem Feld fotografieren wollen, sollten Sie ein Stativ benutzen. So haben Sie den Vorteil einer kurzen Belichtungszeit und damit einer kleineren Blende, die eine größere Tiefenschärfe liefert. In der Praxis ist 1/15 sec die beste Belichtungszeit. Bei starkem Wind müssen Sie auf 1/30 sec verkürzen, im Extremfall auf 1/60.
Die Studiobilder sind mit einer Bronica 120 aufgenommen, mit einem Normalobjektiv. Zwei Lichtquellen mit je vier Spots von Bowens gaben das nötige Licht. Die Aufnahmen auf freiem Feld wurden mit einer Nikon FM gemacht. Als Film wurde in beiden Fällen ein Ektachrome 64 verwendet, wobei beim Entwickeln der im Freien gemachten Bilder der Film um eine Empfindlichkeitsstufe gepusht wurde.

R. kokanica bei Taschkent, Zentralasien

R. kokanica

R. hemisphaerica im türkischen Hochland

Rosa kokanica (Regel) Regel ex Juz. (*R. xanthina* var. *kokanica* [Regel] Boul.) Ausläufertreibender Strauch« bis 2 m hoch. Rötliche und feinbehaarte junge Zweige. 5-7 duftende Blättchen, an den Rändern und unten drüsig. Durchmesser der Blüte 5 cm; Blütenblätter früh nach hinten einrollend. Kelchblätter an der Spitze nicht blattartig. Bräunliche Früchte. An felsigen Abhängen und auf steinigen Böden in Afghanistan und Zentralasien zu finden, im Alai-Pamir und Tienschan in Höhen von 900-2800 m. Häufig im Vorgebirge bei Taschkent, wo die Aufnahme gemacht wurde. Je nach Höhe von Mai bis Juli blühend. Jelena de Belder führte diese Sorte zur Kultivierung ein. Sie wächst gut, wird jedoch häufig durch Sternrußtau entlaubt. Blüht nach einem kühlen Sommer nicht, selbst dann nicht, wenn sie in praller Sonne steht.

Rosa hemisphaerica J. Herrmann (*R. rapinii* Boiss & Bal.) Starkverzweigter Strauch, bis 1,5 m hoch. Viele starke, gebogene Stacheln. 5-7 (-9) Blättchen, wenig duftend, oben grau-grün, unten gräulich-grün und feinbehaart, an der Hauptachse drüsig. Nebenblätter oft gezähnt. Durchmesser der Blüte 4-5 cm, Blütenblätter eher hellgelb. Orangerote Früchte. Heimisch in der Türkei, im Iran, in Kopet Dag und in der Sowjetrepublik Armenien. Wächst an trockenen Abhängen und Straßenböschungen in Höhen von 800 bis 1800 m; hier oft auch kultiviert. In England selten in Kultur; braucht für eine gute Blüte viel Wärme und trockene Sommer. In der Türkei bei Malatya fotografiert.

***Rosa hemisphaerica* ›Flore Plen‹** (*R. sulphurea* Ait.). Diese Rose wird in Europa seit dem frühen 17. Jahrhundert kultiviert. Sie hat Ähnlichkeit mit *R. foetida* ›Persiana‹, bereitet aber im Garten weniger Freude, weil die Blüten sich bei feuchtem Wetter ›zusammenballen‹ und faulen, noch bevor sie sich richtig geöffnet haben. Oft hängen sie auch herab. Braucht einen warmen, trockenen Standort in praller Sonne.

Rosa foetida J. Herrmann (*R. lutea* Miller) Austrian Briar, Austrian Yellow. Bis 3 m hoher Strauch mit kahlen jungen Zweigen und wenigen, geraden oder leicht gekrümmten, dünnen Stacheln. 7-9 Blättchen, duftend; an der Unterseite und den Rändern spärlich drüsig, beide Seiten dunkelgrün. Durchmesser der Blüten 6 cm; Blütenblätter oft rot überzogen. Kelchblätter an der Spitze blattartig. Dunkel-ziegelroteFrüchte. Heimisch in Südwest-Asien von der Türkei bis nach Pakistan, und nördlich bis Georgien und zum Tienschan; wächst in Hecken, Gestrüpp und an felsigen Abhängen in Höhen bis 2850 m. Blütezeit April bis Juni. In Süd- und Osteuropa heimisch. Gute Gartenpflanze. In England schon vor 1600 kultiviert. Gedeiht in nährstoffarmen Böden und in praller Sonne. Die Art wird in ihrem ganzen Verbreitungsgebiet kultiviert und ist ursprünglich vermutlich eine Hybride zwischen *R. kokanica* und *R. hemisphaerica*.

***Rosa foetida* ›Bicolor‹** (*R. punicea* Miller) Kapuziner-Rose. Diese Kultursorte von *R. foetida* ist seit dem 12. Jahrhundert bekannt und stammt vermutlich aus der Türkei oder aus Zentralasien. Die Blütenblätter sind innen rot, außen gelb; die Zweige schlagen häufig in die gelbe Stammart zurück. Sie wächst trefflich in trockenen, sonnigen Gärten und wird häufig in warmen Regionen wie Kalifornien gezogen. Graham Thomas erwähnt eine gefüllte Form, die offensichtlich verlorenging.

***Rosa foetida* ›Persiana‹** Persian Double Yellow. Diese gefüllte Form von *R. foetida* stammt vermutlich aus Westasien. Sir Henry Willock führte sie um 1837 in England ein. Sie unterscheidet sich von *R. hemisphaerica* durch weniger hängende Blüten und andersgeartete Blätter.

Rosa primula Boulenger (*R. ecae* subsp. *primula* [Boul.] Roberts). Die Geschichte dieser Rose wird in Bean ed. 8 (1976) ausführlich erzählt. Sie wurde aus Samen gezogen, den F. N. Meyer 1910 in Zentralasien bei Samarkand sammelte, doch ist sie in der heutigen örtlichen russischen Flora nicht mehr zu finden. Sie bildet einen bis 2 m hohen Strauch mit stark duftenden Blättern, die ungewöhnlich lang sind. An starken Trieben bis zu 15 und an den blühenden Seitentrieben 9-13 Blättchen. Unterscheidet sich von *R. ecae* (S. 16) und *R. kokanica* (siehe oben) durch die gelben Blüten.

Golden Chersonese. E. F. Allen zog diese Hybride aus ›Canary Bird‹ und *R. ecae* (weiblich) 1963. Sie bildet einen bis zu 2 m hohen Strauch, der einmal, Ende Mai, blüht. Sie vereint die duftenden Blätter und tiefgelben Blüten von *R. ecae* mit den größeren Blütenblättern der Rose ›Canary Bird‹.

R. foetida ›Bicolor‹

R. foetida ›Persiana‹

R. hemisphaerica ›Flore Pleno‹

R. foetida

R. primula

Golden Chersonese

15. Juni, Valley Gardens, Windsor

R. ecae bei Ferghana, Zentralasien

Rosa × reversa Waldst. & Kit. Diese Hybride zwischen *R. pimpinellifolia* und *R. pendulina* kommt wild häufig vor. Vereint Eigenschaften beider Eltern. Bildet einen bis zu 1,5 m hohen Strauch, Blüten weiß oder rosa, Früchte gewöhnlich von dunklem Purpur, herabhängend.

Rosa sericea* f. *lutea (*R. omeiensis* ›Lutea‹). Über das wilde Vorkommen der gelbblühenden Form von *R. sericea* gibt es außer dem Bericht von Kingdon Ward über Nord-Burma keine weiteren Belege. Die hier abgebildete Pflanze, *R. sericea* subsp. *omeiensis* ›Lutea‹ ist vermutlich das Produkt einer Kreuzung von *R. sericea* mit *R. xanthina*, denn sie besitzt 5 Blütenblätter und die Blüte von *R. xanthina* f. *hugonis*.

Rosa sericea* subsp. *omeiensis* f. *pteracantha Franchet. Die langen roten Stacheln sind bei den wild wachsenden Formen sehr unterschiedlich breit; in Westchina wachsen Pflanzen mit zahlreichen, breiten Stacheln neben Formen, die fast stachellos sind. Auch aus Manipur wird von sehr stacheligen Pflanzen berichtet.

Rosa sericea* subsp. *omeiensis (Rolfe) Roberts. Bis 3 m hoher Strauch, mit gebogenen Zweigen und kräftigen jungen Trieben, die an der Basis entspringen. Sie haben sehr ausgeprägte lange, rote Stacheln: auffallendes Kennzeichen von f. *pteracantha*. 11-19 Blättchen, verkehrt lanzettlich bis elliptisch. Blüten weiß, gewöhnlich 4 Blütenblätter. Gelbe, rote, purpurne Früchte mit fleischigem Stiel, manchmal auch rote mit orangen oder gelben Stielen. Reifen nach der Blüte in zwei Monaten heran. *R. sericea* Lindley ist im Himalaya von Nepal bis Zentral-China heimisch, wächst an Abhängen mit trockenen Böden, an Wasserläufen und entlang der Straßen in 1300 bis 3600 m Höhe. Subsp. *sericea* hat dünne, nicht fleischige Stiele, häufig 5 Blütenblätter und 7-11 Blättchen, während subsp. *omeiensis* fleischige Stiele, mehr als 11 Blättchen und 4 Blütenblätter besitzt. Subsp. *sericea* wächst hauptsächlich in westlichen Regionen, subsp. *omeiensis* in Szetschuan und Hupeh. In Yunnan jedoch, wo die Pflanze in der Gegend von Dali und Lijiang häufig zu finden ist, hat sie weniger Blättchen (7-11), dafür fleischige Stiele. Wild vorkommend blüht sie von März bis Juli, je nach Standort und Höhe.

Rosa ecae Aitch. (*R. xanthina* var. *ecae* (Aitch.)] Ein stark verzweigter, ausläufertreibender Strauch. Wild bis 1,5 m hoch, in Kultur 2,5 m. Gerade, abgeflachte Stacheln. Zweige häufig gekrümmt, sehr stachlig. 7-9 Blättchen, bis 5 mm lang, verkehrt eiförmig oder verkehrt lanzettlich bis breitelliptisch, drüsig. Sehr schmale Nebenblätter mit unterschiedlichen Öhrchen. Blütenblätter oft nicht überlappend; Durchmesser der Blüten 20-30 mm. Früchte 5-7 mm lang, rotbraun, Kelchblätter offen. Heimisch in Zentralasien, in Afghanistan und Pakistan und weiter nördlich bis nach Tienschan, Alai-Pamir und Nordchina (Shan-xi). Wächst auf felsigen Gebirgsabhängen in 500 bis 3000 m Höhe, Blütezeit je nach Höhe April bis Juni. Die Aufnahme wurde in der Umgebung von Ferghana, Zentralasien, im Mai gemacht. Der Oberstabsarzt Aitchison, der mit der Aufgabe betraut war, die Grenzen Afghanistans zu vermessen, führte sie 1880 zur Kultivierung ein. Standort: so trocken und sonnig wie nur möglich.

Cantabrigiensis. Diese Hybride entstand zufällig um 1931 im Botanischen Garten von Cambridge. Ein robuster, aufrechter Strauch, bis 2 m hoch. Rauhe junge Triebe und leicht kelchförmige, duftende Blüten. Früchte orangerot. Soll eine Hybride zwischen *R. xanthina* f. *hugonis* und *R. sericea* sein.

R. sericea bei Baoxing, Szetschuan

R. sericea subsp. omeiensis f. pteracantha

R. sericea bei Lijiang, Yunnan

Canary Bird. Ein Klon der *Rosa xanthina* (S. 20) von unbekannter Herkunft und ausgesprochen schöner Farbe, vielleicht eine Hybride zwischen f. *spontanea* und f. *hugonis*. Bildet einen Strauch von bis zu 2 m Breite und Höhe, braucht pralle Sonne und einen gut durchlässigen Boden.

Helen Knight. Dieser Sämling von *R. ecae* entstand aus einer Pflanze, die an der Mauer des Direktorenhauses in Wisley wuchs. Die andere Elternpflanze soll *R. pimpinellifolia* ›Grandiflora‹ sein, die in nächster Nähe wuchs. Sie wurde von F. P. Knight, dem damaligen Direktor, 1966 aufgezogen, der sie nach seiner Frau benannte. Bildet einen Strauch, der an einer Mauer bis 3 m hoch klettert. Rotbraune Zweige. Kräftig gelbe Blüten, größer als bei *R. ecae*.

Rosa xanthina* f. *hugonis (Hemsl.) Roberts. (*R. hugonis* Hemsley). Diese Form von *R. xanthina* ist in Zentral-China anzutreffen, im Flußgebiet des Min im Westen Szetschuans. Wächst dort in recht trockenen Tälern. Bildet bis zu 2,5 m hohe Sträucher, die Anfang Mai in allen Schattierungen von hellem bis kräftigem Gelb blühen. Art und Menge der Stacheln sehr unterschiedlich; es können Stachelborsten und/oder abgeflachte karminrote Stacheln wie bei *R. sericea* auftreten. Stacheln dieser Art findet man bei dem Klon ›Hidcote Gold‹, der zuweilen für eine Hybride von *R. sericea* gehalten wird, doch angeblich aus einem wilden Samen gezogen wurde. Wahrscheinlich stammt f. *hugonis* von wilden Zwischenformen aus *R. xanthina* und *R. sericea* ab. Für den hier abgebildeten Klon sind hellgelbe, kelchförmige Blüten charakteristisch; Stacheln und Stachelborsten nur an den jungen Trieben.

Albert Edwards. Diese Hybride zwischen *R. xanthina* f. *hugonis* und *R. pimpinellifolia* var. *altaica* bildet einen sehr blühfreudigen Strauch, bis 3 m hoch und breit. Schwach duftende Blüten.

Rosa willmottiae Hemsley. Strauch, bis 3 m hoch und breit. Sehr empfindliche Triebe und zumeist 9 gerundete Blättchen. Kleine Blüten von 2,5-3,75 cm Durchmesser. Die Früchte fallen nach der Reife mit den Kelchblättern und dem oberen Fruchtfleisch ab (S. 214). Heimisch in Westchina und in trockenen Tälern im westlichen Szetschuan, in Höhen von 2300 bis 3150 m. 1904 von Wilson eingeführt. Im Garten wächst und blüht diese Art ebenso gut wie auf Waldlichtungen. Zwei Formen sind hier abgebildet; eine Gartensorte und ›Hadden's Variety‹. Eine dritte Sorte, ›Wisley‹, wird gleichfalls kultiviert. Sie ist auf S. 214 abgebildet. Sie hat schmälere Blättchen und Blüten von dunklerem Rosa. Der obere Teil der Frucht fällt selbst im Reifestadium nicht ab.

25. Juni, Gardens of the Rose

R. × hardii

Rosa rubiginosa L. (*R. eglanteria* L.) Sweet Briar oder Eglantine-Rose. Breiter Strauch, bis 3 m hoch. Stark gebogene, hakenförmige Stacheln, Stachelborsten und steife, drüsige Härchen, vor allem an den blühenden Zweigen. 5-7 Blättchen, gerundet, doppelt gezähnt, an der Unterseite drüsig. Sie verbreiten bei feuchtem Wetter um die ganze Pflanze einen wohlriechenden Duft. Blütenblätter gewöhnlich dunkelrosa. Glatte oder drüsige Früchte, hellrot. Heimisch in Europa außer in Spanien, Portugal und im äußersten Norden. In Westasien wächst sie im Unterholz, in Hecken, an Wasserläufen und Waldrändern. Auf den Britischen Inseln findet man *R. rubiginosa* gewöhnlich auf den Kreideböden im Südosten Englands, doch ist sie auch über den Rest des Landes verstreut. Sweet Briar wird wegen der duftenden Blätter in Gärten gehalten; auch eine gute Heckenpflanze.

Rosa glauca Pourret (*R. rubrifolia* Vill.). Hoher Strauch, der mit einer Kletterhilfe 4 m erreichen kann. Gewöhnlich mit gewölbten Zweigen und wenigen Stacheln. Leicht an den stark grauen, zuweilen auch purpurfarbenen Blättern und kleinen, dunkelrosa Blüten zu erkennen. Bräunlichrote Früchte. Heimisch in den mitteleuropäischen Gebirgen von den Pyrenäen und Alpen ostwärts bis nach Polen, Rumänien und Albanien. Kommt jedoch nicht häufig vor. Diese Rose, die in England schon vor 1830 kultiviert wurde, ist in neuerer Zeit ihrer Blätter wegen als Gartenpflanze wie für Gestecke sehr beliebt. Wunderschöne Exemplare wachsen an einer Terrasse bei Crathes Castle in Aberdeen.

Rosa prattii Hemsley. Strauch, 1 bis 2,5 m hoch. Gerade hellbraune Stacheln. Blätter mit 10-15 kleinen, lanzettlichen bis verkehrt eiförmigen Blättchen. Oft blühen drei und mehr Blüten in einer Doldenrispe, Blütenfarbe hell- bis dunkelrosa. Flaschenförmige Früchte. Heimisch im Westen Szetschuans, vor allem in der Gegend um Kangting (Tachien-Lu), in Höhen von 2300-3000 m; blüht im Juni und Juli.

Rosa hirtula (Regel) Nakai (*R. roxburghii* var. *hirtula* (Regel) Rehd. & Wils.). Diese Rose, die starke Ähnlichkeit mit *R. roxburghii* hat, unterscheidet sich von dieser vor allem durch die helleren Blüten u. Blättchen, die an der Unterseite behaart sind. Heimisch in Kernland von Honshu.

Rosa roxburghii f. normalis Rehd. & Wils. (*R. microphylla* Roxb. ex Lindl.). Großer Strauch, der eine Höhe von 5 m und mehr erreicht. Die Rinde älterer Triebe blättert im Alter ab. Wenige, paarweise Stacheln. 9-19 Blättchen. Duftende Blüten mit einem Durchmesser von 5-7,5 cm. Blattartige Kelchblätter. Stachelige Früchte, die abfallen, wenn sie grün sind, ausdauernde Kelchblätter. Heimisch in Westchina, dort ist sie vor allem im Westen Szetschuans bei Emei-Shan und in Yunnan bei Dali sehr verbreitet. Wächst in Höhen von 300 bis 2000 m an Flußbänken, in Hecken und entlang der Pfade zwischen den Reisfeldern. Wurde auch in Hupeh gefunden. Die auf den Britischen Inseln kultivierte *R. roxburghii* braucht einen warmen Standort, um ungestört blühen zu können; nur strenge Winter können ihr schaden. Sie wurde 1908 vermutlich von Wilson aus China eingeführt.

Rosa serafinii Viv. Ein niedriger Verwandter von *R. rubiginosa*, bis 50 cm hoch. Hakenförmige oder gebogene Stacheln. 5-7 Blättchen, 8-12 mm lang, auf der Unterseite drüsig, guter Duft. Glatte, rote Früchte. Heimisch auf Korsika, Sizilien, Sardinien und in Italien und Bulgarien; wächst in niederschlagsarmen Felsgebirgen.

Rosa stellata var. mirifica (Greene) Cockerell. Niedriger Strauch, dessen junge Zweige drüsig und sternförmig feinbehaart oder auch, in der var. *mirifica*, drüsig sind. Zahlreiche lange, beinahe gerade Stacheln. 3 keilförmige Blättchen, zur Spitze hin gezähnt, gewöhnlich kürzer als 1 cm. Solitäre Blüten, ohne Hochblätter. Heimisch im Westen von Texas, im südlichen Neu-Mexiko, im nördlichen Arizona und im nördlichen Sonora am Rande des Gran Cañons. Wächst an steinigen Plätzen in circa 2000 m Höhe. Blütezeit Juni bis September. Eine sehr schöne, niedrige, großblütige Art, die einen trockenen, heißen, gut durchlässigen Standort oder einen sonnigen Platz unter Glas braucht.

Edward Hyams 1972 fand Edward Hyams bei Sharud im Iran diese interessante Hybride von *Rosa persica*, die E. F. Allen aufbewahrte und weitergab. Hat 5-7 Blättchen und die deutlich sichtbaren, roten Flecken von *R. persica*, was sie von *R. × kopetdaghensis* unterscheidet, einer Hybride zwischen *R. hemisphaerica* und *R. persica*, die im östlichen und mittleren Iran und im russischen Kopet Dag häufiger vorkommt. Sowohl unter Glas in den Gärten der RNRS wie auch in Mr. Allens eigenem Garten wuchs und blühte sie prächtig; sie stellte sich als diploid heraus.

Rosa giraldii Crépin. Bis 2,5 m hoher Strauch, mit wenigen geraden, oft paarweise stehenden Stacheln. 7-9 Blättchen, oval oder elliptisch, manchmal auf beiden Seiten behaart. Blüten einzeln oder in Büscheln von 3-5. Sehr kurze Blütenstiele, oft durch lange Hochblätter überdeckt. Früchte kugel- oder eiförmig, rot. Heimisch in Westchina, von Shan-xi südwärts nach Szetschuan und West-Hupeh.

Rosa roxburghii Trattinnick. Die ursprüngliche *R. roxburghii*, die hier abgebildet ist, war eine gefüllt blühende Sorte, die 1824 im Botanischen Garten von Kalkutta eingeführt wurde, dessen Direktor William Roxburgh war. Sie soll aus Kanton stammen. Schon früher (1820) hatte Lindley sie nach einer chinesischen Zeichnung als *R. microphylla* beschrieben.

Rosa × coryana Hurst. 1926 zog Dr. C. C. Hurst diese Hybride zwischen *R. roxburghii* und vermutlich *R. macrophylla* im Botanischen Garten von Cambridge. Er benannte sie nach Reginald Cory, der den Garten mit einer großen Spende bedacht hatte. Sie bildet einen dichten, bis zu 2 m hohen Strauch, mit glatten Zweigen, sehr borstigen Blütenstielen und Fruchtknoten. Bringt im Juni und Juli schwach duftende Blüten hervor.

Rosa persica Michx. ex Juss. (*R. berberifolia* Pall., *Hulthemia persica* [Michx.] Bornm.). Ein niedriger, ausläufertreibender, bodendeckender Strauch, bis 50 cm hoch. Viele gerade und gebogene Stacheln. Einfache Blätter, bis 15 mm lang, in der Form wandelbar, grün oder gräulich, kahl oder feinbehaart, gezähnt. Blüten solitär; Blütenblätter bis 15 mm lang; gelb mit roten Flecken an der Basis. Purpurfarbene Staubbeutel. Kugelförmige, borstige, schwärzliche Früchte. Heimisch in den Steppen und Wüstenregionen des Iran, Afghanistans und Zentralasiens und weiter nördlich in West-Sibirien. Blütezeit April bis Juni. *Rosa persica* kommt im Iran häufig vor, wächst oft als Unkraut in Getreidefeldern. Pflanzen, die aus dem Iran stammen, lassen sich in Kultur nur sehr schwer zum Blühen bringen, selbst unter Glas. Das Foto wurde nördlich von Taschkent aufgenommen; die Rose blüht auf einem grasbewachsenen Hügel im Mai.

Rosa × hardii Cels. Diese durch Zufall entstandene Hybride von *R. persica* zog M. Hardy 1836. Man vermutet, daß der Pollen von einer *R. clinophylla* stammt, die in der Nähe wuchs. Wird noch kultiviert, wenn auch selten, da sie nur schwer längere Zeit durchzubringen ist; zudem für Mehltau anfällig. Sie gedeiht am besten in einem etwas erhöhten Beet an einer Mauer oder in einem großen Behälter, der im Winter ins Haus und im Sommer in die pralle Sonne gestellt wird.

R. roxburghii f. normalis, in einem Reisfeld nahe Dali, Yunnan

R. persica bei Taschkent, Zentralasien

R. × coryana

R. roxburghii

16. Juni, Botanischer Garten der Universität von Cambridge

***Rosa pimpinellifolia* ›Nana‹**. Diese niedrige (bis 50 cm) gefüllt blühende Form der Schottischen Rose entspricht vermutlich jener Rose, die in Andrews *Roses* von 1805 abgebildet ist.

Rosa nutkana* var. *hispida Fernald (*R. spaldingii* Crépin). Ein bis zu 2 m hoher Strauch mit ausgeprägten, paarweise stehenden, dünnen Stacheln an den Blattbasen. 5-7 Blättchen, in der Regel einfach gezackt, ohne drüsige Zähne, kahl oder feinbehaart. Blüten gewöhnlich solitär; Kelchblätter lanzettlich, zugespitzt. Kugelförmige Früchte, purpurfarben. Heimisch im westlichen Nordamerika, von British Columbia südwärts bis Utah, am häufigsten östlich des Kaskadengebirges. Wächst in Waldregionen oder im Gebirge, Blütezeit Mai bis Juni. Von Clearwater, Oregon, beschrieben.

Rosa arkansana Porter. Ein niedriger Strauch, dessen Stämme bis zu 0,5 m hoch werden können und beinahe bis zur Spitze dicht borstig und mit geraden Stacheln besetzt sind. 3-9 Blättchen, eiförmig oder elliptisch, stumpf oder spitz, ohne Drüsen, kahl, oben glänzend. Blüten in wenig- bis vielblütigen Doldenrispen. Früchte 1-1,5 cm im Durchmesser, mit ausdauernden Kelchblättern. Heimisch im Mittleren Westen der USA von Wisconsin und Minnesota bis Colorado und Kansas. Wächst in Trockengebieten an Abhängen und in den Prärien. Blütezeit Mai bis August. Sehr ähnlich der *R. acicularis*, von der sie sich jedoch durch ihre kahlen, nicht drüsigen Blättchen unterscheidet, sowie der *R. suffulta*, deren Blättchen unten leicht behaart sind.

Mrs. Colville. Im Wuchs und in der Erscheinung wie eine dunkelrosa *R. pimpinellifolia*. Wahrscheinlich jedoch eine Hybride von *R. pendulina*, wie aufgrund der etwas spitz zulaufenden Früchte vermutet wird; bei der *R. pimpinellifolia* sind sie rund. Aus Zuchtwahl mit *R.* × *reversa* (siehe S. 16) hervorgegangen. Wird allerdings nur 1 m hoch. Die Herkunft ist nicht registriert.

Rosa xanthina* f. *spontanea Rehder (*Rosa xanthina* Lindl.). Gefüllt blühende Pflanze, in China schon vor 1800 in Kultur, von Meyer 1907 in das Arnold Arboretum eingeführt. Sie ist heute längs der Straße zu sehen, die vom Pekinger Flughafen in die Stadt führt. Die ungefüllte Form der Art f. *spontanea* ist in Nordchina und Korea weit verbreitet, im Westen bis in die Trockengebiete Szetschuans (f. *hugonis*). ›Canary Bird‹ (S. 17) ist eine besonders empfehlenswerte Sorte. *R. xanthina* erfordert einen trockenen, gut durchlässigen Boden und pralle Sonne, um gut zu wachsen. Bis zu 3 m hoher und breiter Strauch, gewölbte Zweige.

***Rosa pimpinellifolia* ›Double White‹**. Diese üppige, gefüllt blühende, weiße Schottische Rose bildet viele, bis zu 2 m hohe, ausläufertreibende Stämme aus. Kräftige, gesunde Pflanze, die im Frühsommer sehr viele, duftende Blüten hervorbringt. Braucht kaum Pflege.

***Rosa pimpinellifolia* L.** (*R. spinosissima* L. pro parte) Schottische oder Burnet-Rose. Ausläufertreibender Strauch mit niedrigen Stämmen, bis 1 m hoch. Stachelborsten und Stacheln oft bis in den Blütenstand hinein. 5-11 Blättchen, kahl, einfach gezackt; Kelchblätter ungeteilt. Blüten in der Regel cremefarben, gelegentlich weiß oder rosa, bis 5 cm im Durchmesser. Runde, braunschwarze Früchte. Wild in Dünen, in der Heide und in kalkigem Weideland vorkommend, von Island und Norwegen bis nach Frankreich und ostwärts bis in die Türkei, ins südwestliche Rußland und nach Zentralasien. Auf den Britischen Inseln entlang der ganzen Küste und seltener auch im Binnenland zu finden.

***R. pimpinellifolia* ›Grandiflora‹.** Dieser Klon bildet einen bis zu 2 m hohen und breiten Strauch, ausläufertreibend. Ist größer und hat größere, hellere Blüten als die wilde *R. pimpinellifolia.* Stämme stachelig, doch nicht borstig. ›Grandiflora‹ soll noch vor 1820 aus Sibirien eingeführt worden sein. Manchmal auch als var. *altaica* (Willd.) Thory bekannt, womit ursprünglich eine sehr borstige, nicht stachelige Pflanze bezeichnet wurde. Die Rose ist eine Elternpflanze der beliebten Strauchrosen ›Frühlingsmorgen‹ und ›Frühlingsgold‹ sowie Vorfahre von ›Maigold‹.

Rosa nitida Willd. Ausläufertreibender Strauch, bis 1 m hoch. Dünne, mit dunkel-purpurfarbenen Borsten und wenigen geraden Stacheln besetzte Zweige. 7-9 Blättchen, glänzend, oben dunkelgrün, schmal elliptisch bis länglich, an blühenden Trieben 1-4 cm auf 4-12 mm. Blüten einzeln oder zu wenigen in einer Doldenrispe, 4-6 cm im Durchmesser, Duft erinnert am Abend an Maiglöckchen. Kugelförmige, dunkelrote Früchte. Heimisch in Nordamerika, von Neufundland und Quebec südwärts bis nach Neuschottland und ins südliche Neuengland. Wächst in Mooren, feuchtem Dickicht und auf saurem Boden am Rande von Weihern. Blütezeit, je nach Höhe, Juni bis September. Im Garten wegen der auffallend glänzenden Blätter und der tiefroten bis purpurfarbenen Färbung im Herbst geschätzt. (S. 214).

Rosa palustris Marsh. Ausläufertreibender Strauch, bis 2,5 m hoch, mit kräftigen, oft hakenförmigen Stacheln an der Basis und den Blattbasen. 5-9 Blättchen, mattgrün, länglich bis elliptisch, unten etwas behaart, 2-6 cm lang. Blüten in Doldenrispe oder einzeln, 4-5,5 cm im Durchmesser. Glatte, rote Früchte mit drüsigen Stielen. Heimisch in Nordamerika von Florida und Arkansas nordwärts bis Quebec, Wisconsin und Minnesota. Wächst in Sümpfen, im Morast und an Seeufern. Blütezeit, je nach Höhe, Juni bis August. Schöne, spätblühende Art.

Rosa laxa Retz. Strauch, bis 2 m hoch, mit gebogenen Stämmen und grüner Rinde. Lange, wenige Stacheln, gebogen und abgeflacht, vermischt mit Stachelborsten. 5-9 Blättchen, eiförmig bis elliptisch und auch länglich, kahl oder unten leicht flaumig, 1,5-4,5 cm auf 8-25 mm, stumpf. Blüten einzeln oder in Gruppen von 3-6, 4-5 cm im Durchmesser, hellrosa bis weiß. Kugelförmige oder elliptische Früchte, in der Regel glatt, Kelchblätter stets aufrecht. Heimisch im Nordwesten Chinas und in Sibirien bis zum Tienschan und Alai-Pamir. Wächst in Steppenregionen, in offenen Waldgebieten, an Flüssen und Seen. Blütezeit Juni bis August.

R. palustris

R. pimpinellifolia ›Double White‹

R. nitida

R. laxa

25. Juni, Gardens of the Rose

Highdownensis. Diesen Sämling von *R. moyesii* zog Sir Frederick Stern 1928 in Highdown, Sussex. Ein großer Strauch, bis zu 3 m hohe Triebe, die sich im zweiten Jahr biegen. Schwach duftende Blüten in Büscheln. Viele Früchte (S. 216).

R. fedtschenkoana Regel. Ausläufertreibender Strauch, bis 2 m hoch, mit gräulichen Blättern und weißen Blüten. Lange Blütezeit: Juni bis September. Orange-rote, borstige Früchte (S. 214). Heimisch in Zentralasien, im Alatau, Tienschan und Alai-Pamir, auch im Nordwesten Chinas verbreitet. Die hier abgebildete Kulturform wurde gegen Ende des 19. Jahrhunderts eingeführt. Sie unterscheidet sich durch die lange Blütezeit und die kleinen (circa 2,5 cm langen) Früchte von *R. fedtschenkoana*, die Regel beschrieben hat. Diese hat große Ähnlichkeit mit *R. webbiana* und ist vermutlich eine Hybride von *R. beggeriana*.

Hillieri. Strauch, bis 3 m hoch. Wuchs breit, nicht buschig. Dunkelste Blüten dieser Gruppe. Große Früchte ohne Samen. Sämling von *R. moyesii*, der um 1924 in den Hillier-Rosenschulen gezogen wurde. Der Pollen stammt vermutlich von *R. willmottiae*, doch gleicht die Pflanze diesem Vorfahren nur wenig.

Rosa setipoda Hemsley & Wilson. Bis zu 3 m hoher Strauch; Zweige stachlig und borstig. 7-9 Blättchen, spitz oder stumpf. Bis zu 20 Blüten und mehr in einem Büschel, in der Mitte weiß. Blütenstiel und Kelchbecher purpurfarben, drüsig-borstig. Große, korallenrote Früchte. Heimisch in Westchina, im nordwestlichen Hupeh und im angrenzenden Szetschuan. Wächst im Gebirge in Höhen von 2000 bis 2600 m. 1901 von Wilson in die Rosenschule von Veitch eingeführt.

Rosa webbiana Royle. Strauch von 1-2 m Höhe, gerade, dünne, gelbliche Stacheln. 5-9 Blättchen, eiförmig oder fast rund, stumpf. Einzelne Blüten, in der Regel rosa, manchmal in der Mitte weiß oder auch ganz weiß. Glatte oder drüsige Stiele, oft purpurfarben oder rötlich wie auch die jungen Triebe. Rote, flaschen- bis kugelförmige Früchte. Heimisch im westlichen Himalaya vom Pamir im sowjetischen Teil Zentralasiens bis nach Kaschmir, Tibet und Afghanistan und nördlich bis Kaschgar. Wächst gewöhnlich in relativ trockenen Tälern. Die sehr ähnlichen Arten *R. bella* und *R. sertata* sind in West- und Nordchina zu finden.

Fargesii (*R. moyesii* var. *fargesii* Rolfe). Hier handelt es sich um eine leuchtend rosa Form der *R. moyesii* von unbekannter Herkunft, deren Geschichte in Bean, ed. 8 (1976) etwas näher beschrieben wird. Hauptsächlich deshalb bedeutsam, weil sie sich als tetraploid herausgestellt hat; da sie nicht hexaploid wie die meisten anderen *R. moyesii* ist, kann sie für Kreuzungen mit anderen tetraploiden Rosen verwendet werden. Die purpurnen Triebe und Stiele bilden einen hübschen Kontrast zu den rosa Blüten.

Rosa caudata Baker. Wild wird der Strauch 1-4 m hoch. Starke Ähnlichkeit mit *R. setipoda*, hat jedoch einen dichten Blütenstand und die Blüten sind unter den Blättern verborgen. Vielblütiger Blütenstand, mit borstigen Stielen. Blättchen unten kahl. Tetraploid. Heimisch im Westen Hupehs, nahe Fang Xian, in Höhen von 1800 bis 2000 m. Wächst in Gebirgsregionen. 1908 von Wilson eingeführt.

Geranium. Der am häufigsten kultivierte Klon von *R. moyesii*. Offener Strauch mit wenigen, ziemlich dichten Stämmen, bis 2,5 m hoch. Blätter zart hellgrün, ebenso die Stämme. Früchte groß und noch auffallender als die Blüten. ›Geranium‹ entstand 1938 in Wisley als Sämling von *R. moyesii*. Die meisten Sämlinge von *moyesii* haben rosa Blüten; der Früchte wegen wird vor allem ›Sealing Wax‹ geschätzt (S. 216).

Rosa moyesii Hemsley & Wilson. Großer, robuster Strauch, bis 6 m hoch. Oft viele Stämme, die an der Basis entspringen. 7-13 Blättchen, außer an der behaarten Mittelrippe ganz kahl, bis 3,75 cm lang, elliptisch, gewöhnlich einfach gezähnt. Blüten einzeln oder in Gruppen bis zu 4, rot oder rosa, mit drüsig-borstigen oder kahlen Blütenstielen und Kelchböden. Große Früchte (S. 217), gewöhnlich mit grünen Kelchblättern. Heimisch in Westchina, im Westen Szetschuans und Yunnans. Wächst im Gebirge in Höhen von 2000 bis 6300 m. Blütezeit Juni und Juli. In Szetschuan ist sie in der Gegend von Tachien-Lu (Kangting) häufig, in Yunnan kennt man sie aus der Region um Dali und aus Lijiang, wo sie auf Kalksteinböden gedeiht. In Regionen, wo die Pflanze wild wächst, findet man auch rote und dunkelrosa Blüten; die meisten Sämlinge blühen rosa. Die Abbildung zeigt eine vielstämmige Form (T. 888), die Wilson gesammelt hat.

Rosa nanothamnus Boulenger (*R. webbiana* var. *microphylla* Crép.). Zwergförmiger, sehr stacheliger Strauch, bis 50 cm hoch; lange, gerade Stacheln. Meist 5(-9) Blättchen, eiförmig oder verkehrt eiförmig, 3-15 mm lang, kahl oder feinbehaart. Blüten einzeln und bis 3,75 cm im Durchmesser. Kugel- oder eiförmige Früchte, 10-12 mm lang, ausdauernde Kelchblätter. Heimisch in Zentralasien, vom Tienschan und Alai-Pamir bis Afghanistan und Kaschmir. Wächst im trockenen, felsigen Hügelland. Benötigt einen Standort in praller Sonne. Kleinblättrige Zwergform von *R. webbiana*.

Freia. Ein rosafarbener Sämling von *moyesii*, der sich im Garten von Humphrey in Lime Kilns, Claydon, Suffolk, zu einem großen Busch entwickelte.

Rosa farreri Rolfe **›Persetosa‹** Farrer's Three-Penny-bit-Rose. Dünner Strauch, bis 2 m hoch und breit. 7-9 Blättchen, 1,5 cm lang, eiförmig. 1-3 Blüten zusammen, als Knospe dunkelrosa, im geöffneten Zustand heller. Früchte etwa 1 cm lang, mit auffälligen Kelchblättern, drüsige Stiele (S. 214). Heimisch im Nordwesten Chinas, besonders in der Provinz Ganzhou, der ursprünglichen Heimat der ›Persetosa‹. Von E. A. Bowles aus Farrer 774 mittels Zuchtwahl gezogen. Die Rose gilt bei manchen als eine Form von *R. elegantula* Rolfe.

Rosa forrestiana Boulenger. Ein breiter, aufrechter Strauch, bis 2 m hoch, mit geraden oder nach oben zeigenden, paarigen Stacheln. 5-7 Blättchen, bis 1,25 cm lang, oval oder rund, an den unteren Adern kahl oder drüsig bis behaart. Hellrosa bis leuchtend rosa, einzeln oder in Gruppen bis zu 5, mit sehr kurzen Stielen, die hinter großen Hochblättern verborgen sind. Blütenblätter kürzer als die Kelchblätter. Griffel vorragend. Kugelige Früchte, mit ausdauernden Kelchblättern, drüsig-borstig (S. 214). Heimisch in China, im Nordwesten Yunnans. Von Forrest gesammelt und 1918 eingeführt. In Kultur sehr blühfreudig, mit kugeligen Früchten, die immer von einem Kranz breiter Hochblätter umgeben sind.

›Eddie's Jewel‹. Eddie zog diese Hybride von *R. moyesii* 1962. Bildet einen großen, bis zu 3 m hohen Strauch. Eine Hauptblüte und wenige späte Blüten mit einem Durchmesser von 12,5 cm. Eiförmige Früchte. Abstammung: ›Donald Prior‹ × *R. moyesii*-Hybride.

R. nanothamnus

R. farreri

R. forrestiana

Eddie's Jewel

25. Juni, Gardens of the Rose

R. macrophylla, in Kaschmir

R. multibracteata

Rosa davidii Crépin. Großer, bis 5 m hoher Strauch. Kahle Triebe mit starken, geraden oder leicht gebogenen Stacheln. 7-11 Blättchen, 1,5-5 cm lang, an der Unterseite feinbehaart, gewöhnlich eiförmig, stumpf oder spitz, einfach gezähnt. Blüten rosa, 4-12 oder mehr in einer lockeren Doldenrispe. Kelchblätter bis 2 cm lang, an der Spitze abgeflacht. Stiele 2,5-3,75 cm lang, dünn, drüsig. Scharlachrote, flaschenförmige, 2 cm lange Früchte. Heimisch im Westen Szetschuans, bei Wa-shan und Baoxing (Moupine), wo Père David sie fand. Blüht im Juli in Gebirgslagen zwischen 1600 und 3000 m. Erstmals durch Wilson 1903 zur Kultivierung eingeführt. Hat Ähnlichkeit mit *R. banksiopsis* Baker, einer im Westen Hupehs, im Osten Szetschuans und möglicherweise auch in Ganzhou beheimateten Rose, die jedoch kahle Stiele hat und stachellos ist.

Rosa pendulina L. (*R. alpina* L.). Ausläufertreibender Strauch, bis 2 m hoch, oft jedoch niedriger, in der Regel stachellos. 7-11 Blättchen, gewöhnlich feinbehaart und unten manchmal drüsig. Blüten einzeln, 35-55 mm im Durchmesser, dunkelrosa. Hängende, flaschenförmige Früchte, oft drüsig, rot. Heimisch in Gebirgs- und Wiesenlandschaften Mittel- und Südeuropas, von den Pyrenäen bis zum Kaukasus (var. *oxyodon). Sie ist der europäische Vertreter der Gruppe Rosa moyesii.* Die Aufnahme wurde bei Siders in der Schweiz gemacht. Die gegenüberliegend abgebildete Rose wurde in den Gardens of Kmet als *R. hawrana* bezeichnet, hat aber große Ähnlichkeit mit *R. pendulina.*

Rosa davidii var. **elongata** Rehder & Wilson. Unterscheidet sich von var. *davidii* durch die größeren Blätter, die bis zu 7 cm lang werden und unten kahl sein können, sowie durch die wenigerblütigen Doldenrispen (3-7) und die spitz zulaufenden Früchte. Wilson sammelte sie bei Baoxing und bei Wa-shan, und vermutlich ist sie nur eine natürliche Variante von *R. davidii.*

Rosa sweginzowii Koehne. Ein dicht buschiger, bis zu 4 m hoher Strauch mit rötlichen Trieben und großen, flachen Stacheln sowie Stachelborsten. 7-11 Blättchen, oval, an den Adern auf der Unterseite haarig. Blüten rosa, bis zu 4 und mehr in einer Dolde. Kurze Stiele, kaum länger als die Hochblätter, drüsig-borstig wie die Früchte. Heimisch in Westchina. Wächst im Gebirge in 2600 bis 3300 m Höhe. Blütezeit Juni und Juli. Erinnert an *R. moyesii*, hat jedoch größere Blätter und rundlichere, drüsige Früchte in dichteren Büscheln.

Rosa acicularis var. **nipponensis** (Crép.) Koehne. Strauch, der wild vorkommend unter 1 m bleibt. Purpurfarbene Stiele. 7-9 Blättchen, länglich, stumpf bis rund, 1-3 cm Länge, mit winzigen Zähnen. Blüten einzeln oder in kleinen Gruppen von 2-3, leuchtend rosa. Stiele mit langen, drüsigen Haaren. Früchte verkehrt eiförmig. Heimisch im Hochgebirge in Zentral- und Südjapan, in Honshu (auf dem Mt. Fuji) und auf Schikoku. Blüht von Juni bis Juli. *R. acicularis* Lindley ist ein höherwachsender, belaubter Strauch mit weniger Blättchen. Man findet ihn in Schweden, in Finnland, aber auch in Sibirien, Nordjapan und auf Kamtschatka; eine weitere Variante wächst in Nordamerika.

Rosa bella Rehder & Wilson. Ausladender Strauch, bis 3 m hoch. Purpurfarbene, borstige Zweige. Gewöhnlich 7-9 Blättchen, kurzstielig, elliptisch bis eiförmig-spitz, 1-2 cm lang, 0,6-1,2 cm breit, einfach gesägt, mit gebogenen Zähnen, glatt, unten gräulich-grün, an den Adern manchmal drüsig. Blüten leuchtend rosa, mit einem Durchmesser von 4-5 cm, einzeln oder in Gruppen von 2-3. Blütenstiele bis zu 1 cm lang, drüsig. Früchte elliptisch bis eiförmig, bis 2 cm lang, drüsig-borstig. Heimisch im nordwestlichen China. Purdom sammelte den Samen im Gebirge im Nordwesten Schansis. Wurde 1915 auch nach Pflanzen beschrieben, die im Arnold Arboretum wuchsen. Erinnert an *R. moyesii* und *R. sweginzowii*, hat jedoch ungeteilte Kelchblätter, eine dünne Knospe und dünne Stacheln. Hat auch Ähnlichkeit mit *R. webbiana*, deren Blättchen aber nicht spitz, sondern gerundet sind.

Rosa macrophylla ›Rubricaulis‹. Es handelt sich um einen auffälligen Klon von *R. macrophylla.* Purpurrote Stämme und gekräuselte Blätter mit runden Blättchen, unten grau-grün. Ähnlichkeit mit *R. davidii* var. *elongata*, wurde aus Forrest 15309 gezogen, die im Nordwesten Yunnans gesammelt wurde. Eine ähnliche Form, ›Glaucescens‹ (F. 14958), wurde an der Wasserscheide von Mekong und Saluen gesammelt.

Rosa macrophylla Lindley. Großer Strauch, bis 5 m hoch, oft mit dunkelroten oder purpurnen Stämmen und wenigen Stacheln. 7-11 Blättchen, ungefähr 5 cm lang, unten feinbehaart und drüsig, oben rauh und mit ausgeprägten Adern, einfach oder doppelt gezähnt, eiförmig elliptisch, oft spitz. Blüten dunkelrosa, bis zu 5 in einer Doldenrispe; drüsige Stiele. Kelchblätter bis 3,5 cm lang, vollständig, an der Spitze entfaltet. Sehr große rundliche oder flaschenförmige Früchte, bis 7,5 cm lang, drüsig. Heimisch im Himalaya, von Pakistan ostwärts nach Bhutan und Westchina in Höhen von 2100 bis 3800 m. Wächst im Buschwerk und in Wäldern. Hat von allen Rosen die größten Früchte; einige schöne Formen werden kultiviert. ›Master Hugh‹, die von Maurice Mason aus Samen gezogen wurde, den Stainton, Sykes und Williams bei Kali Gandkhi in Nepal (SSW 7288) gesammelt hatten, hat sehr runde Früchte (S. 216). Schilling 2079, aus Nepal, hat von allen Kulturformen die größten Früchte.

R. pendulina, in der Schweiz

Rosa wardii Mulligan. Strauch, bis 2 m hoch. Ziemlich wenige dünne Stacheln. 5-9 Blättchen, bis 2 cm lang, oben kahl, flaumig und drüsig an den unteren Adern. Blüten weiß oder hellrosa, bis zu 3 in einer Gruppe. Kelchblätter spitz oder geschwänzt. Anhand der Pflanzen beschrieben, die Kingdon Ward im Südosten Tibets sammelte (KW 6101). Die Stammform hat weiße Blüten und wird als Varietät var. *culta* beschrieben. Die hier abgebildete Pflanze unterscheidet sich von ihr durch ihre rosa Blüten und weißen, nicht purpurnen Scheiben. Erinnert an *R. sweginzowii*, hat jedoch keine Stachelborsten.

Rosa multibracteata Hemsley & Wilson. Buschiger Strauch, bis 3 m hoch, mit zierlichen Zweigen und dünnen, geraden, paarweise stehenden Stacheln. 5-9 Blättchen, nicht ganz 1,5 cm lang, verkehrt eiförmig bis rund, oben kahl, unten an der Mittelachse flaumig. Gewöhnlich mehrere Blüten in einem rispenförmigen Blütenstand, Durchmesser der Blüte 3,75 cm, leuchtend rosa. Vorragende Griffel. Kurze Stiele, bis 2 cm lang, flaumig, drüsig, mit auffallenden Hochblättern an der Basis. Flaschenförmige Früchte mit langen, geschwänzten Kelchblättern (S. 214). Heimisch in Westchina, im Westen Szetschuans, häufig im Flußtal des Min. Wächst in Höhen von 1600 bis 3000 m. Blüht von Mai bis August. Schöne Pflanze mit langer Blütezeit. Elternpflanze der Hybride ›Cerise Bouquet‹ (S. 106).

25. Juni, Gardens of the Rose

Rosa nutkana Presl-Nootka-Rose. Strauch; kräftige, bis zu 2 m hohe Stämme, kräftige breite und gerade Stacheln an der Blattbasis, die auch fehlen können. 5-7 Blättchen, elliptisch bis breit oval, 1,5-5 cm lang. Blüten meist einzeln, 4-6 cm groß. Stiele kahl bis drüsig-borstig; Fruchtboden gewöhnlich kahl, Blütenblätter verkehrt herzförmig. Kugelige Früchte, 15-18 mm breit, purpurfarben. Abgebildet ist var. *muriculata* (Greene) G. N. Jones, die sich durch drüsige Nebenblätter und Kelchblätter, die unten drüsig-kurzborstig und nicht kahl sind, hervorhebt. Heimisch im Westen Nordamerikas von Nordkalifornien bis Alaska und in den östlichen Rocky Mountains. Blüht von Mai bis Juni.

Rosa pisocarpa Gray-Cluster-Rose. Strauch mit dünnen Zweigen, 2-2,5 m hoch. Wenige, gerade Stacheln oder auch unbewehrt. 5-7 Blättchen, oval bis länglich-elliptisch, unten hell und feinbehaart, 1-4 cm lang. 1-5 Blüten in einer Doldenrispe. Stiele und Fruchtboden kahl. Kelchblätter 13-15 mm, geschwänzt-zugespitzt. Kugelförmige Früchte, 7-10 mm breit. Heimisch im Westen Nordamerikas, von Nordkalifornien bis British Columbia. Wächst in offenen Waldregionen unter 1600 m. Blütezeit Juni bis August.

Rose d'Amour (*R. virginiana* ›Plena‹, *R.* × *rapa*). Gefüllte Form oder Hybride von *R. virginiana*, seit dem 18. Jahrhundert bekannt. Bildet einen großen Busch, bis 2 m und höher, wenn sie als Kletterpflanze gezogen wird. Graham Thomas konnte sie von ›D'Orsay Rose‹ unterscheiden, die ähnlich blüht, doch paarweise Stacheln an der Blattbasis hat sowie schmälere Blättchen und Nebenblätter ohne rote Färbung an der Blattbasis.

Rosa woodsii Lindl. **var. *fendleri*** (Crép.) Rydb. Strauch, bis 2 m hoch. Gerade, dünne Stacheln. Nebenblätter und Blattstiele drüsig. 5-7 Blättchen. Blüten zu mehreren, gewöhnlich drei, manchmal einzeln. Blütenblätter bis 2,5 cm lang, rosa. Kugelförmige, kahle Früchte. Heimisch in Nordamerika von Missouri bis Minnesota und Ontario. Blüht von Juni bis August. Var. *ultramontana* (Wats.) Jepson ist ein ausläufertreibender, dickichtbildender Strauch mit spärlichen Stacheln. Blättchen oval, 1-4 cm lang. Blütenblätter 1,5-2 cm lang. Heimisch im Westen Nordamerikas, von Kalifornien weiter ostwärts über die Sierra Nevada bis nach British Columbia, Montana und Nevada. Wächst in Feuchtgebieten in 1200 bis 3200 m.

Rosa gymnocarpa Nutt. Niedriger Strauch, nicht höher als 1 m, mit dünnen, geraden Stacheln. 5-7 Blättchen, oval bis rund, 1-4 cm lang, scharf doppelt gesägt, kahl. Nebenblätter schmal, drüsig-gewimpert, gezähnt. Sehr kleine Blüten, gewöhnlich solitär, 8-12 mm lange Blütenblätter. Kugelförmige Früchte, kahl, 5-10 mm lang. Kelchblätter nach der Reife abfallend. Heimisch im Westen Nordamerikas, von Kalifornien nordwärts nach British Columbia und Montana. Wächst in Höhen unter 1800 m. Blüht von Mai bis Juli. Kleinblütige Art, erinnert an die chinesische *R. willmottiae*.

Rosa yainacensis Greene. Niedriger Strauch mit dünnen, geraden Stacheln an der Blattbasis. 5-7 ovale Blättchen, 1-2 cm lang, oben dunkelgrün und kahl, unten hell und feinbehaart. Blüten gewöhnlich solitär. Stiele und Fruchtboden kahl. Kelchblätter zugespitzt, vollständig, manchmal mit blattartigen Spitzen. Heimisch im Süden Oregons, östlich des Kaskadengebirges.

Octet. Diese Rose entstand an der University of Michigan durch Kreuzung zweier nordamerikanischer Arten, *R. rudiuscula* Greene aus Montana und *R. subglauca* Rydb. aus Alberta. Sie ist allopolyploid und fertil. E. F. Allen beschreibt in *The Rose Annual* 1979, S. 136-8 die Geschichte dieser Rose. Bildet einen ausläufertreibenden Strauch, bis 2,5 m hoch, kräftig, winterhart.

Rosa majalis J. Herrmann (*R. cinnamomea* L. [1759]). Ausläufertreibender Strauch, der ein Dickicht aus bis zu 2 m hohen Stämmen ausbildet. Rinde rötlich-braun. Dünne Stacheln, am Blattstielgrund in Paaren stehend. 5-7 Blättchen, 1,5-4,5 cm lang, elliptisch bis verkehrt eiförmig, oben bläulich-grün und feinbehaart, unten matter. Blüten einzeln. Große Hochblätter, gleich lang oder länger als die kahlen Blütenstiele. Blütenblätter 18-30 mm, von purpurfarbenem Rosa. Ungeteilte Kelchblätter. Kahle, kugelförmige Früchte. Heimisch in Nord- und Mitteleuropa, südwärts nach Jugoslawien und ostwärts bis nach Sibirien. Wächst häufig in Feuchtgebieten. Blüht von Mai bis Juli. Diese Rose wird seit dem 16. Jahrhundert kultiviert und ist in Belgien und Holland heimisch geworden. Sowohl gefüllte wie ungefüllte Formen sind als verwilderte Gartenpflanzen anzutreffen.

Rosa covillei Greene. Niedriger Strauch, bis 1 m hoch, mit Borsten und feinen Stacheln. Nebenblätter schmal, drüsig-gewimpert. Gewöhnlich 7 Blättchen, oval oder verkehrt eiförmig, 15-20 mm lang, oben kahl, unten matter und feinbehaart. Kelchblätter eiförmig, kurz zugespitzt, circa 1 cm lang. Kahle Früchte, eiförmig rund. Heimisch in den Pinienwäldern von Klamath Co., Oregon.

Rosa suffulta Greene (*R. arkansana* var. *suffulta*). Stämme bis zu 0,5 m hoch. Internodium gewöhnlich dicht borstig und stachlig, Nebenblätter feinbehaart. 9-11 Blättchen, unten feinbehaart. Blüten in Doldenrispen an den Seitentrieben und den Enden der neu ausgebildeten Triebe. Heimisch im Mittleren Westen der USA von Indiana bis Texas an trockenen, felsigen Abhängen. Blüht von Mai bis August.

Rosa foliolosa Nutt. Niedriger Strauch, bis 0,5 m hoch. Wenig Stacheln. Gewöhnlich 9 Blättchen, Spitze und Basis spitz, Oberfläche oben kahl und glänzend, bis 3 cm lang. Blüten gewöhnlich solitär; Blütenblätter verkehrt herzförmig. Früchte kugelig, glatt oder drüsig; Kelchblätter lang zugespitzt, abfallend. Heimisch in den Prärien von Texas, Oklahoma und Arkansas. Blütezeit Mai und Juni.

Rosa virginiana Miller. Strauch, bis 2 m hoch. Paarweise stehende kräftige, hakenförmige Stacheln an der Blattbasis und am Internodium, dort allerdings nur wenige. Nebenblätter gewöhnlich drüsig-gezähnt. 7-9 Blättchen, meist spitz, kahl, untere Adern feinbehaart. Blüten einzeln oder wenige zusammen. Stiele und Früchte mit drüsigen Stachelborsten. Kelchblätter zugespitzt mit blattartiger Spitze. Heimisch im Osten Nordamerikas von Neufundland bis Pennsylvania, in Ontario und Arkansas.

Rosa carolina **L.**. Strauch, kaum höher als 1 m, mit zahlreichen internodialen Stacheln, wobei sich die Stacheln an der Blattbasis kaum von den übrigen unterscheiden. Meist 5 Blättchen, länglich bis oval oder fast rund. Blüten meist einzeln, oft an den neu ausgebildeten Stämmen. Stiele und Früchte mit drüsigen Stachelborsten. Kelchblätter vereinzelt mit blattartigen Spitzen. Heimisch in Hochwäldern, Dünen und Prärien von Neuschottland bis nach Minnesota und südwärts bis Maryland und Texas. Blüht von Mai bis Juli.

Rosa californica Cham. & Schlecht. **›Plena‹**. Form der kalifornischen Rose; großer Strauch, bis 3 m hoch und breit. 5-7 Blättchen. Blüten meist rosa, in Doldenrispen mit Hochblättern, 4 cm im Durchmesser. Die Wildform ist in Kalifornien und Oregon heimisch; Blütezeit Juni bis Oktober.

R. californica ›Plena‹

R. carolina

R. foliolosa

R. virginiana

R. canina in einer Hecke, Northamptonshire

R. gallica

Rosa canina **L.** Hundsrose. Strauch, bis 5 m hoch. Kräftige, gekrümmte Stacheln. 5-7 Blättchen, eiförmig, verkehrt eiförmig bis elliptisch, kahl, nicht drüsig. Kahle Stiele. Blüten einzeln oder in Gruppen von 2-5. Blütenblätter rosa bis weiß, 15-30 mm lang. Kelchblätter nach unten geschlagen, abfallend, sobald die Blüte verwelkt; die äußeren gefiedert. Früchte 10-20 mm, kahl. Heimisch in weiten Teilen Europas und im Westen Asiens bis auf die nördlichen Regionen, in Nordamerika naturalisiert. Wächst in Hecken, an Waldrändern, an Flußufern und im Gestrüpp; braucht keinen besonderen Boden. Dient oft als Stamm bei der Okulation von Teehybriden.

Rosa gallica **L.** Ausläufertreibender, bis 0,8 m hoher Strauch, der weite Flächen bedeckt. Stämme mit Stacheln und drüsigen Stachelborsten. 3-7 Blättchen, 2-6 auf 1,8-3 cm, derb, eiförmig bis schmal-elliptisch, an der Spitze gerundet, doppelt gezähnt, oben bläulich-grün und kahl, unten heller, feinbehaart und drüsig. Blüten einzeln oder in Gruppen von 2-4, guter Duft, 6-9,5 cm im Durchmesser, dunkelrosa. Stiele mit drüsigen Stachelborsten. Äußere Kelchblätter gefiedert, nach unten geschlagen und nach der Blüte abfallend. Kugelige bis eiförmige Früchte, stark drüsig-borstig. Heimisch in Süd- und Mitteleuropa, von Frankreich, wo sie örtlich gehäuft vorkommt, und Belgien bis in die Türkei und in den Kaukasus. Auch in Spanien und Portugal naturalisiert. Vorfahre der meisten Gartenrosen, bildet in der nicht kultivierten Form einen sehr schönen, niedrigen Strauch. Ist an dem niedrigen Wuchs, den großen Blüten und den derben, ledrigen Blättern zu erkennen.

Rosa mollis Smith. Strauch, bis 2,5 m hoch. Verzweigte Äste, dünne, gerade und weiche Stacheln. Junge Stämme bereift. 5-7 Blättchen, 1,2-3,5 cm lang, gräulich-grün, auf beiden Seiten feinbehaart. Blütenblätter etwa 2 cm lang, oft dunkelrosa. Kelchblätter gefiedert. Stiele und Kelchblätter mit drüsigen Stachelborsten. Früchte 1-1,5 cm, kugelig, oft drüsig, mit ausdauernden Kelchblättern (S. 215). Heimisch in Europa und in Westasien, von Schottland und Finnland südlich bis nach Portugal, Albanien und in die Türkei; am häufigsten jedoch in nördlichen Regionen. Wächst in Hecken, im Gestrüpp und an Flußufern. Die abgebildete Pflanze stammt aus Aberdeenshire. *R. mollis* unterscheidet sich von anderen ähnlichen Arten durch die Kelchblätter, die erhalten bleiben (S. 215), die kleinen Blättchen, bereiften jungen Stämme und die drüsigborstigen, nicht feinbehaarten Stiele.

Rosa iberica Stev. (*R. rubiginosa* var. *iberica* [Stev.] Boiss.). Buschiger Strauch, bis 2 m hoch. Gebogene und hakenförmige Stacheln. 5-7 Blättchen, klebrig und duftend, eiförmig bis elliptisch oder verkehrt eiförmig, 1,5-3,5 cm lang, auf beiden Seiten drüsig. Blüten in Gruppen bis zu 6. Kelchblätter schmal-eiförmig, bis zu 2 cm, mit zugespitzter Spitze. Blütenblätter bis zu 2,5 cm, weiß bis zartrosa. Kugel- bis eiförmige Früchte, meist glatt oder spärlich kurzborstig. Heimisch in der nördlichen und östlichen Türkei, im Kaukasus, im nördlichen Irak und im Iran bis Kopet Dag, in Wald- und Gebirgsregionen in Höhen von 1200 bis 2500 m. Blüht von Mai bis Juli. Kleinwüchsige Art, für trockenen, sonnigen Standort geeignet, bekannt für ihre duftenden Blätter.

R. mollis

R. iberica

E. Wolley-Dod

R. beggeriana

R. orientalis

R. iliensis

Rosa orientalis Dupont ex Ser. (*R. heckeliana* subsp. *orientalis* [Dupont] Meikle). Niedriger Strauch, bis 0,6 m hoch. Junge Triebe dicht feinbehaart. Stacheln gerade bis leicht gebogen. 5-7 Blättchen, bis zu 7 cm lang, elliptisch bis nahezu rundlich, gräulich-grün und feinbehaart. Blüten einzeln oder 2-3 zusammen. Kelchblätter bis zu 2,5 cm lang, an der Spitze zugespitzt. Blütenblätter bis 1,5 cm lang, rosa. Früchte mit drüsigen Stachelborsten und ausdauernden Kelchblättern. Heimisch in Jugoslawien, Griechenland und Albanien, im Iran und im Irak. Wächst in Höhen von 1350 bis 3400 m, auf steinigem Boden und im Geröll, gewöhnlich auf Kalkstein. Blüht im Juni und Juli. Das Bild zeigt EMR 3090 nahe bei Erzurum in der Türkei, in Kultur fotografiert.

Wolley-Dod (*R. villosa* ›Duplex‹). Klon oder Hybride von *R. villosa*, die der Autor von *A Revision of the British Roses* (1931), Col. A. H. Wolley-Dod, in Edge Hall, Cheshire, zog. Blüten halbgefüllt. Früchte kleiner als für *R. villosa* typisch. *R. villosa* L. ist heimisch in Mittel- und Südeuropa, mit Ausnahme Großbritanniens. Ähnlichkeit mit *R. mollis*, hat jedoch größere Blättchen (3-5 cm) und Früchte, die 1-2 cm lang, kugelig bis birnenförmig sind, wovon sich die synonyme Bezeichnung *R. pomifera* ableitet.

Rosa beggeriana Schrenk. Offener Strauch, 1-2 m hoch. Oft mit rötlichen jungen Trieben. Stacheln hell, hakenförmig, gepaart. In der Regel 7 Blättchen, schmal-eiförmig bis verkehrt eiförmig; Hochblätter eiförmig-lanzettlich. Blüten in vielblütigen Doldenrispen, weiß, 2-3 cm, seltener 4 cm im Durchmesser. Kelchblätter schmallanzettlich, nach der Blüte aufgerichtet, fallen mit der Spitze der Frucht noch vor der Reife ab. Reife Früchte rot bis purpurfarben, kugelig, 5-10 mm breit. Heimisch in Zentralasien von Iran und Afghanistan bis zum Tienschan, Alai-Pamir und im chinesischen Turkestan (und offensichtlich in der Türkei naturalisiert). Wächst auf steinigem Boden im Gebirge in Höhen von 1200 bis 3000 m. Blütezeit Mai bis Juli. Das Bild zeigt Pflanzen aus der Umgebung von Ferghana in Zentralasien, die durch ihre lachsroten jungen Triebe und ausdauernden Früchte auffallen.

Rosa iliensis Chrshan. Diese Art wurde 1950 nach ihrem Fundort in Ili im chinesischem Turkestan beschrieben, doch kommt sie auch im sowjetischen Teil Zentralasiens vor. Die modernen sowjetischen Botaniker unterscheiden nicht zwischen ihr und *R. beggeriana*, besonders var. *silverhjelmii* Crépin, trotz der großen schwarzen Früchte mit ausdauernden, nicht frühzeitig abfallenden Kelchblättern und Scheiben. Sie hat sich überdies als diploid erwiesen, während in allen vorausgegangenen Berichten *R. beggeriana* als tetraploid beschrieben wurde.

R. banksiae var. banksiae bei Lijiang, Yunnan, als Hecke

R. banksiae var. banksiae in Yunnan

R. banksiae ›Lutea‹

R. banksiae ›Lutescens‹

Rosa banksiae R. Br. in Ait., var. ***normalis*** Regel. Wuchernde, immergrüne Kletterpflanze, bis 15 m hoch und höher. Wenig Stacheln, keine Stachelborsten. 3-7 Blättchen, bis 6,5 cm lang, spitz, länglich-lanzettlich, unten an der Mittelrippe behaart. Nebenblätter abfallend. Blüten in Dolden, 3 cm im Durchmesser, weiß (oder in Kultur gelb), duften nach Veilchen. Kelchblätter eiförmig, ungeteilt, abfallend. Kahle bis behaarte Stiele. Kleine Früchte mit einem Durchmesser von 0,5 cm, dunkelrot. Heimisch in Zentral- und West-China von Hupeh und Ganzhou bis Yunnan, meist in tieferen Lagen, doch wurde sie auch in 1800 m Höhe gefunden. Wächst in Tälern, an Flußufern und auf Felsboden. Blüht von April bis Juni. Die Aufnahme wurde in 800 m Höhe auf der wettergeschützten Seite einer Schlucht oberhalb Dalis im Nordwesten Yunnans gemacht, Mai 1985. Die fotografierte Pflanze unterscheidet sich von der kultivierten *R. banksiae* ›Lutea‹ durch die größere Zahl von Stacheln, durch die längeren, schmäleren Blättchen (meist 7) und die auffällig gefleckten Blütenblätter. Die ungefüllt blühende, weiße *R. banksiae* wurde zuerst durch Robert Drummond 1796 in Europa eingeführt. Sie wurde in Megginch Castle on Tayside gezogen, wo sie selten blühte und erst identifiziert wurde, nachdem 1905 Stecklinge nach Nizza gelangt waren und dort blühten.

Rosa banksiae var. ***banksiae*** (›Alba Plena‹). Die erste beschriebene Form von *R. banksiae* war die gefüllt blühende weiße Form, die William Kerr aus Kanton 1807 in Kew einführte.

Sie wurde nach der Gattin Sir Joseph Banks, des damaligen Direktors von Kew, benannt. Diese Form wird in Europa selten kultiviert, sie wurde durch die gelb blühenden Formen verdrängt. Eine weitere Form findet man in manchen Gegenden Yunnans, besonders im Tal von Lijiang, wo die Aufnahmen gemacht wurden. Findet Verwendung als Heckenpflanze, vor allem in der Ortschaft Ulu Ky, von wo aus Forrest seine Exemplare zusammentrug. Die 7 Blättchen und die sichelförmig gekrümmten Stacheln lassen vermuten, daß sie die gefüllt blühende Form der ungefüllt blühenden ist, die bei Dali gefunden wurde.

***Rosa banksiae* ›Lutescens‹**. Die Herkunft der ungefüllt blühenden Form der gelben *R. banksiae* ist unbekannt, das Datum der Einführung nicht verzeichnet. Ich habe in einem alten Garten an der Riviera die gefüllt und die ungefüllt blühenden Formen an derselben Pflanze gesehen. Vielleicht ist die ungefüllt blühende, gelbe Form eine rückläufige Mutation der häufigeren gefüllten Form.

***Rosa banksiae* ›Lutea‹**. Die gefüllt blühende, gelbe *R. banksiae* wurde 1824 von John Parks aus China eingeführt; man kannte sie allerdings schon früher im Botanischen Garten von Kalkutta, wo sie bereits einige Jahre zuvor angepflanzt wurde. Sie gilt als die am meisten winterharte Form und gedeiht im Botanischen Garten von Cambridge an der Wand des Direktorengebäudes ausgezeichnet. Im allgemeinen benötigt sie jedoch ein wärmeres, sonnigeres Klima als das in England übliche. Sie hat meist 5 Blättchen und, wenn überhaupt, wenige Stacheln und ist daher möglicherweise die frühe Hybride einer gelben Teerose.

Rosa cymosa Tratt. (*R. microcarpa* Lindl.). Kletternde Rose, Stämme bis 5 m lang. 5-7 Blättchen, schmal-eiförmig, spitz, kahl bis haarig. Gerade Stiele. Blüten sehr zahlreich in zusammengesetzten Doldenrispen, 1,5 cm im Durchmesser. Kelchblätter gefiedert, mit stacheligen Lappen. Griffel vorragend, doch nicht zu einer Säule zusammengedrückt. Kleine, scharlachrote Früchte. Heimisch in den wärmeren Regionen Chinas, von der Küste bis nach West-Szetschuan in Höhen bis zu 1300 m. Blütezeit April bis Juni. Wächst in Hecken und an felsigen Flußufern. Die Aufnahme wurde Ende Mai bei Baoxing (Moupine) gemacht. *R. cymosa* wird selten kultiviert, ist jedoch neulich aus China eingeführt worden. Sie ist vermutlich empfindlich und braucht außer im Südwesten der Britischen Inseln ein schützendes Gewächshaus.

R. banksiae var normalis bei Dali, Yunnan

R. cymosa

R. cymosa in einer Schlucht bei Baoxing, Szetschuan

R. *chinensis* var. *spontanea* im Südwesten Szetschuans

R. *chinensis* var. *spontanea* mit allmählich rot sich färbenden, geöffneten Blüten

R. *bracteata*

Coopers Burma-Rose

Rosa chinensis Jacq. **var. *spontanea*** (Rehder & Wilson) Yu & Ku. Immergrüne Kletterpflanze oder großer Strauch, kann bis 5 m hoch werden, meist aber 2,5 m. Kaum Stacheln. 3-5 Blättchen, kurzstielig, kahl, oben dunkelgrün, unten heller, lanzettlich-zugespitzt. Blüten einzeln oder zu 2-3, beim Öffnen rosa, später rötlich, 5-6 cm im Durchmesser. Stiele und Fruchtboden kahl bis drüsig-borstig. Kelchblätter 1,5-3 cm, lanzettlich, ganzrandig, bei geöffneter Blüte zurückgebogen. Früchte orangerot. Heimisch in Westchina und im Nordwesten Szetschuans auf ungefähr 1000 m Höhe, wo Wilson sie als Frucht sammelte, und im Westen Hupehs bei Itschang, wo Henry sie entdeckte. Die hier abgebildeten Pflanzen entdeckte und fotografierte Mikinori Ogisu im Mai 1983 in Leibo im Südwesten Szetschuans in 1700 m Höhe. Wächst meist an niederschlagsarmen, nach Westen liegenden Abhängen in Höhen von 1560 bis 1950 m. Ist die wilde Form der kultivierten *R. chinensis*, die als Vorfahre der Teehybriden und Floribunda-Rosen große Bedeutung für den Garten hatte.

Rosa bracteata Wendl. Immergrüne Kletterrose, bis 6 m hoch. Hakenförmige, paarige Stacheln und Stachelborsten. 5-11 Blättchen, verkehrt eiförmig, stumpf, oben glänzend dunkelgrün, unten an der Mittelrippe kahl bis flaumig, bis 5 cm lang. Blüten im Durchmesser bis 10 cm, solitär mit kurzem Stiel hinter großen, flaumigen, gefransten Hochblättern. Kugelige Früchte, orangerot. Heimisch im Südosten Chinas und Taiwans, 1793 durch Lord Macartney eingeführt. Ziemlich empfindlich, braucht selbst in den wärmsten Regionen Englands eine Südwand, wo sie von Juni bis in den frühen Herbst hinein ununterbrochen blüht.

Anemone (Anemonoides). Kletterrose, bis 4 m hoch. Hybride zwischen *R. laevigata* und einer Teerose, von Schmidt 1895 gezogen. Immergrüne, glänzende Blätter. Blüten 10 cm im Durchmesser. Wohlduftend.

Ramona. Mutation von ›Anemone‹, die erstmals 1913 in Kalifornien auftrat. Blüten dunkelrosa. Blüht einmal, hat jedoch mehrere spätere Blüten. Beide Rosen benötigen eine warme, geschützte Wand, sollen jedoch winterhärter als *R. laevigata* sein.

Coopers Burma-Rose (›Cooperi‹). Diese Rose halten manche für eine Kulturform von *R. laevigata*, auch von *R. gigantea* oder von *R.* × *odorata*. Wurde in Glasnevin aus Samen gezogen, den Roland Cooper in Burma, vielleicht im Botanischen Garten von Maymyo, gesammelt und nach Irland geschickt hatte. Unterscheidet sich von der typischen *R. laevigata* durch die roten und nicht grünen Stämme, die zarteren Blätter mit oftmals 5 Blättchen und die lockereren Blüten, die beim Welken rosa gefleckt werden. In den kälteren Regionen Englands sehr empfindlich (geht bei Temperaturen unter -10 Grad an einer Mauer ein), doch blühfreudiger als *R. laevigata*.

Rosa laevigata Michaux. Cherokee-Rose. Robuste, immergrüne Kletterpflanze, bis 10 m und höher, mit hakenförmigen Stacheln und Stachelborsten an den kleineren Zweigen. 3 Blättchen, lanzettlich bis eiförmig, spitz, lederige Textur. Nebenblätter abfallend. Blüten bis 10 cm Durchmesser, weiß. Stiele und Fruchtboden borstig. Borstige Früchte, orangerot. Heimisch in Süd-

R. gigantea in Yunnan

Ramona

Anemone

china, im Süden Taiwans und im Westen Hupehs, doch auch anderswo naturalisiert, vor allem in den wärmeren Regionen Nordamerikas; dort erstmals in Georgia beschrieben. Wächst wild auf steinigen Böden und an Flußufern in Höhen bis zu 1000 m. Blüht im Mai. Zu empfindlich, um in England als Kulturpflanze zu gedeihen, wird durch strengen Frost geschädigt und blüht nur spärlich. Gedeiht in Südfrankreich gut. Blütezeit April.

Rosa gigantea Collett ex Crépin. Sehr große, immergrüne Kletterrose, bis 30 m und höher, stark gekrümmte Stacheln. Meist 7 Blättchen, länglich bis eiförmig, zugespitzt, bis 8 cm lang, kahl. Blüten einzeln oder in Gruppen von 2-3. Dünne, gelbe Knospen, geöffnet cremefarben bis weiß, seltener rosa, 10-14 cm Durchmesser. Rote oder gelbliche Früchte. Heimisch im östlichen Vorgebirge des Himalaya von Manipur bis Yunnan. Wächst an Waldrändern, Flußufern und kriechend im Gestrüpp in Höhen von 1300 bis 2600 m. Blütezeit März bis Mai.
Zuerst aus der Hügellandschaft von Schan in Burma 1888 eingeführt, später aus Manipur durch Kingdon Ward, der die Blüten als weiß mit orangeroten Staubgefäßen und einer Blütezeit von sechs Wochen beschrieb. Forrest berichtet von Formen mit gelben oder rosa Blüten an Sträuchern, die keine 2 m hoch waren und im Nordwesten Yunnans, in den Tälern von Dali und Lijiang wuchsen (f. *erubescens* Rehder & Wilson). Von Roy Lancaster in Yunnan photographiert.

R. laevigata

R. setigera

R. moschata

R. sempervirens bei Algeciras in Südspanien

Rosa moschata, Moschus-Rose. Miller. Robuste Kletterrose, bis 10 m hoch. Kahle Zweige mit sehr wenigen Stacheln. 7 Blättchen, bis 5 cm lang, breit-elliptisch bis breit-eiförmig, selten verkehrt eiförmig, an der Spitze spitz bis zugespitzt, unten kahl und an den Nerven feinbehaart, einfach gezähnt, an der Hauptachse ohne Borsten. Blüten 4-6 cm im Durchmesser, Doldenrispe, sehr süßer Duft (nach Moschus!). Stiele feinbehaart und drüsig. Kelchblätter ganzrandig oder mit sehr schmalen, seitlichen Lappen. Früchte eiförmig oder nahezu rund, meist feinbehaart, drüsig. Blüht von Juni bis September, einen Monat später als *R. brunonii.* Wild konnte die Rose nicht sicher nachgewiesen werden; sie wird hingegen schon lange kultiviert und wegen ihrer abführenden Wirkung in der Medizin verwendet. Ist in Südeuropa, der Türkei, im Iran, in Afghanistan und Nordafrika als Kulturpflanze oder naturalisiert bekannt, vermutlich auch in Äthiopien (*R. abyssinica* R. Br.). Das Bild zeigt eine blühende Pflanze in Mottisfont, Anfang September, die Graham Thomas in E. A. Bowles' altem Garten in Myddelton House entdeckt hat.

***Rosa sempervirens* L.**. Rank- oder Kletterrose, bis 4 m hoch. Dunkle, lederige, immergrüne Blätter, wenige bis keine Stacheln. 5-7 Blättchen, eiförmig-lanzettlich, beidseitig glänzend, kahl, 2-5 cm lang. Meist wenige Blüten in einer Rispe, Durchmesser der Blüte 3-5 cm, schwach duftend. Stiele drüsig-kurzborstig. Griffel meist wollig. Fast kugelige bis eiförmige Früchte, 1 cm lang, orangerot. Heimisch in Südeuropa von Spanien bis Griechenland, in der Türkei und in Nordafrika, wächst in Dickicht und Gestrüpp. Blüht von Mai bis Juli. Die Aufnahme wurde in Südspanien gemacht. Selten kultiviert; Elternpflanze einer Gruppe von Hybriden wie etwa ›Felicité et Perpétue‹ (S. 41).

Rosa setigera Michaux. Prärie-Rose. Strauch mit kletternden oder auch gewölbten Stämmen, bis 5 m hoch. 3 Blättchen, selten auch 5, eiförmig bis länglich-eiförmig, spitz bis zugespitzt, gesägt, unten an der Mittelrippe feinbehaart, 3-9 cm lang. Blüten 5 cm Durchmesser, rosa bis weiß, duftlos, in wenig-blütigen Doldenrispen. Vorragende Griffel, zu einer Säule zusammengedrückt, kahl. Stiele und Früchte drüsig-borstig. Rote Früchte, 8 mm breit. Heimisch in Nordamerika, von Ontario bis Nebraska, Texas und Florida. Gehört als einzige amerikanische Art zu den *synstylae.* Blütezeit Juni bis August. Im Garten als spät blühende, vielblütige Kletterrose sehr attraktiv.

Rosa wichuraiana Crépin. Kriechende Rose, die lange, herabhängende Zweige von 3 m Länge und länger ausbildet; zartgrün, mit gebogenen Stacheln. 5-9 Blättchen, glänzend grün, breit-eiförmig bis beinahe rund, Länge bis zu 2,5 cm, außer an der unteren Mittelrippe kahl. Nebenblätter gewimpert. Blüten 2,5-4 cm im Durchmesser, in lockeren Doldenrispen, öffnen sich nacheinander; Stiele kahl. Kugelige Früchte, orangerot. Heimisch in Japan, Korea und China, hauptsächlich an der Küste, wo sie in Dünen und Felsen wächst und die langen Triebe sich bis zum Strand ausbreiten. Blütezeit Juni bis Juli. In Kultur blüht diese Art erst im August; sie eignet sich für die Bepflanzung eines steilen Abhangs, ist allerdings nicht unbedingt dekorativ.

Rosa multiflora var. ***cathayensis*** Rehder & Wilson. Diese Sorte von *R. multiflora* unterscheidet sich von der japanischen durch die größeren Doldenrispen mit größeren Blüten, die meist rosa gefärbt sind. Man findet sie in vielen Teilen Chinas, von Gansu und Hupeh bis Szetschuan und Yunnan. Blüht von April bis Juni; gewöhnlich an Wasserläufen in Höhen von 300 bis 1600 m. Foto (Mai) bei Dali in Yunnan.

Rosa arvensis Huds. Rankender Strauch mit niederen, gebogenen Ästen, oft über Hecken kriechend, bis 2 m hoch. Hakenförmige Stacheln. 5-7 Blättchen, 1-3,5 cm lang, eiförmig bis eiförmig elliptisch, kahl, an den unteren Rippen feinbehaart. Blüten zu 1-6 zusammenstehend, 3-5 cm breit, guter Duft. Stiele mit Stieldrüsen. Kelchblätter kürzer als 1 cm, eiförmig, zugespitzt, an der Spitze nicht blattartig. Kahle Griffel, zu einer Säule zusammengedrückt. Kleine, rote Früchte, meist rund. Heimisch in West- und Südeuropa, von Island bis Nordspanien, außerdem in Deutschland und Griechenland. Blüht von Mai bis Juli. Einzige heimische Vertreterin der *synstylae* auf den Britischen Inseln, wo sie am häufigsten im Süden, besonders auf kalkigen Böden wächst; in Schottland sehr selten.

Rosa sambucina Koidz. Kletternder Strauch. Ähnlichkeit mit *R. luciae* und *R. wichurariana,* von denen sie sich durch die ganzrandigen Nebenblätter und die 5-7 Blättchen mit längeren Endständen unterscheidet. Die Blättchen sind 5-10 cm lang, teils lanzettlich bis eiförmig, teils spitz bis zugespitzt; unten kahl. Blüten 4-5 cm im Durchmesser, weiß, in Doldenrispen von 5-20. Stiele und Früchte drüsig-behaart. Heimisch in Japan, im Kernland von Honshu, auf Schikoku und Kyushu. Wächst auf Klippen, Felsen und Waldlichtungen; Blütezeit Mai und Juni.

R. multiflora var. cathayensis bei Dali in Yunnan

R. wichuraiana

R. arvensis, wild in Somerset

R. sambucina, Honshu, Japan

10. Juli, Wisley

R. filipes ›Kiftsgate‹ in Limekilns, Suffolk

Betty Sherriff

Wickwar

Rosa brunonii Lindley. Himalaya-Moschus-Rose. Starkwüchsige, meist hängende Kletterpflanze, 10 m und höher. 5-9 Blättchen, meist jedoch 7, spitz, bläulich-grün, unten feinbehaart und drüsig, oben meist feinbehaart. Blattstiele und Hauptachse mit hakenförmigen Stacheln. Blüten 2,5-4 cm im Durchmesser, gut duftend, zu vielen in Doldenrispen. Beinahe runde Früchte, 1 cm lang. Heimisch im Himalaya von Kaschmir und Afghanistan bis in den Südwesten Chinas. Wächst wild in Höhen von 1200 bis 2400 m; Blütezeit April bis Juni. Schöne Pflanze mit bläulich-grünen Blättern und duftenden Blüten, die geöffnet zuerst cremefarben, dann weiß sind. Bei günstigen Bedingungen sehr starkwüchsig. Der Klon ›La Mortola‹ hat dicht behaarte, gräuliche Blätter und soll relativ empfindlich sein.

Polyantha grandiflora (›Gentiliana‹). Hybrid, von Bernaix 1886 eingeführt. Schöne Rose von unbekannter Herkunft. Bis 6 m hoch. Duftet nach Orangen. Stiele borstig.

Ballerina. Moschus-Hybride, 1937 von Pemberton gezogen und von Bentall eingeführt. Dichter Wuchs bis 3,1 m hoch. Dauerblühend bis in den Herbst hinein. Abstammung: Sämling von *R. multiflora*.

Treasure Trove. Robuste Kletterrose, bis 6 m und höher. Zufälliger Sämling, den John Treasure in seinem Garten in Burford House, Herefordshire, fand. Blüten in großen Doldenrispen, guter Duft. Abstammung: vermutlich ›Kiftsgate‹ × einer Gartenrose.

Phyllis Bide. Rankrose, bis 4 m hoch. 1923 in Farnham von Bide and Sons gezogen. Blüht bis in den Herbst hinein; gut duftend. Abstammung: ›Perle d'Or × ›Gloire de Dijon‹.

Rosa helenae Rehder & Wilson. Robuste Kletterrose, bis 6 m und höher. Hakenförmige Stacheln. 7-9 Blättchen, oben dunkelgrün, unten gräulich, an der Mittelrippe und den Adern feinbehaart. Blüten 3-4 cm breit, gut duftend, in flachen Doldenrispen, 6-15 cm im Durchmesser. Stiele drüsig. Blütenblätter kahl. Eiförmige Früchte, 1-1,5 cm lang, orangerot oder scharlachrot. heimisch in Schan-xi, im westlichen Hupeh bei Yichang und in Szetschuan. Wächst in Hecken und entlang der Flußufer, in Höhen bis zu 1500 m. Blüht im Juni. 1900 durch Wilson eingeführt. Forrest fand ähnlich aussehende Pflanzen in Yunnan, deren Früchte jedoch größer waren.

Rosa multiflora var. ***nana***. Zwergform von *R. multiflora*, bildet einen kleinwüchsigen Strauch, bis 0,8 m hoch. Mehrmals blühend, Blüten hellrosa bis weiß. Graham Thomas berichtet, daß diese Rose, wenn sie aus Samen gezogen wird, bereits zwei Monate später blühen kann. Sie ist möglicherweise ebenso eine Zwergform, eine wiederholt blühende Mutation von *R. multiflora*, wie die mehrmals blühenden China-Rosen zwergförmige Mutationen der wilden Kletterrosen sind.

Paul's Himalayan Musk. Starkwüchsige Kletterrose, bis 10 m und höher. Stammform unbekannt, vielleicht *R. himalaica alba magna* von Paul of Cheshunt. Die blühenden Zweige hängen herab und verströmen einen süßen Duft. Abstammung: Sämling von *R. brunonii*.

***Rosa filipes* ›Kiftsgate‹**. Dieser Klon von *R. filipes* (S. 39) ist heute die bekannteste Kletterrose des Himalaya. Wurde in Kiftsgate Court gepflanzt, nahe dem bekannteren Garten von Hidcote in Gloucestershire; gelangte vermutlich vom Roseraie de l'Ha aus nach England. ›Kiftsgate‹ wächst sehr hoch, sie klettert an Bäumen, Häusern und anderen Flächen hoch. Die Doldenrispen mit den kleinen Blüten haben einen Durchmesser von circa 45 cm; sie werden relativ spät ausgebildet.

Wickwar. Diese schöne Rose bildet einen stark verzweigten Strauch, 2 m hoch und mehr als 2 m breit. Gräuliche Blätter erinnern an *R. brunonii*. Cremefarbene Blüten, sehr guter Duft. Sämling von *R. brunonii*, vielleicht mit *R. soulieana* als anderer Elternpflanze. Erschien erstmals im Garten von Keith Steadman in Wickwar, Gloucester.

Betty Sherriff. Anmutige Kletterrose, bis 6 m hoch. Glänzende Blätter, rote Triebe und duftende zartrosa Blüten. Mrs. Sherriff sammelte sie an einem niederschlagsarmen Hügel an der Grenze zwischen Bhutan und Tibet; der genaue Herkunftsort ist unbekannt. Im Wachstum ähnelt sie *R. longicuspis*; die kleinen Blüten in lockeren Doldenrispen erinnern an *R. filipes*.

16. Juli, Gardens of the Rose

R. brunonii bei Baoxing, Szetschuan

Rosa filipes Rehder & Wilson. Starkwüchsige Kletterrose, bis 6 m und höher. Hakenförmige Stacheln, purpurfarbene junge Triebe. 5-7 Blättchen, eiförmig-länglich bis lanzettlich, zugespitzt, oben kahl, unten meist kahl und grünlichgrau, 4-7,5 cm lang, wenige Stacheln an der Mittelrippe und am Blattstiel. Blüten 2-2,5 cm breit, gut duftend, in großen, lockeren vielblütigen Rispen, bis 25 cm groß. Dünne Stiele, 2-3 cm lang, mit kurzstieligen Drüsen. Griffel behaart. Runde Früchte, 8-12 mm im Durchmesser. Heimisch in Westchina, im Nordwesten Szetschuans. Wächst im Gebirge in Höhen von 1300 bis 2300 m. Blütezeit Juni und Juli. Wurde auch in Ganzhou gefunden. Von dort schickte sie Farrer an E. A. Bowles. Siehe bei ›Kiftsgate‹ (S. 37).

Wedding Day. Starkwüchsige Kletterrose, bis 8 m und höher. Blüte beim Öffnen hell-aprikosengelb; Blütenblätter mit stachelspitziger Spitze. Der Sämling entstand in Highdown, Worthing, Sussex, und wurde 1950 durch Sir Frederick Stern eingeführt. Sehr gut duftend und blühfreudig, die Blüten leiden jedoch unter Regen. Vermutlich eine Hybride von *R. sinowilsonii.*

Rosa mulliganii Boulenger. Starkwüchsige Kletterrose, bis 6 m und höher, hakenförmige Stacheln. 5-7 Blättchen, oben kahl, glänzend dunkelgrün, die längsten bis 6 cm lang; unten an den Adern feinbehaart. Blüten 4,5-5,5 cm im Durchmesser, in großen, lockeren Doldenrispen; Stiele 2,5-3,5 cm lang, feinbehaart und mit vielen Stieldrüsen. Kelchblätter zugespitzt, 1,2-1,8 cm lang. Früchte 11-13 mm lang. Ähnlichkeit mit *R. rubus*, hat jedoch 5-7 Blättchen und nicht 3-5, längere Stiele und größere Blüten. Außerdem Ähnlichkeit mit *R. brunonii*, von der sie sich durch die kahlen, glänzenden Blätter unterscheidet. Sie wurde nach Pflanzen beschrieben, die in Wisley wachsen und die Forrester vermutlich in Yunnan gesammelt hat.

Seagull. Kletterrose, bis 4 m Höhe. Von Pritchard 1907 gezogen. Guter Duft. Einmal blühend. Halbgefüllte Blüten in sehr großen Doldenrispen. Abstammung: nicht registriert.

Rosa multiflora Thunb. Strauch mit gewölbten Stämmen, bis 5 m Höhe. Blüht im zweiten Jahr. Viele gekrümmte Stacheln. 7-9 Blättchen, bis 5 cm lang, unten kahl bis flaumig, eiförmig-elliptisch. Nebenblätter stark gefranst. Blüten 2,5 cm breit, in einer recht dichten Doldenrispe. Kurze Kelchblätter. Eiförmige bis runde Früchte, rot. Heimisch in Japan, Korea, China (var. *cathayensis* [S. 37]) und Taiwan. Wächst auf sandigem und steinigem Boden entlang der Flußufer. Blütezeit April bis Juni. In Amerika naturalisiert, vor allem im Osten. Sehr stachelige Rose, die auf nährstoffarmen Böden gedeiht; ausgesprochen schöne Blüten und Früchte.

Rambling Rector Hybride unbekannter Herkunft, seit 1912 bekannt, bildet einen dichten Strauch oder klettert an Bäumen empor. Blättchen unten flaumig. Stiele stark drüsig. Staubbeutel werden früh schwarz. Abstammung: vermutlich *R. multiflora* × *R. moschata.*

Rosa brunonii Lindt. (Chinesische Form). Die chinesische Form von *R. brunonii*, die im Westen Szetschuans gefunden wird, unterscheidet sich von der westlichen Himalaya-Moschus-Rose durch die kahlen Triebe und nahezu kahlen Blätter. Darin ähnelt sie *R. rubus*, die allerdings nur 5 Blättchen hat und nicht 7 wie *R. brunonii.* Die Aufnahme wurde auf 1300 m Höhe im Tal von Baoxing (Moupine) nahe bei Ya'an Ende Mai gemacht. Die Rose bildete nach der Rodung des Waldes ein großes Dickicht aus gewölbten Zweigen zu beiden Seiten des Tales aus.

R. longicuspis bei Dali, Yunnan

Rosa longicuspis A. Bertoloni (*R. lucens rolfe, R. yunnanensis* [Crép.] Boul.). Robuste Kletterrose, bis 6 m und höher. Derbe, glänzende, halbimmergrüne Blätter und purpurrote junge Triebe. 3-7 Blättchen, schmal-eiförmig bis lanzettlich-elliptisch; mehr oder weniger netzartig geädert, lederig, unten grün, kahl, 5-10 cm lang. Blüten 5 cm breit, süßer Duft, kleine, eiförmige Knospen, bis zu 15 in einer Rispe; Blütenblätter auf der Rückseite seidenartig. Stiele und Früchte meist drüsig-haarig. Eirunde Früchte, 1-5-2 cm lang. Heimisch im Ostteil des Himalaya von Assam bis nach Yunnan und Szetschuan, wo sie beim Emei-Shan vorkommt. Wächst in Hecken, im Dickicht und zwischen den Felsen in Höhen von 1000 bis 2000 m. Blüht von Mai bis Juli. Die Aufnahme wurde im Mai auf den niederschlagsarmen Hügeln im Westen Yunnans oberhalb der Stadt Dali gemacht. *R. longicuspis* var. *sinowilsonii* (Hemsl.) Yu & Ku unterscheidet sich durch die größeren Blätter, die nicht oder nur leicht behaarten Stiele und die breiteren Knospen. Beschrieben nach dem Vorkommen am Mt. Emei.

10. Juli, Wisley

Königin von Dänemark

R. × alba ›Semiplena‹

Maiden's Blush

Jeanne d'Arc

Great Maiden's Blush (La Royale, La Séduisante, Cuisse de Nymphe, La Virginale, Incarnata, die *Rosa alba regalis* von Redouté). Alba-Rose, seit dem 15. Jahrhundert bekannt. Großer Strauch bis 2,5 m hoch, mit bogigen Zweigen und bläulich-grünen Blättern. Blüten duften süß. Reichlich Blüten von Mitte Juni bis Anfang Juli, blüht nur einmal.

***Rosa gallica* Versicolor** (Rosa Mundi, *R. gallica* ›Variegata‹). Die gescheckte Mutation von *R. gallica* ›Officinalis‹ ist seit dem 16. Jahrhundert bekannt und schlägt oft in die nicht gescheckte Stammart zurück (S. 48). Niedriger Strauch, bis 2 m hoch, muß abgestützt werden, damit die Stämme nicht unter dem Gewicht der Blüten herabhängen. Ansonsten können die Stämme auch im Frühjahr fixiert werden, der Strauch wird dann nicht höher als 1 m.

Martin Frobisher. Diese Rose sieht zwar wie eine sehr alte Rose aus und ist nach einem Seefahrer aus der Zeit Elisabeths I. benannt, doch wurde sie erst 1968 von Svedja beim Kanadischen Dept of Agriculture gezogen, angeblich aus dem Samen von Schneezwerg, einer Hybride von *R. rugosa*. Kugelförmiger Strauch, 1,5 m hoch. Ein bis zwei Blüten sind nach dem erstmaligen Öffnen der Blüten ständig geöffnet. Duft erinnert an *R. rugosa*, doch durch ihre Blätter und ihre allgemeine Erscheinung sieht sie mehr wie eine große Form von *R. pimpinellifolia* aus.

Alba Maxima (Great Double White, Jakobiten-Rose). Großer Strauch, bis 2 m hoch, ist in alten Gärten zu finden. Schlägt bekanntlich in die Form ›Alba Semiplena‹ zurück, ein Hinweis darauf, daß sie ursprünglich eine Mutation dieser Sorte ist. Die Blätter sind derb, gräulich-grün. Die jungen Stämme entspringen an der Basis und biegen sich unter dem Gewicht der Blüten nach unten.

Comte de Chambord. Moreau-Robert zog diese schöne Rose 1860 aus einer Portland-Rose, die vemutlich mit einer China-Rose gekreuzt war. Aufrechter Wuchs, Höhe bis 1,5 m. Schmale Blütenblätter, purpur-rosa, süß duftende Blüten in reicher Zahl bis weit in den Herbst hinein, wie ich Anfang September im Klostergarten von Mottisfont feststellen konnte.

Belle de Crécy Gallica-Rose von offenem Wuchs und bis 1,3 m hoch. Die gut duftenden Blüten sind beim Öffnen leuchtend rosa, bleichen durch die Sonnenstrahlung aus und werden hellviolett. Seit 1848 bekannt; vermutlich nach dem Château de Crécy bei Dreux benannt, dem ersten der vielen Häuser, die Mme de Pompadour verschönerte.

Tuscany Superb. Gallica-Rose, seit 1848 bekannt, Höhe bis 1,5 m. Ähnlichkeit mit der ursprünglichen ›Tuscany‹, hat jedoch größere, gefülltere Blüten, die nur schwach duften.

Königin von Dänemark (Belle Courtisanne). Alba-Rose, vermutlich mit einer Damaszener-Rose gekreuzt. 1826 von James Booth von den Flottbek-Rosenschulen bei Hamburg (später in Dänemark) gezogen. Offener Strauch, bis 2 m hoch. Zweige biegen sich unter dem Gewicht der Blüten oft zu Boden. Bläulich-grüne Blätter.

Charles de Mills. Gallica-Rose, die einen aufrechten Strauch ausbildet, Höhe bis 1,5 m. Bringt auffallend kleine, sehr flache Blüten mit gutem Duft hervor. Meist sehr schöne Schattierungen von Karmesinrot, die zu einem rötlichen Purpur verbleichen können. Es überascht, daß der Züchter dieser auffallenden Rose nicht registriert ist.

***Rosa × alba* Semiplena**. Eine der ältesten Sorten von *R. × alba*. Soll heute noch häufig in Bulgarien in der Gegend von Kazanluk, nördlich von Plovdiv, zur Gewinnung von Rosenöl gezogen werden. Ausladender Strauch, bis 2 m hoch. Gebogene Zweige, die viele duftende Blüten tragen. Eine der widerstandsfähigsten Rosen überhaupt; verträgt jedoch keinen Schatten.

Maiden's Blush. Alba-Rose, schlankere Version von ›Great Maiden's Blush‹, mit etwas kleineren Blüten an einem Strauch, der bis 3,3 m hoch wird. Seit Ende des 18. Jahrhunderts bekannt.

Jeanne d'Arc. Vibert zog diese Alba-Rose 1818. Schlankere Version von ›Alba Maxima‹, Blüten 6 cm breit. Bildet einen bis zu 1,5 m hohen Strauch. Stark verzweigt. Bei mir im Garten wird sie mit schöner Regelmäßigkeit durch Rosenrost entlaubt, blüht aber dennoch gut.

3. Juli, Mottisfont

1. Juli, Mottisfont

Duchesse de Montebello

Rose de Resht

Félicité Parmentier

Henri Foucquier. Gallica-Rose unbekannter Entstehungszeit. Offen wachsender Strauch, beinahe stachellose Stämme. Henri Foucquier (1838-1901) war Schriftsteller und Politiker.

Duchesse de Montebello. Gallica-Damaszener-Hybride, von Laffay gezogen, kräftiger, offener Wuchs, bis 1,6 m Höhe. Hellgrüne Blätter, wohlduftende Blüten. Seit 1829 bekannt.

Georges Vibert. Gallica-Rose, von Robert 1853 gezogen. Aufrechter Wuchs, Höhe bis 1,5 m, Blätter eher klein. Blütenfarbe verbleicht mit der Zeit. Auf dem Bild sind die oberen zwei Blüten frisch, die unteren zwei verbleicht.

Surpasse Tout (Cerisette La Jolie). Gallica-Rose, seit 1832 bekannt. Kräftiger, buschiger Wuchs, Höhe bis 1,3 m. Blüten anfänglich kelchförmig, hängen später herab.

Cramoisi Picoté. Gallica-Rose, von Vibert 1834 gezogen. Dünner, aufrechter, bis 1,5 m hoher Strauch mit kleinen Blättern. Blüten in Büscheln zu je 3, aufrecht. Blütenblätter rollen nach hinten ein, von allen Rosen vielleicht am weitesten zurückgebogen, wie bei einer Pompon-Dahlie. Schwach duftend.

Pompon Blanc Parfait. Alba-Rose, 1876 gezogen. Schlanker, aufrechter Wuchs, Höhe bis 1,6 m. Kleine Blätter und Blüten. Blütezeit länger als die der meisten anderen Alba-Rosen; gelegentlich noch sehr späte Blüten. Blüten im Gegensatz zu den anderen Alba-Rosen in dichten Büscheln; Farbe rosa, verbleicht jedoch und wird weiß. Vermutlich eine Alba-Rose, die mit einer Multiflora-Hybride gekreuzt wurde.

Celeste (Celestial). Alba-Rosa, die gegen Ende des 18. Jahrhunderts in England entstand. Bildet einen großen, kugelförmigen Strauch, bis 2 m hoch. Die bläulich-grünen Blätter sind für *R. × alba* typisch. Ungewöhnlich schöne, süß duftende Blüten. Von Redouté unter dem Namen *R. damascena* ›Aurore‹ gemalt.

Belle Amour. Alba-Rose unbekannter Herkunft, die vielleicht, wie Graham Stuart Thomas behauptet, mit einer Damaszener- (oder China-?) Rose gekreuzt wurde; doch sie hat andere Stacheln, und der Duft erinnert an Anissamen.

Rose de Resht. Herbstblühende Damaszener-Rose, von Miss Nancy Lindsay eingeführt. Blättriger Strauch, wird ausgewachsen 2 m hoch, bringt den Sommer und Herbst hindurch alle sechs Wochen Blüten hervor, die süß und schwer duften. Stammt aus dem Iran: ›N. L. 849. Bin in einem persischen Garten im alten Rescht auf sie gestoßen, ein Tribut der chinesischen Tee-Karawanen, die durch die zentralasiatischen Steppen Richtung Persien zogen. Der kräftige, 1 m hohe Strauch mit smaragdgrünen Blättern blüht mehrmals und schmückt sich mit Kamelienblüten von blutrotem Rubin, durch das ein Königsblau schimmert. Die an Drachen erinnernden Kelchblätter rahmen die Blüten wie ein Heiligenschein, so daß sie den gemalten Blumen auf orientalischen Fayencen gleichen.‹ Herzlose Skeptiker behaupten, Miss Lindsey habe die Rose in einem Garten in Frankreich gefunden.

du Roi. Portland-China-Hybride, von Lelieur 1815 in Frankreich gezogen. Niedriger Strauch, 1 m hoch, bringt den ganzen Sommer hindurch gut duftende Blüten hervor. Diese Rose und ihre Mutation ›Rose du Roi à Fleur Pourpré‹ (1819) sollen Vorfahren der Remontantrosen sein.

Jacques Cartier. Portland-China-Hybride, von Moreau-Robert 1868 gezogen. Süß duftende Blüten vom Sommer bis in den Herbst hinein. Strauch, bis 1,3 m hoch. Wir konnten die Blüte Anfang September beobachten; in einem guten Jahr sollte sie sich Ende Oktober wiederholen.

Mme le Gras de St Germain. Alba- oder Alba-Damaszener-Hybride, seit der ersten Ausgabe von William Pauls *The Rose Garden* 1848 bekannt. Aufrechter Wuchs, 2 m und höher, mit Klettergerüst 5 m. Blüten in der Mitte zartgelb, guter Duft.

Félicité Parmentier. Alba-Rose, 1834 entstanden; buschiger Strauch, bis zu 1,3 m hoch. Hat wie ›Belle Amour‹ Eigenschaften der Damaszener-Rose. Blüten sind nach dem Öffnen von nahezu reinem Weiß.

3. Juli, Mottisfont

Sissinghurst Castle (Rose des Maures). Alte Gallica-Rose, die Vita Sackville-West in Sissinghurst Castle zwischen den Ruinen des Gartens gefunden hat. Stark verzweigt, bis 1 m hoch.

Tuscany (Old Velvet). Ausläufertreibender Strauch, bis 3,5 m hoch. Eine der ältesten Gallica-Rosen; ähnliche, doch kleinere Blüten als ›Tuscany Superb‹ und dunklere als ›Sissinghurst Castle‹.

Marcel Bourgouin (Le Jacobin). Gallica-Rose, von Corboeuf 1889 gezogen. Magentarote, in guten Jahren auch satt-purpurne Blüten, Blütenblätter außen hell. Niedriger Wuchs bis 1 m.

Agathe Royale. Gallica-Hybride; *R. majalis* war vermutlich eine Elternpflanze (*R.* × *francofurtana*); seit 1820 bekannt. Wuchs bis zu 1,6 m hoch, gebogene Stämme. Zarte Blätter. Blüten gut duftend. Gleicht sehr der Schwester ›Empress Josephine‹, ist jedoch kräftiger und hat dünnere Stiele.

Aimable Rouge (La Triomphe). Gallica-Rose unbekannter Herkunft, vermutlich im 18. Jahrhundert entstanden, um 1820 in Holland und Frankreich häufig gezogen. Von Redouté nach einer Pflanze aus Malmaison gemalt.

Petite Orléannaise. Zentifolie, die einen kräftigen, bis 1,5 m hohen Strauch mit kleinen Blättern ausbildet. Herkunft unbekannt, vermutlich um 1900 entstanden.

D'Aguesseau. Gallica-Rose, von Vibert 1823 gezogen. Höhe bis 1,7 m. Blüten wohlduftend, beim Öffnen intensiv karminrot, später dunkelrosa. Starker Wuchs.

Du Maître d'cole. Gallica-Rose, die von Constance Spry in den Pajotin-Chedanes-Rosenschulen in Maître d'cole gekauft wurde, dort jedoch offensichtlich nicht gezogen worden war. Blüten sehr gut duftend, rote Knospe, geöffnete Blüte rosa, bleicht aus und wird gräulich-mauve. Gedrungener, kräftiger Wuchs, Höhe bis 1 m. Nahezu stachellos.

Nestor. Gallica-Rose, vermutlich um 1840 entstanden. Mehr oder weniger stachellos, bis 1,3 m hoch. Blütenfarbe ändert sich. Knospe ist hell, die geöffnete Blüte bläulich-rosa mit einer dunkleren Mitte, später bleicht sie aus und wird grau.

Robert le Diable. Spätblühende Rose, seit 1850 in Frankreich bekannt. Der Einfluß von *R. gallica* und *R. chinensis* ist sichtbar. Süß duftende Blüten, die purpurfarben und grau sind, vermischt mit kirsch- und scharlachrot; werden bei Hitze hell gräulich-mauve. Höhe bis 1,3 m. Offener, wuchernder Wuchs. Anfällig für Schwarzfleckigkeit. Regen schadet ihr.

Conditorum. Alte Gallica-Kulturform, die im Botanischen Garten der Universität von Oxford bewahrt worden ist. Gut duftende Blätter, die bei Hitze eine purpurne Färbung annehmen. Höhe bis 1,3 m. Die dicken Blütenblätter behalten bei trockenem Wetter Farbe und Duft.

Violacea (La Belle Sultane, Cumberland, Maheka). Alte Gallica-Rose, seit dem 18. Jahrhundert bekannt. Groß, bis 2 m hoch. Fast stachellos. Blätter hängend. Kelch geflügelt, was vermutlich auf den Einfluß von Zentifolien zurückgeht. Gut duftende Blüten, die mit der Reife violett werden.

Belle Isis. Gallica-Rose, von Parmentier 1845 gezogen. Wuchs gewöhnlich niedrig, hängend, Höhe weniger als 1 m. Stachelige Stämme. Graham Thomas vermutet, daß sie ein Kreuzungsprodukt aus einer Zentifolie ist.

1. Juli, Mottisfont

Robert le Diable

1. Juli, Mottisfont

Président de Sèze

Cardinal de Richelieu

L'Impératrice Joséphine

Jenny Duval

Assemblage des Beautées (Rouge blouissante). Gallica-Rose, seit 1823 bekannt. Kleinwüchsiger Strauch, 1-1,3 m. Die leuchtenden karmesinroten Blüten werden mit der Zeit purpurfarben.

Président de Sèze (Mme Hébert). Gallica-Rose, von Hébert 1836 gezogen. Offener Strauch, bis 1,3 m hoch. Auffallende Blüten: schwach lilarosa an den Rändern, in der Mitte karmesinrot. Eine der beeindruckendsten und schönsten Gallica-Rosen.

Cardinal de Richelieu. Triploide Gallica-China-Hybride, von Laffay 1840 gezogen. Großer Strauch, Höhe bis 1,6 m, Breite etwas geringer. Wenige Stacheln. Blüten dunkel-purpurfarben, oft mit einem grünen Auge. Bei dieser Sorte ist großzügige Düngung und sorgfältiges Schneiden angezeigt.

L'Impératrice Joséphine (*Empress Josephine*) (Rosier de Francfort, Pius IX). Gallica-Hybride, ein Elternteil vermutlich *R. majalis*, seit 1820 bekannt. Niedriger, buschiger Strauch, bis 1,6 m hoch. Sehr wenige Stacheln. Ist an den großen Nebenblättern zu erkennen.

Agathe. Diese Gallica-Rose ist seit 1815 bekannt und weist einige Merkmale der Damaszener-Rosen auf; vielleicht ist sie deren Kreuzungsprodukt. Gedrungener Strauch, bis 1,3 m hoch. Stachelige Triebe und wohlduftende Blüten.

Hippolyte (Souvenir de Kean). Gallica-Rose, vermutlich im frühen 19. Jahrhundert entstanden. Starker Strauch, bis 1,3 m hoch. Die Blütenbüschel hängen an den gebogenen Stämmen herab.

La Plus Belle des Ponctuées. Gallica-Rose unbekannter Herkunft. Auffallend die fein gesprenkelten Blüten. Kräftiger Wuchs bis 1,5 m hoch. Wenige Stacheln, Holz bräunlich. Üppiges Laub. Kelchblätter oft blattartig.

Anaïs Ségales. Gallica-Hybride, vermutlich aus einer Zentifolie, von Vibert 1837 gezogen. Stachelige Stämme bilden einen kleinen Strauch, der bis 1 m hoch wird. Dunkelrosa Blüten, an den Rändern hell.

Jenny Duval. Gallica-Rose unbekannter Herkunft, seit 1821 bekannt. Höhe bis 1,5 m. Blüten gut duftend, an den Rändern hell-lila, in der Mitte eine Mischung aus Karmesinrot, Purpur, Braun und Grau, je nach Temperatur.

3. Juli, Mottisfont

Néron. Gallica-Rose, von Laffay 1841 gezogen. Stark verzweigter Strauch, kräftiger Wuchs, Höhe bis 1,5 m. Blüten leicht gezeichnet, später leuchtend.

Gloire de France (Fanny Bias). Gallica-Rose, seit 1819 bekannt. Aufrechter Strauch von kräftigem Wuchs, bis 2 m hoch. Von winzigen Stachelborsten abgesehen beinahe stachellos. Blüten an den Rändern hell-lila.

Pompon Panaché. Alte Gallica-Rose unbekannter Herkunft, die einen kleinen Strauch bildet, Höhe bis 1 m. Kräftige Zweige mit kleinen Blättern.

Perle des Panachés (La Rubanée). Zwergform einer Gallica-Rose, von Vibert 1845 gezogen. Es gibt auch eine Zentifolie, die La Rubanée heißt (siehe S. 59).

Tricolor de Flandres. Gallica-Rose, von Van-Houtte 1846 gezogen. Kleiner, dichter, hängender Strauch, Höhe bis 1 m. Blüten mit frischem Duft.

Complicata. Gallica-Rose oder Kreuzungsprodukt einer Gallica mit *R. canina*. Herkunft unbekannt. Bildet großen Strauch, der bis 1,6 m hoch wird, aber auch 3 m erreichen kann, wenn er eine Kletterhilfe hat (beispielsweise einen alten Apfelbaum wie auf dem Foto). Die einzelne Blüte kann bis zu 12 cm breit werden.

Duchesse de Buccleugh. Gallica-Rose unbekannter Abstammung, die um 1846 entstand. Robuster, verzweigter Strauch mit belaubten Stämmen, Höhe bis zu 2 m. Große Blüten, die später als bei anderen Gallica-Rosen hervorgebracht werden. Schwach duftend. Sieht aus wie eine gefüllte Mutation von *R. gallica* ›Officinalis‹.

***Rosa Gallica* Officinalis** (*R. gallica* ›Maxima‹, *R. rubra* Blackw. Apotheker-Rose; Rote Rose von Lancaster). Vermutlich die älteste kultivierte Form von *R. gallica*. Es wird behauptet, Thibaut Le Chansonnier habe sie im 13. Jahrhundert von Damaskus nach Frankreich gebracht. Sie ist auf dem berühmten Altar-Bild von 1430 in der Genter Kathedrale zu sehen. Ausladender, ausläufertreibender Strauch, bis 1,3 m hoch, mit vielen, halbgefüllten Blüten.

Complicata, in einem alten Apfelbaum

R. gallica ›Officinalis‹

Complicata

Duchesse de Buccleugh

1. Juli, Mottisfont

Duchesse d'Angoulême, Mottisfont

Mme Plantier

Boule de Nanteuil

Ipsilante. Gallica-Rose, seit 1821 bekannt. Mäßig stacheliger Strauch; bis 1,3 m hoch. Stark belaubt, Blätter leuchtend grün. Süß duftende Blüten, später lilafarben bis rosa. Blüht später als die meisten anderen Gallica-Rosen.

Jeanne de Montfort. Moosrose, seit 1851 bekannt. Großer Strauch, bis 2 m hoch. Gut duftende, halbgefüllte Blüten.

Cosimo Ridolfi. Vibert zog diese Gallica-Rose 1842. Höhe circa 1 m. Blüten wohlduftend, schwach violett.

Duc de Guiche (Sénateur Romain). Gallica-Rose, seit 1835 bekannt. Gewölbte Stämme, Höhe bis 1,6 m. Gut duftende Blüten, die bei Hitze purpur geädert sind.

Alain Blanchard. Vibert zog diese Gallica-Rose 1839. Dünner, drahtiger Wuchs bis zu einer Höhe 1,3 m, danach hängend. Gut duftende, halbgefüllte Blüten; die Blütenblätter sind purpurfarben mit karmesinroten Sprenkeln.

Marie Louise. Damaszener-Rose, 1813 im Garten von Malmaison gezogen. Lockerer, gewölbter Wuchs, Höhe bis 1,3 m. Wird von dem Gewicht der riesigen, flachen, stark und süß duftenden Blüten niedergedrückt.

Duchesse d'Angoulême (Duc d'Angoulême). Gallica-Hybride, vermutlich mit einer Alba-Rose als einer Elternpflanze; seit 1827 bekannt. Niedriger Strauch, Höhe bis 1 m. Gebogene Zweige und hängende Blüten mit zierlichen, beinahe durchsichtigen Blütenblättern.

Camaieux. Gallica-Rose, seit 1830 bekannt. Strauch, 1,3 m hoch. Blüten weiß mit roten Streifen; die Streifen verbleichen in ein Magentarot, werden später lila-gräulich und haben oft eine grüne Mitte.

Mme Plantier. Alba-Hybride, vermutlich mit einer *R. moschata* von Plantier 1835 gezogen. Wuchernder Strauch, bis 1,6 m hoch. An einem Baum als Kletterhilfe bis zu 4 m hoch. Gut duftende Blüten, die beim Öffnen der Knospen satt cremefarben sind, bevor sie dann weiß werden.

Boule de Nanteuil. Gallica-Rose, seit 1848 bekannt. Dichter, verzweigter Wuchs bis 1 m hoch. Guter Duft. Anfällig für Mehltau.

25. Juni, Gardens of the Rose

St Nicholas. Damaszener-Rose oder Kreuzung mit *R. gallica*, die im Garten von Hon. Robert James in St Nicholas in Richmond, Yorkshire, erschien. Aufrechter Strauch, bis 1,3 m hoch. Halbgefüllte Blüten, schwach duftend. Auffällige, orangerote Früchte.

Omar Khayyam. Diese Damaszener-Rose wurde aus Samen gezogen, die Mr. William Simpson, Illustrator bei den *Illustrated London News*, von einem Strauch sammelte, der über dem Grab von Omar-i-Chajjam (englische Schreibweise »Omar Khayyam«) in Nischapur, Persien, wuchs. Gezogen wurde diese Pflanze in Kew Gardens, wo sie erstmals 1894 blühte. Eine dieser Rosen aus Kew Gardens wurde auf das Grab Edward Fitzgeralds gepflanzt, der Omar-i-Chajjams Werk übersetzt hatte. Es befindet sich in Boulge bei Woodbridge, Suffolk. Von dort »rettete« sie Frank Knight 1947, und die Herren Notcutts sorgten für ihre Verbreitung. Aufrechter Strauch, bis 2 m hoch, mit sehr süß duftenden Blüten.

Hebe's Lip (Rubrotincta, Reine Blanche). Hybride einer Damaszener-Rose, die vermutlich mit *R. rubiginosa* gekreuzt wurde. 1912 von Paul gezogen. Strauch, Höhe bis 1,6 m. Schöne Knospen und halbgefüllte Blüten mit starkem, moschusartigem Duft, die sich nachts schließen. Die Stämme haben sehr lange, nach unten gebogene Stacheln. Trägt im Herbst sehr viele Früchte.

Petite Lisette. Damaszener-Rose, von Vibert 1817 gezogen. Buschige Pflanze, die bis 1,3 m hoch wird. Behaarte, grau-grüne Blätter und duftende Blüten.

Madame Hardy. Damaszener-Rose, vermutlich das Kreuzungsprodukt mit einer Alba-Rose, 1832 von Hardy gezogen. Kräftiger Strauch mit langen Trieben, bis zu 2 m hoch. Dicht belaubt.

Trigintipetala (Kasanlak). Damaszener-Rose; diese alte Sorte wird in Bulgarien bei Kasanlak zur Gewinnung von Rosenöl angebaut. Aufrechter Strauch, bis 2 m hoch. Sehr süß duftende Blüten.

Ispahan (Pompon des Princes). Damaszener-Rose, seit 1832 bekannt. Aufrechter Strauch, bis zu 2 m hoch, mit gut duftenden Blüten im Hochsommer. Längere Blütezeit als bei Damaszener-Rosen üblich.

Leda (Painted Damask). Damaszener-Rose, seit 1827 bekannt. Kleiner Strauch, bis zu 1 m hoch, sehr dicht belaubt mit dunkelgrünen Blättern. Hauptblütezeit im Sommer; auch im Herbst vereinzelt Blüten.

Alba Maxima (hinten); *St Nicholas* (vorn)

Leda

Omar Khayyam

3. Juli, Mottisfont

Mme Zoetmans

Celsiana

Quatre Saisons Blanc Mousseux

Oeillet Parfait. Damaszener-Rose, von Foulard 1841 gezogen. Hübscher Strauch, bis 1,3 m hoch.

Mme Zoetmans. Damaszener-Rose, 1830 von Marest gezogen. Niedriger, breit wachsender, bis 1,3 m hoher Strauch mit leuchtend grünen Blättern.

Celsiana. Damaszener-Rose, seit 1732 bekannt. Bildet Strauch; offener Wuchs, grau-grüne Blätter, halbgefüllte Blüten in kleinen Büscheln.

Gloire de Guilan. Damaszener-Rose; 1949 von Miss Nancy Lindsay aus dem Iran eingeführt, wo sie angeblich zur Gewinnung von Rosenöl angebaut wurde. Wuchernder Strauch, Durchmesser bis zu 1,3 m.

Portland-Rose (*R.* × *portlandica*). Hybride zwischen der »herbstblühenden« Damaszener-Rose und *Rosa gallica* ›Officinalis‹, seit 1782 bekannt. Soll aus Italien stammen und *R. chinensis* ›Semperflorens‹ zu ihren Vorfahren zählen, doch das ist unwahrscheinlich. Vermutlich wurde sie von Margaret Bentinck, der zweiten Herzogin von Portland, nach der sie auch benannt ist, gezogen oder verbreitet. Kleiner, buschiger Strauch, Höhe unter 1 m. Blüht im Sommer und ein zweites Mal im Herbst.

Botzaris. Damaszener-Rose, seit 1856 bekannt. Strauch, bis 1 m hoch. Hellgrüne Blätter und süß duftende Blüten.

Quatre Saisons Blanc Mousseux (*R.* × *damascena* ›Bifera Alba Muscosa‹, Perpetual White Moss, Rosier de Thionville). Weiße, bemooste Mutation der »herbstblühenden« Damaszener-Rose ›Quatre Saisons‹, die seit 1835 bekannt ist. Graham Thomas schreibt, sie sei 1950 erstmals in die Stammform zurückgeschlagen; daß sie das immer wieder tut, ist auf den Fotos zu sehen. Robuster Strauch, wird bis zu 1,6 m hoch.

Quatre Saisons (»Herbstblühende« Damaszener-Rose, *R.* × *damascena* ›Bifera‹). Diese Rose ist sehr alt. Sie entstand vermutlich im Nahen Osten als Hybride zwischen *R. gallica* und *R. moschata.* Für manche ist sie die Rose, von der Herodot im 5. Jahrhundert v. Chr. sagt, sie wachse in den Gärten des Midas und dufte süßer als alle anderen Rosen. Sie gilt auch als diejenige, von der Vergil um 30 n. Chr. berichtet, sie blühe zweimal im Jahr in Paestum. Sie bildet einen bis 1,3 m hohen Strauch mit hellgrünen Blättern und sehr wohlduftenden Blüten während der Blütezeit von Juni bis Oktober. Charakteristisch sind die gefüllten, oft auch geviertelten Blüten und die langen, dünnen Kelchblätter.

25. Juni, Gardens of the Rose

La Ville de Bruxelles

R. × richardii

Dupontii

R. × richardii

Amadis (Crimson Boursault). Boursault-Rose, die Laffay 1829 gezogen hat. Bis zu 5 m lange, gewölbte, stachellose Stämme mit dunkelgrünen Blättern (die jungen Blätter sind purpurfarben), die mit gefüllten und halbgefüllten, beinahe duftlosen Blüten besetzt sind.

Blush Boursault (Calypso). Boursault-Rose, 1848 gezogen. Stachellose Stämme von 2-5 m Länge. Dunkelgrüne Blätter und Blüten fast ohne Duft.

L'Héritierana (*R. × l'heritierana* Thory). Ursprüngliche Boursault-Rose, soll eine Hybride zwischen *R. pendulina* (oder einer verwandten Art) und *R. chinensis* sein, die vor 1820 gezogen wurde.

Amy Robsart. Diese Hybride von *R. rubiginosa* zog Lord Penzance 1894. Gewölbter Strauch, Stämme bis 3 m hoch. Blütenregen, der einen schwachen Duft verströmt. Gedeiht auch auf nährstoffarmen Kalkböden und im Halbschatten.

***Rosa × damascena* Versicolor** (York- und Lancaster-Rose). Damaszener-Rose, seit 1551 bekannt und an den locker gefüllten, teils dunkelrosa, teils hellrosa Blüten in lockeren Büscheln leicht zu erkennen. Gelegentlich gestreifte Blütenblätter. Ebenso typisch sind die langen Kelchblätter. Strauch, etwa 2 m hoch und breit. Braucht guten Boden. Wird oft mit ›Rosa Mundi‹ (S. 41) verwechselt, deren Blüten jedoch leuchtender gefärbt sind und viele rot und weiß gestreifte Blütenblätter aufweisen.

La Ville de Bruxelles. Damaszener-Rose, von Vibert 1849 gezogen. Runder, dicht belaubter, stacheliger Strauch von 1,6 m Höhe mit lockeren Büscheln großer, flacher, ganz gefüllter, gut duftender Blüten. Eine in jeder Hinsicht außergewöhnliche alte Rose.

Blush Damask. Damaszener-Rose unbekannter Herkunft (vielleicht eine Hybride von *R. pimpinellifolia*). Stark verzweigter, stacheliger, ausläufertreibender Strauch mit wohlduftenden Blüten, bis 2 m hoch.

Rosa × richardii Rehder (*R. sancta* Richard), Heilige Rose, Mumienkranz-Rose). Alte Sorte der Damaszener-Rose, von Tigré 1847 in Äthiopien beschrieben. In Europa wurde sie um 1895 von der Firma Dammann, Neapel, eingeführt, die die Rose aus der Sammlung des Botanikers Terraciano in Äthiopien bezog, wo sie vor allem in der Nähe von Kirchen und Klöstern gepflanzt wurde. Vorfahren von ihr, oder ihr zumindest sehr ähnliche Rosen, haben zwischen dem 2. und 5. Jahrhundert v. Chr. als Kränze die Köpfe der Mumien in Ägypten geschmückt. Runder Strauch mit ausgebreiteten Zweigen, bis 1,3 m hoch. Blüten hängen in lockeren Büscheln herab und haben auffällig vorragende Griffel. Das deutet darauf hin, daß die eine Elternpflanze zu den *synstylae* gehört wie etwa *R. arvensis*. Die andere ist vermutlich *R. gallica*.

Dupontii Diese Rose ist seit dem frühen 19. Jahrhundert in Frankreich bekannt und vermutlich eine Hybride zwischen *R. gallica* und *R. moschata* oder *R. arvensis* in irgendeiner Verbindung. Großer Strauch, bis 2,3 m hoch; kann auch als niedrige Kletterpflanze gezogen werden. Die großen Blüten, bis zu 7,5 cm breit, sind wohlduftend und weisen die zu einer Säule zusammengedrückten Griffel der Sektion *synstylae* auf. Reiche Ernte an orangeroten Früchten.

1. Juli, Mottisfont

Petite de Hollande

Bullata

Blanchefleur

***Rosa centifolia* Parvifolia** (Pompon de Bourgogne). Zwergwüchsige Zentifolie, die seit 1664 bekannt ist und schon lange kultiviert wird. Aufrechter, ausläufertreibender, verzweigter Strauch mit kleinen Blättern, bis 1 m hoch. Benötigt einen sehr sonnigen Standort, wenn sie reich blühen soll.

The Bishop (L'Evêque). Diese Gallica-Hybride unbekannter Herkunft malte Redouté 1821. Aufrechter Strauch, bis 1,1 m hoch, mit wohlduftenden Blüten, die beim Öffnen kirschrot sind und an den Rändern zu einem gräulichen Purpur verbleichen.

***Rosa centifolia* Variegata** (Village Maid, Cottage Maid, Belle des Jardins, La Rubanée). Mutation von Centifolia, von Angers 1845 eingeführt. Kräftiger, stacheliger Strauch, bis 2 m hoch. Zarte, rundliche Blüten, denen der Regen schadet. Man weiß, daß sie leicht in die Stammform der gewöhnlichen Zentifolie zurückschlägt. Nicht mit der Gallica-Rose ›Perle des Panachées‹ (S. 48) zu verwechseln, die gleichfalls mit La Rubanée bezeichnet wird.

Blanchefleur. Vibert zog 1835 diese Damaszener-Rose. Breiter, bis 2 m hoher Strauch von stacheligem Wuchs. Hellgrüne Blätter. Die Blüten sind beim Öffnen hellrosa, duften süß und stehen in Büscheln zusammen.

Armide. Dieses Kreuzungsprodukt aus einer Damaszener- mit einer China-Rose entstand in Angers (von Vibert?) und wurde 1847 eingeführt. Sehr guter Duft. Blüht im Sommer wie im Herbst. Armida ist der Name einer Zauberin in Tassos *Das befreite Jerusalem*; Gluck hat 1777 einer seiner Opern den Titel Armida gegeben.

Spong. Kleinwüchsige Zentifolie, seit 1805 bekannt. Aufrechter Strauch, bis 1,3 m hoch. Sehr gerundete Blättchen. Die verblühten Blüten haben die häßliche Gewohnheit, nicht abzufallen. Guter Duft; lange Blütezeit. Die Pflanze trägt den ungewöhnlichen Namen eines Gärtners, der sehr viele dieser Rosen zog.

Tour de Malakoff. Diese Hybride zwischen einer Gallica- und einer China-Rose zogen Soupert und Notting 1856. Großer Strauch, bis 2,3 m hoch, mit langen Trieben, die einen Halt brauchen. Die großen Blüten verbleichen zu einem gräulichen Mauve.

White Provence (Unique Blanche). Mutation einer Zentifolie, die erstmals 1775 in Needham, Suffolk, beobachtet wurde. Strauch, bis 1,6 m hoch. Gut duftende Blüten, mit Blütenblättern von dünner, zarter Textur. Spät in der Rosensaison und bis in den frühen Herbst hinein blühend.

West Green. Damaszener-Rose aus West Green House (?), die zu der Sammlung von Mottisfont gehört. Kräftiger, bis zu 1,6 m hoher Strauch mit dichten Blättern und leicht hängenden Blüten.

de la Grifferaie. Hybride zwischen einer Gallica-Rose und vermutlich einer *R. multiflora*, von Vibert 1846 gezogen. Großer Strauch, bis 2 m hoch und breit. Wenige Stacheln. Wohlduftende Blüten in kleinen Büscheln. Diese Rose wurde oft als Grundstamm benutzt und hat häufig die aufgepfropfte Rose überlebt. Sie verdient es, ihrer eigenen Qualitäten wegen gepflanzt zu werden.

Bullata (Rose à Feuilles de Laitue). Mutation einer Zentifolie, die seit 1801 bekannt ist. Bemerkenswert sind vor allem die Blätter, die in der Jugend an der Spitze rötlichbraun und an den Rändern hellgrün sind. Die Blüten duften wie Zentifolien und hängen in dicken Bündeln herab.

Petite de Hollande (Pompon des Dames). Miniatur-Zentifolie, seit dem ausgehenden 18. Jahrhundert bekannt. Strauch bis 1,3 m hoch. Gut duftende Blüten; sehr blühfreudig.

3. Juli, Mottisfont

Juno

Cristata

Paul Ricault

Capitaine John Ingram. Moosrose, von Laffay 1854 gezogen. Dichter, bis zu 1,3 m hoher Strauch mit sehr wohlriechenden Blüten, die je nach Temperatur tief karmesinrot bis purpurfarben sind.

Cristata (Chapeau de Napoléon, Crested Moss). Mutation einer Zentifolie, von Vibert 1826 eingeführt. Angeblich soll sie um 1820 an der Mauer eines alten Klosters in Fribourg in der Schweiz gefunden worden sein. Offener, ziemlich stacheliger, bis 1,3 m hoher Strauch mit gut duftenden Blüten. Die merkwürdigen Knospen entstehen als Auswüchse an den Rändern der Kelchblätter, eine Mutation, die nur bei dieser Pflanze vorkommt.

Henri Martin. Laffay zog diese Moosrose 1863. Großer Strauch, bis 2 m hoch. Graham Thomas empfiehlt sie wegen ihres anmutigen Wuchses und ihres guten Gedeihens an einer Nordwand. Halbgefüllte Blüten in lockeren Büscheln, oft hellrot; gelbe Staubgefäße.

Ombrée Parfaite. Hybride zwischen einer Gallica- und einer China-Rose, die meist als Zentifolie klassifiziert wird, von Vibert 1823 gezogen. Breiter Strauch, bis 1 m hoch.

Fantin-Latour. Hybride einer China-Rose oder einer Teehybride, die vermutlich mit einer Gallica-Rose gekreuzt wurde; um 1900 entstanden. Großer, ausladender, bis 2 m hoher Strauch mit gut duftenden Blüten in großen Büscheln, die nur im Hochsommer getrieben werden. Anfänglich kelchförmig, später rollen sich die äußeren Blütenblätter nach hinten ein.

Juno. Hybride zwischen einer Gallica-Rose und einer China-Rose, von Laffay 1832 gezogen. Ausgebreiteter, offener Wuchs, etwa 1,3 m hoch und breit. Gut duftende Blüten an anmutig hängenden Zweigen; blüht nur im Hochsommer.

Rosa centifolia (Provence-Rose, Kohl-Rose, Rose des Peintres). Diese Stammform der Zentifolie ist seit dem frühen 17. Jahrhundert bekannt. Offener Wuchs, bis 1,6 m hoch. Stacheln ziemlich unterschiedlich. Dichte, grob-gezähnte Blätter und hängende, stark duftende Blüten, einzeln oder in großen Büscheln.

Paul Ricault. Hybride einer China-Rose, von Portemer 1845 gezogen. Aufrechter Strauch, ausläufertreibend, wenn er eigene Wurzeln hat. Höhe bis 2 m. Die offenen Zweige biegen sich unter dem Gewicht der wohlduftenden Blüten. Blüten oft von kräftigem Kirschrot.

1. Juli, Mottisfont

Comtesse de Murinais. Moosrose, von Vibert 1843 gezogen. Großer, kräftiger Strauch, bis 2,5 m hoch. Die frisch geöffnete Blüte ist zartrosa, voll erblüht fast weiß, oft mit einem Auge. Blüten und Moos gut duftend.

Little Gem (Valide). Miniatur-Moosrose, von Paul 1880 gezogen. Niedriger Strauch, bis 1,1 m hoch. Einmal blühend.

Louis Gimard. Moosrose, Kreuzungsprodukt aus einer Damaszener- und einer China-Rose, von Pernet (Pére) 1877 gezogen. Niedriger Strauch, bis 1,1 m hoch, mit dunkelgrünem Laub und gut duftenden Blüten.

James Mitchell. Moosrose, von Verdier 1861 gezogen. Bis 1,2 m hoher Strauch mit sehr gut duftenden Blüten, blühfreudig.

Duchesse de Verneuil. Moosrose, vermutlich mit einer China-Rose gekreuzt. Von Portemer 1856 gezogen. Strauch, bis 1,6 m hoch.

Lanei. Moosrose, Hybride einer Gallica-Rose, von Laffay 1846 gezogen. Stacheliger Strauch. Aufrechter, lockerer Wuchs bis 1,6 m hoch. Dicht bemoost. Einmal blühend. Ähnelt ›William Lobb‹, ist aber kürzer und die Blütenfarbe verbleicht weniger.

Général Kléber. Moosrose, Hybride einer Damaszener-Rose. 1856 von Robert gezogen. Kräftiger, aufrechter Strauch, bis 1,6 m hoch. Einmal blühend mit großen, gut duftenden Blüten. Nach dem General benannt, der Napoleons Armee in Ägypten befehligte und 1800 in Kairo einem Attentat zum Opfer fiel.

Soupert et Notting. Moosrose, 1874 von Pernet gezogen. Niedriger, dichter Strauch, bis 1 m hoch. Gut duftend, mehrmals blühend. Gilt zumeist als die beste Rose dieser Art. Nach der Rosenschule in Luxemburg benannt.

Mme Delaroche-Lambert. Moosrose, von Vibert 1856 gezogen. Aufrechter Strauch mit kräftigem, gesundem Laub. Mehrmals blühend. Ähnlichkeit mit der bemoosten ›Rose de Resht‹; gut duftend, dichtes Moos.

Baron de Wassenaer (siehe oben)

Little Gem

Mme Delaroche-Lambert

1. Juli, Mottisfont

Centifolia Muscosa. Mutation von *Rosa × centifolia*, seit dem Ende des 17. Jahrhunderts bekannt. Strauch, offener Wuchs, bis 1,6 m hoch. Blätter grob gezähnt. Wundervoll duftende Blüten während der zweimonatigen Blütezeit.

René d'Anjou. Moosrose, von Robert 1853 gezogen. Strauch, bis 1,6 m hoch, mit bronzefarbenen jungen Blättern und bräunlichem Moos. Blüten erst zartrosa, später blaßrosa, süß duftend.

Nuits de Young. Moosrose, von Laffay 1845 gezogen. Dichter, aufrechter, ausläufertreibender Strauch, bis 1,6 m hoch. Kleine, dunkle Blätter, dunkles Moos und eher kleine Blüten. Die dunkelste aller alten Rosen. Ganz aufgeblüht zeigt sie die Staubgefäße. Graham Thomas behauptet, daß der ungewöhnliche Name von dem Gedicht ›Night Thoughts‹ von Edward Young (erschienen 1742-46) herrührt.

Baron de Wassenaer. Moosrose, von Verdier 1854 gezogen. Aufrechter Strauch, offener Wuchs, mit dunkelbraunem Moos, bis 1,3 m hoch. Kelchförmige Blüten in sehr großen Bündeln; duften gut; lange Blütezeit.

Shailer's White Moss (*Centifolia Muscosa Alba*). Diese Rose trat 1788 als Mutation an einer gewöhnlichen Moosrose auf und schlägt gelegentlich in die rosablütige Stammform zurück. Strauch von offenem Wuchs, bis 1,3 m hoch, sehr gut duftende Blüten, oft mit einem Auge.

Striped Moss (Oeillet Panaché). Moosrose, von Du Pont 1880 gezogen. Ähnlichkeit mit einer der niedrigeren Gallica-Rosen, ist jedoch bemoost. Strauch wird bis zu 1,3 m hoch.

Salet. Moosrose, von Lacharme 1854 gezogen. Kräftiger Strauch, Höhe bis 1,6 m. Mehrmals blühend, gut duftende Blüten. Die verläßlichste unter den mehrmals blühenden Moosrosen.

Maréchal Davoust. Moosrose, von Robert 1853 gezogen. Strauch, bis 1,3 m hoch, schmale Blätter, außerordentlich blühfreudig. Benannt nach Napoleons Marschall im russischen Feldzug, Herzog von Auerstaedt, 1770-1823.

Centifolia Muscosa

Shailer's White Moss

Shailer's White Moss

10. Juli, Wisley

Gruß an Aachen

La Reine Victoria

Louise Odier

Gloire des Mousseux

William Lobb (Duchesse d'Istrie). Moosrose, die zu einem Viertel von China-Rosen abstammt; von Laffay 1855 gezogen. Großer, dünner Strauch, bis 3 m hoch. Geeignet für einen Pfeiler oder eine Pergola. Gut duftende Blüten, purpurfarben, später gräulich-mauve; blüht nur im Hochsommer.

Gloire des Mousseux (Mme Alboni). Moosrose, von Laffay 1852 gezogen. Dichter, aufrechter Strauch, bis 1,3 m hoch. Süß duftende Blüten im Hochsommer, vereinzelte gelegentlich im Herbst.

Blanche Moreau. Moosrose, von Moreau-Robert 1880 gezogen. Kräftiger Strauch, bis 2 m hoch. Süß duftende Blüten im Hochsommer, vereinzelt auch später. Abstammung: ›White Quatre Saisons‹ × ›Comtesse de Murinais‹.

Mme Pierre Oger. Vermutlich die bekannteste Bourbon-Rose. Von Oger, Caen, 1874 als Mutation an ›La Reine Victoria‹ gefunden, von Verdier 1878 eingeführt. Spärlicher, aufrechter Strauch, bis 2 m hoch. Blüht vom Hochsommer bis in den Herbst hinein. Guter Duft. Bei Hitze werden die Blütenblätter karmesinrot.

Bloomfield Abundance (Spray Cécile Brunner). Halbkletternde Mutation von ›Cécile Brunner‹ (siehe unten), 1941 von Howard eingeführt. Zierlicher, offener, beinahe stachelloser Strauch, bis 2 m hoch. Blüten gleichen den Blüten der kleinwüchsigen Teehybriden; lange, blattartige Kelchblätter. Knospen oft blattartig oder sonst in der Mitte deformiert. Eine frühe ›Bloomfield Abundance‹ war eine Moschus-Hybride, die von Thomas 1920 gezogen wurde.

White Cécile Brunner. Diese weiße Mutation von Cécile Brunner (siehe unten) wurde von Fanque 1909 in Frankreich eingeführt.

Cécile Brunner (Mignon). Kleinwüchsige Teehybride, 1881 von Veuve-Ducher gezogen. Kleine Pflanze, bis 1 m hoch. Viele, sich verzweigende Triebe mit süß duftenden Blüten. Abstammung: Sämling Poly-pom × ›Mme de Tartas‹.

Zigeunerknabe. Strauchrose, von Lambert 1909 gezogen. Sehr stacheliger Strauch, offener Wuchs, bis 1,6 m hoch. Gute Blüte, nahezu duftlose Blüten. Abstammung: ein Sämling von ?›Russelliana‹ × *rugosa*.

Mousseline (Alfred de Dalmas). Moosrose, von Portemer 1855 gezogen. Breiter Strauch, Höhe bis 1,3 m. Löffelförmige Blätter, Stämme schwach bemoost. Mehrmals blühend; duftend, manche behaupten nach Geißblatt, andere meinen nach Gartenwicke.

Mme Isaac Pereire. Bourbon-Rose, von Garçon 1881 gezogen. Recht robust, bildet einen kräftigen und bewehrten Strauch, bis 2,3 m hoch. Kann auch als Kletterpflanze gezogen werden. Stark duftende Blüten; die frühen sind in der Mitte manchmal etwas verwuchert, aber die Herbstblüte ist wunderschön.

La Reine Victoria. Bourbon-Rose, von Schwartz 1872 gezogen. Hoher, aufrechter Wuchs bis 2 m. Immerblühend, guter Duft.

Louise Odier (Mme de Stella). Bourbon-Rose, von Margottin 1851 gezogen. Starker, buschiger, aufrechter Wuchs, bis 1,5 m hoch. Bis in den Herbst hinein rosa Blüten mit lila Schattierung, stark duftend.

Gruß an Aachen. Teehybride, 1909 von Geduldig gezogen. Bis 1 m hoch. Sehr blühfreudig, gut duftende Blüten mit einem Durchmesser von 15 cm. Abstammung: ›Frau Karl Druschki‹ × ›Franz Deegen‹ (Teehybride). Wird oft trotz der Abstammung von Teehybriden und der großen Blüten als Floribunda-Rose klassifiziert. David Austin zählt sie zu den ›Englischen Rosen‹.

1. Juli, Mottisfont

Fellemberg (La Belle Marseillaise). China-Rose, 1857 von Fellemberg gezogen. Großer, ausgebreiteter Strauch, bis zu 2,5 m im Durchmesser. Blüht vom Sommer bis in den Herbst hinein, Blüten in Büscheln.

Cramoisi Supérieur (Agrippina), China-Rose, von Coquereau 1832 gezogen. Kleiner Strauch, bis 1 m hoch. Mehrmals blühend, sehr schöne Blüten, doch nur schwach duftend. Auch in einer kletternden Form erhältlich.

Hermosa (Armosa). China-Rose, von Marcheseau 1840 gezogen. Sehr schöne Pflanze, bis 1 m hoch. Beständige Blüte, gut duftend. Auch in einer kletternden Form erhältlich.

Single Pink China. China-Rose unbekannter Herkunft. Man vermutet, daß diese Rose, wie die ungefüllte rote, aus einer gefüllten rosa China-Rose wie ›Old Blush‹ in die alte Stammform zurückgeschlagen ist. Strauch bis 1,3 m hoch.

Irene Watts. China-Rose, 1896 von Guillot gezogen. Niedrige Pflanze, bis 50 cm hoch, immerblühend.

Old Blush (Parson's Pink China). Eine der ursprünglichen China-Rosen, zuerst von Peter Osbeck 1752 in Schweden eingeführt, später von Sir Joseph Banks aus Kanton. Kleiner Strauch, bis 1 m hoch, kann an einer Mauer aber auch bis zu einer Höhe von 3 m gezogen werden. Bringt vom Sommer bis zum Winter beständig Blüten hervor, die wie Gartenwicken riechen.

Mutabilis (Tipo Ideale). Diese China-Rose wurde von den Botanikern erstmals 1896 wahrgenommen, als Prinz Ghilberto Borromeo sie Henri Correvon aus Genf schenkte. Strauch, ausgewachsen bis 2,5 m hoch. Junge Blätter bronzefarben. Blüten zuerst gelb, dann rosa und schließlich karmesinrot. Dieses attraktive Nachdunkeln der Blätter ist charakteristisch für wilde China-Rosen. Eine außergewöhnlich anmutige Pflanze.

Le Vésuve (Lemesle). China-Rose, von Laffay 1825 gezogen. Verzweigter, breiter, stacheliger Strauch, bis 1,5 m hoch. Hängende, duftende Blüten bis in den Herbst hinein; zuerst hellrosa, später dunkler.

Mme Laurette Messimy. China-Rose, von Guillot Fils 1887 gezogen. Strauch, bis 1,3 m hoch. Blüten verbleichen mit der Zeit. Abstammung: ›Rival de Paestum‹ × ›Mme Falcot‹.

Sanguinea (Miss Lowe, Bengal Crimson). China-Rose unbekannter Herkunft, vermutlich eine Rückverwandlung von *R. chinensis* ›Semperflorens‹. Dünner Strauch, bis 1,3 m hoch, blüht kontinuierlich. ›Miss Lowe‹ wird in Fachkreisen zuweilen für eine Pflanze von niedrigerem Wuchs gehalten, die zudem etwas kleinere Blüten hervorbringt.

***Rosa chinensis* Semperflorens** (Monats-Rose, Bengal-Rose). Eine der ursprünglichen China-Rosen, 1792 eingeführt. Zwergförmiger Strauch, bis 1,2 m hoch. Kleine, locker gefüllte Blüten; blüht kontinuierlich. Graham Thomas berichtet von zwei Formen: einer triploiden, die auf den Bermudas, und einer zwergförmigen diploiden Form, die in einem Garten in Hertfordshire gefunden wurde; letzterer entspricht wohl die hier abgebildete Form (50 cm hoch).

***Rosa chinensis* Viridiflora** (Grüne Rose ›Monstrosa‹). Diese Form von *R. chinensis* ›Old Blush‹ hat deformierte Blüten, die Kelchblätter sind zu grünen, rot getönten Schuppenblättern geschrumpft. Eine häßliche Kuriosität, angeblich seit 1843 in den Gärten bekannt.

Mutabilis

Le Vésuve

Sanguinea

R. chinensis ›Semperflorens‹

R. chinensis ›Viridiflora‹

3. Juli, Mottisfont

Souvenir de St Anne's. Bourbon-Rose, von Graham Thomas durch Hillings 1950 eingeführt. Trat als Mutation an ›Souvenir de la Malmaison‹ auf, im Garten von Lady Ardilaun in St. Anne's, Clontarf, in der Nähe von Dublin. Robuster Strauch, bis 2 m hoch, sehr gut duftende Blüten. Im Sommer wie im Frühherbst sehr zahlreich.

Honorine de Brabant. Bourbon-Rose unbekannter Herkunft. Kräftiger Wuchs bis 2 m hoch, dicht belaubt. Sehr süßer, schwerer Duft. Blüht bis weit in den Herbst hinein.

Kronprinzessin Viktoria. Bourbon-Rose, von Späth 1888 eingeführt. Weiße Mutation von ›Souvenir de la Malmaison‹. Bis zu 1,3 m hoch. Guter Duft.

Bourbon Queen (Reine de l'Île Bourbon). Hybride einer China-Rose, von Mauget 1834 gezogen. Höhe bis 2 m, mit einer Kletterhilfe auch höher. Sehr blühfreudig im Sommer, Blüten in Büscheln an den letztjährigen Trieben.

Mme Ernst Calvat. Bourbon-Rose, von Schwartz 1888 eingeführt; Mutation von ›Mme Isaac Pereire‹. Wird 2 m hoch, an einem Klettergerüst auch höher. Kupferfarbene junge Blätter, die die wundervoll duftenden, hellen Blüten hervortreten lassen.

Gloire des Rosomanes. Kreuzungsprodukt einer China-Rose mit einer Bourbon-Rose, von Vibert 1825 gezogen. Höhe bis 1,3 m. Immerblühend; süß duftend. Früher oft als Grundstamm verwendet, in Kalifornien als Hecke angepflanzt.

Souvenir de la Malmaison. Bourbon-Rose, von Beluze 1843 aus ›Mme Desprez‹ gezogen, einer Bourbon-Rose, die mit einer Teerose gekreuzt wurde. Bis 1,3 m hoch und breit. Gut duftende Blüten, immerblühend. Neben der weißen Mutation ›Kronprinzessin Viktoria‹ gibt es die rote ›Leweson Gower‹.

Great Western. Bourbon-Rose, von Laffay 1838 gezogen. Höhe bis 1,5 m. Purpurfarbene Blüten, gut duftend; nur im Sommer blühend.

Prince Charles. Bourbon-Rose unbekannter Herkunft, seit 1842 bekannt. Höhe bis 1,5 m. Blüten später lila, duftend; nur im Sommer blühend.

Commandant Beaurepaire (Panachée d'Angers). Bourbon-Rose, von Moreau-Robert 1874 gezogen. Wuchs bis 2 m hoch. Stachelig. Blüht im Sommer, vereinzelte Blüten im Herbst.

Variegata de Bologna. Bourbon-Rose, von Lodi-Bonfiglioli 1909 gezogen. Wuchs bis 2,5 m hoch. Vornehmlich sommerblühend; vereinzelte Blüten im Herbst.

Ferdinand Pichard. Remontantrose, von Tanna 1921 gezogen, oft als Bourbon-Rose klassifiziert. Höhe bis 2,5 m, buschiger Wuchs. Gut duftende Blüten, vom Hochsommer bis in den Herbst hinein, in dichten Büscheln.

Champion of the World (Mrs. de Graw). Remontantrose, von Woodhouse 1894 gezogen. Verzweigter Wuchs, bis 1,5 m Höhe. Blüten gut duftend; oft sind die frühen Herbstblüten schöner als die Sommerblüten. Abstammung: ›Hermosa‹ × ›Magna Charta‹.

Boule de Neige. Bourbon-Rose, von Lacharme 1867 gezogen. Dünner, aufrechter Wuchs bis 1,5 m hoch. Blüten stark duftend, in Büscheln, Blütenblätter nach hinten gebogen. Blüht vom Hochsommer bis in den Herbst hinein. Karmesinrote Knospen.

1. Juli, Mottisfont

Bourbon Queen

1. Juli, Mottisfont

Baronne Prévost. Remontantrose, von Desprez 1842 gezogen; viele Eigenschaften der Portland-Rose. Höhe bis 1,5 m. Stachelige Stämme mit aufrechten, stark duftenden Blüten. Sehr winterhart. Neigt leider dazu, sich bei feuchtem Wetter ›zusammenzuballen‹ und zu faulen; anfällig für Schwarzfleckigkeit.

Gruß an Teplitz. Kreuzungsprodukt einer China-Rose mit einer Bourbon-Rose, von Lambert 1897 gezogen. Großer Strauch, bis 2 m, an einer Wand oder Pergola sogar 4 m hoch. Stark duftende Blüten in kleinen oder großen Büscheln. Abstammung: (›Sir Joseph Paxton‹ × ›Fellenberg‹) × (›Papa Gontier‹ × ›Gloire des Rosomanes‹).

Baron Girod de l'Ain. Remontantrose, von Reverchon 1897 eingeführt; Mutation von ›Eugène Fürst‹. Starker Wuchs bis 1,5 m hoch. Blüten mit weißen, gewellten Rändern, gut duftend, in sehr dichten Büscheln.

Empéreur du Maroc. Remontantrose, von Bertrand-Guinoisseau 1858 gezogen. Kräftiger Wuchs bis 1,3 m hoch. Blühfreudig, Blüten mit sehr starkem Duft. Sämling von ›Géant des Batailles‹.

Frau Karl Druschki. Teehybride, oft allerdings als Remontantrose klassifiziert, von Lambert 1901 gezogen. Starker Strauch, Höhe bis 2 m. Blüten schwach duftend; oft mit rosa getöntem Auge. Abstammung: ›Merveille de Lyon‹ × ›Mme Caroline Testout‹.

Eugène Fürst (Général Korolkov). Remontantrose, von Soupert et Notting 1875 gezogen. Wuchs bis zu 1,5 m hoch. Sehr guter Duft. Sämling von ›Baron de Bonstetten‹.

Archiduchesse Elisabeth d'Autriche. Remontantrose, von Moreau-Robert 1881 gezogen. Höhe bis 1,3 m. Guter Duft. Neigt bei feuchtem Wetter dazu, sich ›zusammenzuballen‹.

Morlettii (*R. pendulina* ›Plena‹). Vermutlich eine Hybride von *R. pendulina*, 1883 von Morlet gezogen. Runder Strauch, bis zu 3 m hoch. Ohne Stacheln. Einmal blühend, im Herbst schön gefärbt.

Erinnerung an Brod (Souvenir de Brod). Remontantrose, von Geschwind in Brod 1886 gezogen. Wuchs bis 2,5 m hoch. Blüten gut duftend, verbleichen und werden purpurfarben wie die der Gallica-Rosen.

Général Jacqueminot (La Brillante). Remontantrose, von Roussel 1853 gezogen. Höhe bis 2 m. Gutes Laub. Angenehm duftende Blüten, im Herbst etwas weniger zahlreich. Abstammung: ›Gloire des Rosomanes‹ × ? ›Géant des Batailles‹; selbst Vorfahre von ›Crimson Glory‹, ›Etoile de Hollande‹ und anderer, guter Rosen.

John Hopper. Remontantrose, von Ward 1862 gezogen. Wuchs bis 1,5 m hoch, buschig und stachelig. Blüten gut duftend, verbleichen und werden mauve. Abstammung: ›Jules Margottin‹ × ›Madame Vidot‹.

Fisher Holmes. Remontantrose, von Verdier 1865 gezogen. Höhe bis 1,5 m. Blühfreudig, Blüten gut duftend. Sämling von ›Maurice Bernadin‹. Eine der besten Remontantrosen.

Hugh Dickson. Remontantrose, von Dickson 1905 gezogen. Sehr starker Wuchs, Höhe bis 3 m. Triebe sollte man festbinden (wie bei allen kräftigen Remontantrosen). Schwach duftend. Sämling von ›Gruß an Teplitz‹.

La Reine. Remontantrose, von Laffay 1842 gezogen. Wuchs bis 1,5 m hoch, kräftig. Sehr winterfest. Blüten oft mit lila Schattierungen, leicht duftend.

Gloire de Ducher (Germania). Remontantrose, von Ducher 1865 gezogen. Starker Wuchs bis 2,3 m hoch. Sollte an einer Mauer hochgezogen oder festgebunden werden. Anfällig für Mehltau. Blüten gut duftend, leuchtend purpurrot; im Sommer sehr blühfreudig; wenige, dafür sehr schöne Blüten im Herbst.

3. Juli, Mottisfont

Hugh Dickson

Archiduchesse Elisabeth d'Autriche

3. Juli, Mottisfont

Roger Lambelin

Arillaga

Ruhm von Steinfurth

Jules Margottin. Remontantrose, von Margottin 1853 gezogen. Höhe bis 2 m. Stachelig, winterhart, blühfreudig, schwach duftend. Vermutlich ein Sämling von ›La Reine‹.

Roger Lambelin. Mutation von ›Prince Camille de Rohan‹, von Schwartz 1890 eingeführt. Benötigt guten Boden, wird dann bis 1,5 m hoch. Guter Duft.

Triomphe de l'Exposition. Remontantrose, von Margottin 1855 gezogen. Höhe bis 1,5 m. Rote Stacheln, guter Duft.

Prince Camille de Rohan. Remontantrose, von E. Verdier 1861 gezogen. Auf gutem Boden bis 1,3 m hoch. Fruchtiger Duft. Herbstblüte manchmal weniger gut.

Paul Neyron. Remontantrose, von Levet 1869 gezogen. Eine der Rosen mit den größten Blüten. Höhe bis 2 m. Wenige Stacheln. Sehr blühfreudig, doch nur schwach duftend. Abstammung: ›Victor Verdier‹ × ›Anna de Diesbach‹.

Vick's Caprice. Remontantrose, Mutation von ›Archiduchesse Elisabeth d'Autriche‹, im Garten eines Mr. Vick in New York 1897 gefunden. Strauch, Höhe bis 1,8 m. Dicht gefüllte, rosa und weiß gestreifte Blüten, die sich bei feuchtem Wetter ›zusammenballen‹. Neigt dazu, in die einfache, rosa Stammform zurückzuschlagen.

Le Havre. Remontantrose, von Ende 1871 gezogen. Strauch, Höhe bis 1,3 m. Vor dem Erscheinen der roten Teehybriden wurde diese Rose ihrer leuchtenden Farbe und vollendeten Form wegen sehr geschätzt.

Reine des Violettes. Remontantrose, von Millet-Malet 1860 gezogen, Sämling von ›Pope Pius IX‹. Auf gutem Boden bildet sie einen beinahe stachellosen Strauch, Höhe bis 2 m. Blüten oft karmin- bis kirschrot, später lila überlaufen. Sehr süß duftend, erinnern in Form und Farbe an eine Gallica-Rose.

Ulrich Brunner Fils. Remontantrose, von Levet 1882 gezogen. Großer Strauch, bis 2,5 m hoch. Aufrechter, langstieliger Wuchs. Blüten in Büscheln, gut duftend; neigen bei Feuchtigkeit dazu, sich ›zusammenzuballen‹.

Arillaga. Remontantrose, von Schoener 1929 gezogen. Starker Wuchs, Höhe bis 1,5 m. Eine in Amerika sehr beliebte Sorte.

Candeur Lyonnaise. Remontantrose, von Croibier 1914 gezogen. Höhe bis 2 m. Gedeiht in warmen Regionen.

Ruhm von Steinfurth. Teehybride, von Weigand 1920 gezogen. Großer Strauch, bis 1,5 m hoch, im Aussehen mehr wie eine Remontantrose. Abstammung: ›Frau Karl Druschki‹ × ›General McArthur‹.

Mabel Morrison. Remontantrose, von Broughton 1878 eingeführt. Mutation von ›Baronesse Rothschild‹ (hellrosa). Strauch, Höhe bis 1,3 m. Blühfreudig; große, duftlose Blüten, weiß überlaufen, bei kühlem Wetter rosa.

Candeur Lyonnaise

Mabel Morrison

1. Juli, Mottisfont

3. Juli, Mottisfont

Mme Bravy

Mme Victor Verdier

Céline Forestier. Kreuzungsprodukt einer Teerose mit einer Noisette-Rose, von Trouillard 1842 gezogen. Kletterrose, wird an einem günstigen warmen Standort bis 5 m hoch. Immerblühend, sehr guter Duft.

Alister Stella Gray (Golden Rambler). Kreuzungsprodukt einer Teerose mit einer Noisette-Rose, von Gray gezogen und von Paul 1894 eingeführt. Höhe als Strauch bis 2,5 m, an einer Wand bis zu 5 m. Blüten gut duftend, bei der ersten Blüte in kleinen Büscheln, später in großen Büscheln an neuen, starken Trieben.

Desprez à Fleur Jaune (Jaune Desprez). Kreuzungsprodukt einer Teerose mit einer Noisette-Rose, von Desprez 1830 gezogen. Höhe bis 5,5 m. Wenige Stacheln. Blüten einzeln oder in kleinen Büscheln, wundervoll duftend; blüht vom Hochsommer bis in den Herbst. Abstammung: ›Blush Noisette‹ × ›Park's Yellow Tea-scented China‹.

Mme Lauriol de Barny. Bourbon-Rose, von Trouillard 1868 gezogen. Höhe bis 2 m, mit Kletterhilfe noch höher. Blüht hauptsächlich im Hochsommer, nur wenige spätere Blüten. Guter, fruchtiger Duft.

Souvenir de Mme Léonie Viennot. Kletternde Teerose, von Bernaix 1898 gezogen. An warmer geschützter Wand bis 6 m hoch. Guter Duft, mehrmals blühend. Eine der relativ winterharten Teerosen.

Auguste Roussel. Eine ungewöhnliche Hybride, ›Papa Gontier‹ × *R. macrophylla*, von Barbier 1913 gezogen. Höhe bis 6 m. Kletternd oder gewölbt. Blüten in Büscheln; blüht nur im Hochsommer, gut duftend.

Blairii No. 1. Bourbon-Rose, von Blair 1845 gezogen. Höhe bis 2 m. Eine Hauptblüte, gut duftend, mit vereinzelten Blüten im Herbst.

Fräulein Oktavia Hesse. Großblütige Rankrose, von Hesse 1918 gezogen. Höhe bis 6 m. Süß duftend, mehrmals blühend. Ähnlichkeit mit ›Alberic Barbier‹ (S. 87).

Blairii No. 2. Hybride einer China-Rose, 1845 von Blair gezogen. Höhe bis über 3 m. Eine Hauptblüte, danach nur vereinzelt spätere Blüten; guter Duft. Anfällig für Mehltau. Die eindrucksvollste Rose in Mottisfont, wo sie an einem kleinen Apfelbaum emporwächst. Abstammung: eine China-Rose × ›Tuscany‹.

Georg Arends (Fortune Besson). Teehybride, von L. W. Hinner 1910 gezogen. Strauch, bis 2 m hoch. Sehr guter Duft, sehr wenige Stacheln. Wird gewöhnlich trotz der Abstammung zu den Remontantrosen gezählt. Abstammung: ›Frau Karl Druschki‹ × ›La France‹.

Mrs. John Laing. Remontantrose, 1887 von Bennett gezogen. Niedrige, gedrungene Pflanze, bis 1,3 m hoch. Sehr kleine Stacheln. Wohlduftende Blüten in Büscheln von 3-4. Unempfindlich gegen Regen. Abstammung: Sämling von ›François Michelon‹.

Mme Antoine Mari. Teerose, von Mari 1901 gezogen. Strauch, bis 1,3 m hoch, an einer Wand gezogen noch höher. Blüten dezent duftend. Eine der relativ winterharten Teerosen.

Mme Bravy (*Alba Rosea*, Mme Serat). Teerose, von Guillot, Pont Cherin, 1846 gezogen und von Guillot (Lyon) 1848 eingeführt. Große Pflanze, bis 1 m hoch. Große Blüten in hängenden Büscheln, blühfreudig. Soll zusammen mit ›Mme Victor Verdier‹ eine Elternpflanze der ersten Teehybride ›La France‹ sein.

Mme Victor Verdier. Remontantrose, von Verdier 1863 gezogen. Aufrechter, beinahe stachelloser Strauch, bis zu 1,6 m hoch. Große, gut duftende Blüten den ganzen Sommer über. Soll zusammen mit ›Mme Bravy‹ (oben) eine Elternpflanze von ›La France‹ (S. 125), der ersten Teehybride, sein. Sie ist allerdings selbst eine Teehybride, wenn die normalerweise zitierte Abstammung richtig ist. Abstammung: ›Jules Margottin‹ × ?›Safrano‹ (eine gelbe Teerose).

1. Juli, Mottisfont

Lamarque (Thé Maréchal). Noisette-Rose, von Maréchal 1830 gezogen. Hat viele Eigenschaften der Teerosen: gewellte Blütenblätter und nickende Blüten (ein Vorzug für eine Kletterpflanze), die flach und weiß öffnen und nach Tee duften. In kühlen Regionen wie England wird sie bis 3 m hoch und braucht einen geschützten Platz an einer Wand, in wärmeren Regionen ist sie sehr robust. Abstammung: ›Blush Noisette‹ × ›Park's Yellow Tea-scented China‹.

Marie van Houtte. Teerose, von Ducher 1871 gezogen. Wird an einer sonnigen Wand bis 2 m hoch. Gut duftende Blüten, grazil nickend. Abstammung: ›Madame de Tartas‹ × ›Madame Falcot‹.

Gloire de Dijon. Hybride aus einer Teerose mit einer Bourbon-Rose, von Jacotot 1853 gezogen, der eine gelbe Teerose mit ›Souvenir de la Malmaison‹ kreuzte. Immer noch eine der besten und häufigsten Kletterrosen. In England vollständig winterhart, gedeiht selbst an einer Nordwand. Höhe 4-5 m. In wärmeren Regionen wird der Rosaton stärker. Sehr guter Duft.

Maréchal Neil. Hybride zwischen einer Teerose und einer Noisette-Rose, von Pradel 1864 gezogen. Die nickenden Blüten duften gut nach Tee. Diese Rose hält sich in England unter Glas besser als im Freien und war in den viktorianischen Wintergärten als Kletterrose sehr beliebt. Sämling von ›Cloth of Gold‹? (›Chromatella‹).

Climbing Devoniensis (Magnolien-Rose). Teerose, von Pavitt 1858 eingeführt. Kletternde Mutation der Stammform ›Devoniensis‹, 1838 von Forster gezogen. Höhe bis 5 m. Blüht bis in den Herbst, wunderbarer Duft.

Duchesse d'Auerstaedt. Noisette-Rose, von Bernaix 1888 gezogen. Höhe bis 3 m. Gut duftende Blüten bis in den Herbst. Abstammung: nicht registriert.

Mme Sancy de Parabére. Kletternde Boursault-Rose, von Bonnet 1874 gezogen. Höhe bis 5 m. Ohne Stacheln. Dichtes Laub, auf charakteristische Weise grob gezähnt. Blüten schwach duftend, blüht nur im Hochsommer. Abstammung: nicht registriert.

Souvenir du Dr. Jamain. Remontantrose, von Lacharme 1865 gezogen. Wird mit Kletterhilfe bis 3 m hoch. Stark duftende Blüten im Hochsommer und nochmals im Herbst. Sollte nicht in praller Sonne stehen, könnte den Blüten schaden. Abstammung: ›Général Jacqueminot‹ × ›Charles Lefebvre‹.

Rival de Paestum. China-Rose, 1863 von Paul gezogen. Höhe bis 1,3 m mit jungen Trieben. Purpurfarbene Blätter. Blüten im geöffneten Zustand nickend. Diese Pflanze kann unter strengem Frost leiden, doch sie erholt sich bis zum Herbst wieder und blüht wie eh und je. Abstammung: nicht registriert.

Teerosen in China. Diese Teerose fand ich in zwei Dörfern in der Region von Lijiang in Yunnan. Robuste Kletterpflanze, Höhe bis 6 m. Glänzende Blätter wie *R. gigantea*. Leicht nikkende, stark duftende Blüten, bis 12 cm breit. Vermutlich eine alte chinesische Gartenrose. Ähnlichkeit mit ›Hume's Blush Tea-scented China‹.

La Follette. Teerose, von Busby, dem Gärtner Lord Broughams, 1910 in Cannes gezogen. Kräftige Kletterrose, mindestens bis 10 m hoch, mit riesigen, locker gefüllten Blüten im Frühsommer. In England gedeiht sie in einem Treibhaus oder an einer geschützten Wand am besten. Wächst in Südfrankreich und Kalifornien im Freien. Abstammung: *Rosa gigantea × T.H.*

Teerose in China

Teerose in China

Gloire de Dijon

La Follette in der Bretagne

10. Juli, Wisley

Chaplin's Pink Climber. Rankrose, von Chaplin 1928 gezogen. Höhe bis 4 m. Einmal blühend; sehr schwach duftend; Blüten in großen, dichten Büscheln. Abstammung: ›Paul's Scarlet Climber‹ × ›American Pillar‹.

Paul's Scarlet Climber. Kletterrose, von Paul 1915 gezogen. Höhe bis 6 m. Blüten in Büscheln, schwach duftend, bis in den Spätherbst blühend. Sehr winterhart, robust und langlebig. Jetzt, am 15. Dezember, während ich diese Zeilen schreibe, sind einige Blüten geöffnet. Abstammung: *R. wichuraiana* × einer Teehybride.

Zéphirine Drouhin. Bourbon-Rose, von Bizot 1868 gezogen. Strauch, Höhe bis 2,5 m; als Kletterrose an einem Gerüst hochgezogen bis zu 4 m. Beinahe stachellos. Süß duftende Blüten ununterbrochen vom Sommer bis in den Herbst. Etwas anfällig für Mehltau und Schwarzfleckigkeit. Die hellere Mutation ›Kathleen Harrop‹ (1919) ist ebenfalls sehr schön (S. 83).

Lady Hillingdon. Kletterrose. Mutation der Teerose, die von Lowe und Shawyer 1910 gezogen wurde. 1917 erschienen und von Hicks eingeführt. Höhe bis 6 m. Stark duftende Blüten vom Hochsommer bis in den Winter; einen Kontrast dazu bilden die rötlich-purpurfarbenen jungen Blätter. Abstammung: ›Papa Gontier‹ × ›Madame Hoste‹.

Albertine. Großblütige Rankrose, von Barbier 1921 gezogen. Bis 6 m hoch. Robust, gut geeignet für Hecken oder eine niedrige Mauer. Gut duftende Blüten, einmal blühend, dann aber sehr beachtenswert. Abstammung: *R. wichuraiana* × ›Mrs A. R. Waddell‹.

Mme Grégoire Staechelin (Spanish Beauty). Kletternde Teehybride, von Dot 1927 gezogen. Höhe bis 6 m; stachelig. Blüten nur im Hochsommer; gut duftend nach Gartenwicke; elegant nickend. Abstammung: ›Frau Karl Druschki‹ × ›Château de Clos Vougeot‹.

Dr. W. van Fleet. Vielblütige Rankrose, von van Fleet 1910 gezogen. Höhe bis 6 m. Gut duftende Blüten in Büscheln, nur im Hochsommer. ›New Dawn‹ (S. 93) ist eine mehrmals blühende Mutation dieser Rose. Abstammung: (*R. wichuraiana* × ›Safrano‹) × ›Souvenir du Président Carnot‹.

Mermaid. Hybride von *R. bracteata*, 1918 von Paul gezogen. Kräftiger Wuchs, bis zu 10 m und höher. Blüten in Büscheln, vom Hochsommer an ständig blühend, leicht duftend. Nicht sehr winterhart; kalte Winter können ihr schaden. Abstammung: *R. bracteata* × eine Teerose.

Parade. Kletternde Floribunda-Rose, von Boerner 1953 gezogen. Höhe bis 4 m. Mehrmals blühend; schwach duftend. Abstammung: Sämling von ›New Dawn‹ × ›World's Fair' climbing‹.

Climbing Pompon de Paris. Kletternde, zwergförmige China-Rose. Mutation von ›Pompon de Paris‹, 1939 gezogen. Dünner Wuchs, Höhe bis 2 m. Kleine hübsche Blüten, 3 cm im Durchmesser, schwacher Duft. Pflanze wächst auf der Abbildung an *Ceanothus* hoch. Wegen der frühen Blüte gern an geschützten Mauern gezogen.

Mme Alfred Carrière. Noisette-Rose, von J. Schwartz 1879 gezogen. Höhe bis 6 m. Gut duftende Blüten in Büscheln, nach der Hauptblüte mit Unterbrechungen immer wieder blühend. Kann auch als großer Strauch gepflanzt werden. Abstammung: nicht registriert.

Zéphirine Drouhin

Pompon de Paris

Chaplin's Pink Climber

Mme Alfred Carrière

Mme Grégoire Staechelin

Mme Alfred Carrière

1. Juli, Mottisfont

Blush Noisette, Longleat House, Wilts

Blush Noisette

Princesse de Nassau

Ghislaine de Féligonde

Sombreuil. Kletternde Teerose, von Robert 1850 gezogen. Höhe bis 4 m. Gut duftende Blüten ununterbrochen bis in den Herbst. Abstammung: ›Gigantesque‹ × eine Remontantrose.

Souvenir de la Malmaison kletternd. Kletternde Mutation einer Bourbon-Hybride, von Francis Bennett 1893 eingeführt. Höhe bis 4 m. Zweimal blühend, im Juni und September; gut duftend; Blüten neigen aber dazu, bei Feuchtigkeit ›zusammenzuballen‹. Abstammung: ›Mme Desprez‹ × eine Teerose.

Mme Jules Gravereaux. Kletternde Teerose, von Soupert et Notting 1901 gezogen. Höhe bis 4 m. Einmal blühend, leicht duftend. Abstammung: nicht registriert.

Paul's Lemon Pillar. Kletternde Teehybride, von Paul 1915 gezogen. Starker Wuchs bis 6 m hoch. Einmal blühend, stark duftend. Unempfindlich gegen Feuchtigkeit. Abstammung: ›Frau Karl Druschki‹ × ›Maréchal Neil‹.

Constance Spry. Erste der Englischen Rosen, von David Austin 1961 gezogen. Als Strauch bis zu 2 m hoch, als Kletterrose an einer Wand gezogen bis 4 m. Nur einmal blühend, doch sehr schöne Blüten, gut duftend. Abstammung: ›Belle Isis‹ (Gallica-Rose) × ›Dainty Maid‹ (ungefüllte Floribunda-Rose).

Climbing Mrs Herbert Stevens. Kletternde Mutation von Mrs Herbert Stevens (McGredy 1910), von Pernet-Ducher 1922 eingeführt. Kräftiger Wuchs bis 6 m hoch. Mehrmals blühend, gut duftend. Sehr empfindlich gegen Feuchtigkeit. Abstammung: ›Frau Karl Druschki‹ × ›Niphetos‹.

Kathleen Harrop. Hellblütige Mutation der Bourbon-Rose ›Zéphirine Drouhin‹, von Dickson 1919 eingeführt. Stachelloser Strauch, bis zu 2 m hoch; kann auch an einer niedrigen Mauer gezogen werden. Gut duftende Blüten in ununterbrochener Folge. Seltener und weniger robust als die Elternpflanze.

Paul's Single White. Hybride von *R. moschata*, 1883 von Paul gezogen. Höhe bis 3 m, kräftig. Gut duftende Blüten in Büscheln während des ganzen Sommers.

Lady Waterlow. Kletternde Teehybride, von Nabonnard 1903 gezogen. Höhe bis 4 m. Gut duftende Blüten, meistens im Hochsommer; manchmal eine schöne zweite Blüte im September. Abstammung: ›La France de '89‹ × ›Mme Marie Lavalley‹.

Blush Noisette. Stammform der Noisette-Rosen, Sämling von ›Champney's Pink Cluster‹, dem Kreuzungsprodukt einer China-Rose mit *R. moschata*. Von Noisette 1817 gezogen. Lockerer Strauch, bis 2,5 m hoch, an einer Wand gezogen bis 5 m. Blüten von mittlerer Größe in Büscheln, ununterbrochene Blüte, süß nach Nelken duftend.

Ghislaine de Féligonde. Rankrose, von Turbat 1916 gezogen. Großer Strauch mit Trieben, bis 3 m hoch. Wenige Stacheln. Mehrmals blühend, duftend. Abstammung: Hybride von *R. moschata*.

Princesse de Nassau (*R. moschata* ‹Autumnalis‹). Spät blühende Kletterrose, die in einem kühlen Sommer nicht vor August bis September blüht. Vermutlich eine Hybride zwischen *Rosa moschata*, die von Laffay 1835 gezogen wurde und, wie Graham Thomas glaubt, einer Noisette-Rose.

3. Juli, Mottisfont

Princess Marie in Nymans, Sussex

Baltimore Belle

Spectabilis

William's Evergreen. Rankrose, 1855 gezogen. Höhe bis 4 m. Einmal blühend. Ähnlichkeit mit ›Flora‹ (unten), hat jedoch cremefarben-weiße Blüten. Abstammung: Hybride von *R. sempervirens.*

Venusta Pendula. Rankrose unbekannter Herkunft, von Kordes wiederentdeckt. Höhe bis 5 m. Einmal blühend, kaum duftend. Abstammung: Sorte oder Hybride von *R. arvensis.*

Princesse Marie (Reine des Belges). Rankrose, von Jacques 1829 gezogen. Höhe bis 10 m und höher. Einmal blühend, schwach duftend. Abstammung: Hybride von *R. sempervirens.*

Splendens (Ayrshire Splendens). Rankrose unbekannter Herkunft. Höhe bis zu 5 m. Einmal blühend. Duft soll an Myrrhe erinnern. Wer den Geruch von Myrrhe nicht kennt: der Duft dieser Rose gleicht dem Geruch frischer Temperafarbe. Abstammung: Hybride von *R. arvensis.*

Ruga. Rankrose, seit 1820 bekannt. Trat erstmals in Italien auf, vermutlich eine Hybride zwischen einer China-Rose und *R. arvensis.* Höhe bis 3 m. Winterhart. Sehr süß duftende Blüten, in lockeren Büscheln, nur im Hochsommer.

Adelaïde d'Orléans. Rankrose, von Jacques 1826 gezogen. Höhe bis 6 m. In warmen Wintern immergrün, kann durch außergewöhnlichen Frost sehr stark geschädigt werden. Anfällig für Mehltau. Blüten duften nach Primeln, in Büscheln; blüht nur im Hochsommer, gelegentlich vereinzelte, spätere Blüten. Abstammung: Hybride von *R. sempervirens.*

Mme d'Arblay. Rankrose, von Wells 1835 gezogen. Rankend bis 6 m hoch. Gut duftende Blüten in Büscheln, blüht nur im Hochsommer. Abstammung: *?R. multiflora × R. moschata.*

Flora (Flore). Rankrose, von Jacques 1830 gezogen. Rankend bis 4 m hoch. Einmal blühend. Schwach nach Primeln duftend. Abstammung: Hybride von *R. sempervirens.*

Russelliana (Russel's Cottage Rose, Souvenir de la Bataille de Marengo). Rankrose unbekannter Herkunft, seit 1840 bekannt. Höhe bis 6 m. Stark duftende Blüten in großen, offenen Büscheln; beim Öffnen von kirschrotem Karmesin, später purpurfarben; blüht nur im Hochsommer.

Baltimore Belle. Rankrose, von Feast 1843 gezogen. Höhe und Breite bis 5 m. Sehr widerstandsfähig. Im Hochsommer gut duftende Blüten in großen Büscheln. Abstammung: angeblich eine Hybride von *R. setigera,* jedoch einer Hybride von *R. sempervirens* sehr ähnlich.

Spectabilis (Noisette Ayez). Rankrose, seit 1848 bekannt. Höhe bis 2,5 m. Kleine, süß duftende Blüten, beim Öffnen lila überlaufen. Späte Blüte. Abstammung: Hybride von *R. sempervirens.*

16. Juli, Gardens of the Rose

Francis E. Lester

Kew Rambler

American Pillar

Blush Rambler

White Flight

Ethel. Kleinblütige Rankrose, von Turner 1912 gezogen. Höhe bis 6 m. Einmal blühend. Abstammung: nicht registriert.

Kew Rambler. Kleinblütige Kletter- oder Rankrose, von Kew 1912 gezogen. Höhe bis 6 m. Guter Duft. Einmal blühend. Hat von *R. soulieana* die gräulichen Blätter geerbt. Abstammung: *R. soulieana* × ›Hiawatha‹.

Lykkefund. Kleinblütige Rankrose, von Olsen 1930 gezogen. Höhe bis 6 m, ohne Stacheln. Guter Duft. Einmal blühend. Abstammung: *R. helenae* × ›Zéphirine Drouhin‹.

Silver Moon. Rankrose, von van Fleet 1910 gezogen. Höhe bis 10 m. Graugrüne Stämme. Einmal blühend. Duftet gut nach Apfel. Abstammung: *R. laevigata* × ?›Devoniensis‹.

Albéric Barbier. Großblütige Rankrose, von Barbier 1900 gezogen. Höhe bis 6 m. Einmal blühend, doch auch später noch viele Blüten. Sehr gut nach Apfel duftend. Abstammung: *R. luciae* × ›Shirley Hibberd‹ (eine gelbe Teerose).

Venusta Pendula. Rankrose unbekannter Herkunft, von Kordes wiederentdeckt. Höhe bis 5 m. Einmal blühend. Duft unbedeutend. Abstammung: Sorte oder Hybride von *R. arvensis*.

François Juranville. Großblütige Rankrose, von Barbier 1906 gezogen. Höhe bis 6 m; lange, biegsame Triebe. Einmal blühend. Guter Duft. Abstammung: *R. luciae* × ›Mme Laurette Messimy‹.

Francis E. Lester. Rankende Moschata-Hybride, von Lester 1946 eingeführt. Höhe bis zu 5 m, kann an einem Pfosten oder einer Mauer hochgezogen werden. Knospen rosa. Geöffnete Blüten sind weiß und duften sehr gut. Kleine, rote Früchte im Herbst. Abstammung: ›Kathleen‹ × namenloser Sämling.

Blush Rambler. Kleinblütige Rankrose, von Cant 1903 gezogen. Höhe bis 5 m, beinahe stachellos. Einmal blühend. Guter Duft. Das Hellgrün der Blätter auf dem Foto ist charakteristisch, vielleicht jedoch durch eine leichte Chlorose stärker hervorgehoben. Abstammung: ›Crimson Rambler‹ × ›The Garland‹.

White Flight. Kleinblütige Rankrose unbekannter Herkunft, um 1900 entstanden, durch Humphrey Brooke in Claydon vor dem Vergessen bewahrt und von Peter Beales auf den Markt gebracht. Höhe bis 3 m. Einmal blühend. Abstammung: Sämling von *R. multiflora*?

American Pillar. Kleinblütige Rankrose, von van Fleet 1902 gezogen. Höhe bis 5 m. Duftlos. Einmal blühend. Sehr robust und blütenreich. Anfällig für Mehltau. Abstammung: (*R. wichuraiana* × *setigera*) × rote Remontantrose.

3. Juli, Mottisfont

Rambling Rector. Kleinblütige Kletterpflanze, seit 1912 bekannt. Starker Wuchs, sehr stachelig, in Bäumen bis 10 m hoch. Guter Duft. Einmal blühend, sehr blütenreich. Abstammung: unbekannt, vermutlich *R. multiflora* × *R. moschata*.

Snowdrift. Rankrose, von Walsh 1913 gezogen. Kräftiger Wuchs, bis 4 m hoch. Einmal blühend. Abstammung: nicht registriert.

Rose-Marie Viaud (Amethyste). Kleinblütige Rankrose, Sämling von ›Veilchenblau‹, 1924 von Igoult gezogen. Beinahe stachellos, bis 5 m hoch. Einmal blühend, kaum duftend. Blüten beim Öffnen rötlich, verbleichen, werden purpurfarben und später hell mauve-grau.

Veilchenblau. Kleinblütige Rankrose, von Schmidt 1909 gezogen. Beinahe stachellos. Höhe bis 4 m. Einmal blühend. Duftet gut nach Apfel. Blütenfarbe verbleicht zu einem gräulichen Mauve. Abstammung: ›Crimson Rambler‹ × ›Erinnerung an Brod‹.

Purpurtraum. Kleinblütige Rankrose, von Kayser und Siebert 1922 gezogen. Einmal blühend. Dunkel karmesinrot, nicht purpurfarben, wie der Name nahelegt. Abstammung: nicht registriert.

Violette (Violetta) Kleinblütige Rankrose, von Turbat 1921 gezogen. Beinahe stachellos, bis 4 m hoch. Einmal blühend. Kaum duftend. Blüten beim Öffnen rötlich purpurfarben, verbleichen zu einem gräulichen Mauve; oft ein weiß gestreiftes Blütenblatt. Abstammung: nicht reg.

Goldfinch. Kleinblütige Rankrose, von Paul 1907 gezogen. Höhe bis 5 m. Einmal blühend. Guter Duft, von Bienen sehr geschätzt. Blüten beim Öffnen gelb, verbleichen in der Sonne und werden weiß. Gut an alten Apfelbäumen hochzuziehen. Abstammung: Hybride von *R. multiflora*, einem Sämling der Teehybride ›Hélène‹, × (›Aglaia‹ × ›Crimson Rambler‹).

Bleu Magenta. Kleinblütige Rankrose unbekannter Herkunft. Starke Ähnlichkeit mit ›Veilchenblau‹, besonders durch die fehlenden Stacheln. Höhe bis 5 m. Duftlos. Blüht einmal, spätere Blütezeit als die anderen purpurfarbenen Rankrosen; reife Blüten von dunklem Mauve bis Grau. Abstammung: nicht registriert.

Dorothy Perkins. Kleinblütige Rankrose, von Jackson & Perkins 1901 gezogen. Triebe bis zu 6 m lang. Beinahe duftlos. Einmal blühend, außergewöhnlich blütenreich. Am Fruchtboden und Stiel anfällig für Mehltau. Abstammung: *R. ?wichuraiana* × ›Madame Gabriel Luizet‹.

Excelsa (Red Dorothy Perkins). Kleinblütige Rankrose, von Walsh 1909 gezogen. Triebe bis 6 m lang. Beinahe ohne Duft. Einmal blühend. Abstammung: nicht registriert.

Minnehaha. Kleinblütige Rankrose, von Walsh 1905 gezogen. Triebe bis 4 m lang. Beinahe ohne Duft. Blüht einmal, später als ›Dorothy Perkins‹; die Blüten bleiben dunkelrosa. Abstammung: *R. ?wichuraiana* × ›Paul Neyron‹.

Sander's White. Kleinblütige Rankrose, von Sanders 1912 gezogen. Triebe bis 4 m lang. Nur eine, späte Blüte. Guter Duft. Abstammung: *R. ?wichuraiana* × unbekannt.

Débutante. Kleinblütige Rankrose, von Walsh 1902 gezogen. Triebe bis 4 m lang. Eine Blüte, duftet nach Primeln. Ähnlichkeit mit ›Dorothy Perkins‹, ist jedoch nicht anfällig für Mehltau und hat zudem gewellte Blütenblätter. Abstammung: *R. wichuraiana* × ›Baronesse Rothschild‹.

Dorothy Perkins

Excelsa

Minnehaha

Débutante

Sander's White

10. Juli, Wisley

Francesca

Moonlight

Vanity

Wilhelm

Prosperity

Erfurt

Thisbe. Pemberton zog diese Moschata-Hybride 1918. Bis zu 1,3 m hoch, etwa ebenso breit. Blüten und sattgelbe Knospen an graziös gebogenen Zweigen. Starker Duft. Abstammung: ›Marie Jeanne‹ × ›Perle des Jardins‹.

Will Scarlett. Diese Moschata-Hybride erschien als Mutation an einer Pflanze von ›Wilhelm‹, wurde von Graham Thomas 1947 entdeckt und von Hilling 1950 eingeführt. Bis 2 m hoch und breit; die glänzenden, orangeroten Früchte bleiben den ganzen Winter über an der Pflanze. Angenehmer Duft.

Felicia. Pemberton zog diese Moschata-Hybride 1928. Starke, buschige Pflanze, bis 2 m hoch und noch breiter. Gute Heckenpflanze. Sehr blütenreich, im Sommer wie im Herbst; süßer Duft. Abstammung: ›Trier‹ × ›Ophelia‹.

Callisto. Moschata-Hybride, von Pemberton 1920 gezogen. Die anfänglich sattgelben Blüten verbleichen und werden fast weiß. Süß duftend. Diese Rose wird bis zu 1,4 m hoch. Abstammung: Sämling von ›William Allen Richardson‹.

Buff Beauty. Moschata-Hybride, 1939 von Bentall gezogen. Kräftige, blütenreiche Rose; bildet einen Strauch, bis zu 2 m hoch und breit. Das junge Laub ist kupferbraun und wird später dunkelgrün. Die Blüten, die leicht verbleichen, duften sehr schön.

Cornelia. Pemberton zog diese Moschata-Hybride 1925. Kräftiger, breiter Strauch, bis zu 2,5 m hoch. Die Sommerblüten sind hellrosa (wie auf der Abbildung zu sehen), bei den Herbstblüten ist die Farbe kräftiger. ›Cornelia‹ hat einen süßen, moschusartigen, durchdringenden Duft.

Trier. 1904 von dem deutschen Pflanzenzüchter Peter Lambert gezogen. Stammt von einem Sämling von ›Aglaia‹ ab, der mit der Teehybride ›Mrs R. G. Sharman Crawford‹ gekreuzt wurde. ›Aglaia‹ wiederum ist eine Hybride zwischen *R. multiflora* und ›Reve d'Or‹, einer Noisette-Rose. ›Trier‹ duftet stark. Strauch oder Kletterrose, Höhe bis 2,5 m (siehe S. 11).

Félicité et Perpétue. Diese Rankrose, die M. Jacques, der oberste Gärtner des Herzogs von Orléans 1827 zog, stammt von *R. sempervirens* ab und ist daher halbimmergrün. Gerade noch winterhart. Starker, gesunder Wuchs; kann Höhe von 6,5 m erreichen. Angenehmer Duft. Abstammung: *R. sempervirens* × *R. chinensis*.

Penelope. Moschata-Hybride, von Pemberton 1924 gezogen. Kräftige Sorte. Starker, buschiger Wuchs bis 1,8 m hoch. Blüten den ganzen Sommer und Herbst hindurch. Die ersten erscheinenden Knospen sind hellrosa-orange. Süßer Duft. Früchte von ungewöhnlicher Farbe, grünlich-lila. Abstammung: ›Ophelia‹ × ›Trier‹.

Francesca. Moschata-Hybride, von Pemberton 1922 gezogen. Dieser graziöse Strauch hat gewölbte Stämme, an denen die nickenden Blüten hängen, die in der Sonne von aprikosengelb zu einer helleren Schattierung verbleichen. Stark duftend. Abstammung: ›Danaë‹ × ›Sunburst‹.

Moonlight. Moschata-Hybride, von Pemberton 1913 gezogen. Diese Sorte kann durch andere Sträucher hindurch ranken, kann aber auch kürzer gehalten werden, wird allerdings eine Höhe von 2 m und mehr erreichen. Im Sommer bilden die Blüten kleine Büschel; im Herbst viel größere Büschel. Süßer Moschus-Geruch. Abstammung: ›Trier‹ × ›Sulphurea‹.

Vanity. Pemberton zog diese Moschata-Hybride 1920. Sehr kräftiger Wuchs, erreicht eine Höhe von 3-4 m. Die Blüten, die süß und stark duften, sind im Sommer leuchtend rosa, im Herbst etwas heller. Abstammung: ›Château de Clos Vougeot‹ × Sämling.

Wilhelm (Skyrocket). Moschata-Hybride, von Kordes 1934 gezogen. Kräftiger Strauch, bis 3 m hoch. Im Sommer nur leicht duftende Blüten in kleinen Büscheln, im Herbst größere Büschel. Orangerote Früchte. Abstammung: ›Robin Hood‹ × ›J. C. Thornton‹.

Prosperity. Moschata-Hybride, von Pemberton 1919 gezogen. Gut duftende Blüten an kleinen Zweigen im Sommer, im Spätsommer in größeren Büscheln. Höhe bis 2 m. Abstammung: ›Marie Jeanne‹ × ›Perle des Jardins‹.

Erfurt. Moschata-Hybride, von Kordes 1939 gezogen. Dichter Strauch, Höhe bis zu 1 m. Sehr schöne junge, kupferfarbene Blätter. Duftende Blüten den ganzen Sommer und Herbst über. Abstammung: ›Eva‹ × ›Réveil Dijonnais‹.

20. Juni, Eccleston Sq., London

Danse du Feu an einem Landhaus im Osten von Sussex

Maigold

Coral Dawn

Clair Matin

Golden Showers. Floribunda-Kletterrose, von Lammerts 1957 gezogen. Höhe bis 3 m. Mehrmals blühend. Leicht duftend. Abstammung: ›Charlotte Armstrong‹ × ›Captain Thomas‹.

Climbing Masquerade. Kletternde Mutation der bekannten Floribunda-Rose ›Masquerade‹, von Dillon 1958 eingeführt. Höhe bis 4 m. Leicht duftend. Einmal blühend, vereinzelte spätere Blüten. Abstammung: ›Goldilocks‹ × ›Holiday‹ (Boerner 1949).

Compassion (Belle de Londres). Kletternde Teehybride, von Harkness 1973 gezogen. Höhe bis 3 m. Mehrmals blühend. Guter Duft. Abstammung: ›White Cockade‹ × ›Prima Ballerina‹.

Danse du Feu (Spectacular). Kletternde Floribunda-Rose, von Mallerin 1954 gezogen. Höhe bis 5 m. Mehrmals blühend. Leicht duftend. Kann auch an einer Nordwand gezogen werden. Berühmt für ihre Blühfreudigkeit. Blüten beim Öffnen dunkel-scharlachrot, im Verblühen eher purpur. Abstammung: ›Paul's Scarlet Climber‹ × Sämling von *R. multiflora*.

Dreaming Spires. Kletternde Teehybride, von Mattock 1973 gezogen. Höhe bis 4 m. Mehrmals blühend. Leicht duftend. Abstammung: ›Buccaneer‹ × ›Arthur Bell‹.

New Dawn. Mehrmals blühende Mutation der großblütigen Rankrose ›Dr. W. van Fleet‹, von Dreer Somerset 1930 eingeführt. Höhe bis 6 m. Leicht duftend. Abstammung: (*R. wichuraiana* × ›Safrano‹) × ›Souvenir du Président Carnot‹ (Van Fleet 1910).

Schoolgirl. Kletternde Teehybride, von McGredy 1964 gezogen. Höhe bis 4 m. Mehrmals blühend. Schwach duftend. Abstammung: ›Coral Dawn‹ × ›Belle Blonde‹.

Maigold. Großblütige Kletterrose, von Kordes 1953 gezogen. Höhe bis 6 m. Einmal blühend. Guter Duft. Abstammung: ›Poulsen's Pink‹ × ›Frühlingstag‹ (Hybride von *R. pimpinellifolia*).

Coral Dawn. Großblütige Kletterrose, von Boerner 1952 gezogen. Höhe bis 3 m. Schwach duftend. Mehrmals blühend. Abstammung: Sämling von ›New Dawn‹ × (HT × Sämling einer Polyantha-Rose).

Clair Matin (Meimont). Kletternde Mutation einer Floribunda-Rose, von Meilland 1963 eingeführt. Höhe bis 3 m. Mehrmals blühend. Leicht duftend. Abstammung: ›Fashion‹ × (›Independence‹ × ›Orange Triumph‹) × ›Phyllis Bide‹.

17. Juli, R. Harkness & Co.

Mme Caroline Testout

Alexander Girault

Meg. Kletternde Floribunda-Rose, 1954 von Gosset gezogen. Höhe bis 4 m. Einmal blühend. Schwach duftend. Abstammung: ›Paul's Lemon Pillar‹ × ?›Mme Butterfly‹.

White Cockade. Kletternde Floribunda-Rose, von Cocker 1968 gezogen. Höhe bis 3 m. Mehrmals blühend. Schwach duftend. Abstammung: ›New Dawn‹ × ›Circus‹.

Danse des Sylphes. Kletternde Floribunda-Rose, von Mallerin 1959 gezogen. Höhe bis 5 m. Mehrmals blühend. Schwach duftend. Abstammung: ›Danse du Feu‹ × ›Peace‹ × ›Independence‹.

Golden Jubilee (Cocagold). Teehybride, von Cocker 1981 gezogen. Schwach duftend. Abstammung: nicht registriert.

Breath of Life (Harquanne). Kletternde Teehybride, von Harkness 1982 gezogen. Leicht duftend. Abstammung: ›Red Dandy‹ × ›Alexander‹.

Sutter's Gold. Kletternde Mutation von ›Sutter's Gold‹, einer Teehybride, die Swin 1950 gezogen hat. Höhe bis 4 m. Einmal blühend. Guter Duft. Abstammung: ›Charlotte Armstrong‹ × ›Signora‹.

Sympathie. Kordesii-Kletterrose, von Kordes 1964 gezogen. Höhe bis 4 m. Mehrmals blühend. Schwach duftend. Abstammung: ›Wilhelm Hausmann‹ × ›Don Juan‹.

May Queen. Rankrose, von Manda in Amerika 1898 gezogen. Höhe bis 5 m. Guter Duft. Einmal blühend. Die reifen Blüten sind mauvefarben. Sehr blühfreudig, verträgt auch Kälte. Abstammung: *R. wichuraiana* × ›Champion of the World‹.

Copenhagen. Teehybride, von Poulsen 1964 gezogen. Höhe bis 2,3 m. Leicht duftend. Mehrmals blühend. Abstammung: Sämling × ›Ena Harkness‹.

Climbing Elizabeth Harkness. Mutation von ›Elizabeth Harkness‹, von Harkness 1975 eingeführt. Höhe bis 3 m. Mehrmals blühend. Leicht duftend. Abstammung: ›Red Dandy‹ × ›Piccadilly‹ (Harkness 1969).

Climbing Mme Caroline Testout. Kletternde Mutation der Teehybride ›Mme Caroline Testout‹, von Chauvry 1901 eingeführt. Höhe bis 6 m. Schwach duftend. Eine Hauptblüte und vereinzelte spätere Blüten. Abstammung: ›Madame de Tartas‹ × ›Lady Mary Fitzwilliam‹ (Pernet-Ducher 1890).

Alexander Girault. Großblütige Rankrose, von Barbier 1909 gezogen. Höhe bis 6 m. Duftet gut nach Apfel. Einmal blühend. Abstammung: *R. wichuraiana* × ›Papa Gontier‹.

Alchymist in einem Apfelbaum, Sissinghurst Castle

Alchymist

Leontine Gervais

Alchymist. Kletterrose, von Kordes 1956 gezogen. Höhe bis 4 m. Junge Blätter bronzefarben. Einmal blühend. Guter Duft. Abstammung: ›Golden Glow‹ × Hybride von *R. rubiginosa*.

Easlea's Golden Rambler. Kletternde Floribunda-Rose, von Easlea 1932 gezogen. Höhe bis 5 m. Einmal blühend. Guter Duft. Dunkelgrüne, glänzende Blätter. Abstammung: nicht registriert.

Emily Gray. Großblütige Rankrose, von Williams 1918 gezogen. Höhe bis 6 m. Eine Hauptblüte mit vereinzelten späteren Blüten. Guter Duft. Sehr glänzende Blätter, junge Blätter rötlich. Abstammung: ›Jersey Beauty‹ × ›Comtesse du Cayla‹. Nicht sehr winterhart, wie schon die Abstammung vermuten läßt. (Teerose × *R. wichuraiana*) × China-Rose.

Lawrence Johnston. Großblütige Kletterrose, von Pernet-Duchet 1923 gezogen. Höhe bis 10 m. Vereinzelte Blüten nach der Hauptblüte. Sehr guter Duft. Abstammung: ›Madame Eugene Verdier‹ × *R. foetida* ›Persiana‹. Graham Thomas ist für die Einführung dieser Rose verantwortlich. Er schreibt, daß Pernet-Ducher diese Rose zuerst kaum beachtete und den Geschwister-Sämling ›Le Rêve‹ vorzog, bis Lawrence Johnston sie kaufte und in Hidcote pflanzte. 1948 stellte Mr. Thomas sie der Royal Horticultural Society unter dem Namen ›Lawrence Johnston‹ vor.

Auguste Gervais. Großblütige Rankrose, von Barbier 1918 gezogen. Höhe bis 6 m. Einmal blühend; den Sommer über vereinzelte Blüten. Guter Duft. Abstammung: *R. wichuraiana* × ›Le Progrès‹, eine gelbe Teehybride.

Leontine Gervais. Großblütige Rankrose, von Barbier 1903 gezogen. Höhe bis 7 m. Einmal blühend. Guter Duft. Abstammung: *R. wichuraiana* × ›Souvenir de Catherine Guillot‹.

Paul Transon. Großblütige Rankrose, von Barbier 1901 gezogen. Höhe bis 5 m. Duftet gut nach Apfel. Einmal blühend, doch ständig spätere Blüten. Abstammung: *R. wichuraiana* × ›L'Idéal‹.

Elegance. Kletternde Teehybride, von Brownell 1937 gezogen. Höhe bis 6 m. Einmal blühend. Schwach duftend. Abstammung: ›Glen Dale‹ × (›Mary Wallace‹ × ›Miss Lolita Armour‹).

Easlea's Golden Rambler

Lawrence Johnston

Auguste Gervais

Paul Transon

Emily Gray

Elegance

20. Juni, Eccleston Sq., London

Climbing Iceberg, Cheverell Mill, Wiltshire

Galway Bay. Kletternde Floribunda-Rose, von McGredy 1966 gezogen. Höhe bis 3 m. Mehrmals blühend. Schwach duftend. Abstammung: ›Gruß an Heidelberg‹ × ›Queen Elizabeth‹.

White Cockade. Kletternde Floribunda-Rose, von Cocker 1968 gezogen. Höhe bis 3 m. Mehrmals blühend. Schwach duftend. Abstammung: ›New Dawn‹ × ›Circus‹.

Autumn Sunlight. Kletternde Floribunda-Rose, von Gregory 1965 gezogen. Höhe bis 4,5 m. Mehrmals blühend. Abstammung: ›Danse du Feu‹ × ‹Climbing Goldilocks‹.

Sympathie. Kordesii-Kletterrose, von Kordes 1964 gezogen. Höhe bis 4 m. Mehrmals blühend. Schwach duftend. Abstammung: ›Wilhelm Hausmann› × ›Don Juan‹.

Climbing Iceberg. Kletternde Mutation von ›Iceberg‹, von Cants 1968 eingeführt. Höhe bis 5 m. Mehrmals blühend. Leicht duftend. Wunderbare Rose, wenn sie richtig gepflegt und an einem Spalier hochgezogen wird, wie auf dem Bild zu sehen ist.

Schwanensee (Swan Lake). Kletternde Teehybride, von McGredy 1968 gezogen. Höhe bis 3 m. Mehrmals blühend. Schwach duftend. Anfällig für Schwarzfleckigkeit. Abstammung: ›Memoriam‹ × ›Gruß an Heidelberg‹.

Guinée. Kletternde Teehybride, von Mallerin 1938 gezogen. Höhe bis 5 m. Nach der ersten Blüte den ganzen Sommer hindurch vereinzelte Blüten. Ausgezeichneter Duft. Hat von allen Rosen das dunkelste Rot, wirkt schon beinahe schwarz. Abstammung: ›Souvenir de Claudius Denoyel‹ × ›Ami Quinard‹.

Climbing Ena Harkness. Kletternde Mutation von ›Ena Harkness‹, 1954 von Murrell eingeführt. Höhe bis 3,5 m. Leicht duftend. Mehrmals blühend.

Casino (Gerbe d'Or). Kletternde Teehybride, von McGredy 1963 gezogen. Höhe bis 3 m. Mehrmals blühend. Schwach duftend. Abstammung: ›Coral Dawn‹ × ›Buccaneer‹.

Pink Perpetué. Kletternde Floribunda-Rose, von Gregory 1965 gezogen. Höhe bis 3 m. Mehrmals blühend. Schwach duftend. Abstammung: ›Danse du Feu‹ × ›New Dawn‹.

Joseph's Coat. Hochwachsende Floribunda-Rose, die als Kletterrose an einem Spalier gepflanzt werden kann, von Armstrong 1964 gezogen. Höhe bis 2,5 m. Mehrmals blühend. Schwach duftend. Abstammung: ›Buccaneer‹ × ›Circus‹.

Etude. Kletternde Floribunda-Rose, von Gregory 1965 gezogen. Höhe bis 4 m. Mehrmals blühend. Schwach duftend. Abstammung: ›Danse du Feu‹ × ›New Dawn‹.

Climbing Etoile de Hollande. Kletternde Mutation der Teehybride ›Etoile de Hollande‹, von Leenders 1931 eingeführt. Höhe bis 4 m. Mehrmals blühend. Sehr guter Duft. Abstammung: ›General MacArthur‹ × ›Hardley‹ (1919).

Crêpe de Chine (Deltrop). Teehybride, von Delbard 1970 gezogen. Abstammung: nicht registriert.

Joseph's Coat

Etude

Etoile de Hollande

Crêpe de Chine

R. rugosa in Dünen am Ochotskischen Meer, Nordjapan

R. × rugotida

Mrs Anthony Waterer

Rosa rugosa Thunb. Heimisch in Ostsibirien, Nordchina, Korea und Japan. Sehr stachelige Stämme; die stark ausgeprägten Adern geben den Blättern ein verrunzeltes Aussehen (*rugosa* = runzelig); stark duftende Blüten den ganzen Sommer und Herbst über. Viele, leuchtend rote Früchte, oft gleichzeitig mit den Blüten. Das Bild zeigt die Pflanze wild wachsend in den Sanddünen am Ochotskischen Meer, im Nordosten Hokkaidos, Japan. Aber auch in vergleichbaren Meerdünen der Britischen Inseln, von Sandwich Bay in Kent bis nach Nordschottland, konnte die Pflanze heimisch werden. Ebenfalls heimisch geworden ist sie in ganz Nord- und Osteuropa. *R. rugosa* verträgt salzige Luft, und diese Eigenschaft macht sie und ihre Kulturformen in Küstengebieten zu einer beliebten Heckenrose.

***Rosa rugosa* Alba**. Die weiße Form von *R. rugosa* ist ein stark wachsender Strauch. Besonders bekannt sind die großen, glänzenden, orangeroten Früchte, die im Spätsommer erscheinen und einen schönen Kontrast zu den noch nicht abgefallenen Blüten bilden. Kann bis zu 2 m hoch und breit werden.

Rosa × rugotida. Hybride zwischen *R. rugosa* und der amerikanischen Sorte *R. nitida*. Bildet einen niedrigen, breiten Strauch und hat die glänzenden Blätter, die für *R. nitida* charakteristisch sind.

Souvenir de Philemon Cochet. Rugosa-Hybride, von Cochet-Cochet 1899 eingeführt. Trat als Mutation an ›Blanc Double de Coubert‹ (siehe dort) auf und hat Ähnlichkeit mit ihr. Allerdings hat die Mutation mehr Blütenblätter, wie auf den Bildern zu sehen ist. Höhe bis zu 1,5 m.

Nova Zembla. Diese Rugosa-Hybride wurde 1907 durch Mees eingeführt; sie trat als Mutation an ›Conrad F. Meyer‹ auf, der sie sehr ähnlich sieht. Bringt im Spätsommer oder Frühherbst eine große Anzahl duftender Blüten hervor und wächst bis zu 3 m hoch. Anfällig für Rosenrost.

Hollandica. Diese Rugosa-Hybride wird allgemein als Grundstamm für die Okulierung anderer Rosen verwendet, dabei ist sie trotz ihrer großen Höhe (bis 2,5 m) und dem etwas steifen, aufrechten Wuchs selbst recht attraktiv und als Heckenrose oder für den Wildgarten sehr geeignet. Wie der Name vermuten läßt, kommt sie ursprünglich aus Holland, wo sie in den Rosenschulen häufig verwendet und für den Export gezüchtet wurde. Stark ausläufertreibend; ist daher, wenn sie als Gartenpflanze vorkommt, nicht unbedingt bewußt gepflanzt.

Mrs Anthony Waterer. Diese Rugosa-Hybride zog Waterer 1898. Besonders schön im Frühsommer, wenn sie mit duftenden Blüten bedeckt ist. Danach scheint sie erschöpft, denn im Herbst blüht sie nur selten noch einmal so schön. Höhe bis 1,5 m. Ausgebreiteter Wuchs. Abstammung: ›Général Jacqueminot‹ × Hybride von *R. rugosa*.

Delicata. Rugosa-Hybride, von Cooling 1898 eingeführt. Die Schokoladenseite dieser Rose sind die schönen Blüten; dagegen ist das Wachstum eher schwach; nur schwer zu vermehren. Höhe bis 1 m.

Blanc Double de Coubert. Eine der bekanntesten Rugosa-Hybriden und das mit Recht aufgrund der sehr schönen, stark duftenden, immer neuen Blüten. Von Cochet-Cochet 1892 eingeführt. Wird im allgemeinen etwas höher als *R. rugosa* (bis 2 m), doch etwas weniger dicht. Abstammung: *R. rugosa* × ›Sombreuil‹ (oder Mutation von *R. rugosa* ›Alba‹?).

Paulii Rosea. Hybride zwischen *R. rugosa* und *R. arvensis*, von Paul vor 1912 gezogen. Triebe liegen dem Boden auf, werden bis zu 4 m lang und sind sehr stachelig. Einmal blühend; Blüten duften sehr süß nach Nelken; eigentümlich grob gezähnte, halb gefaltete Blütenblätter.

Max Graf. Hybride zwischen *R. rugosa* und *R. wichuraiana*, von Bowditch 1919 gezogen. Rankende Triebe, die den Boden dicht bedecken; glänzende, leuchtend grüne Blätter. Einmal blühend, doch sehr lang; vereinzelte spätere Blüten. Guter Duft, nach Apfel. ›Lady Duncan‹ ist eine weitere Hybride von gleicher Abstammung. In Kultur bei den Rosenschulen von Kordes in Deutschland brachte der sterile ›Max Graf‹ nach vielen Fehlversuchen drei Sämlinge hervor, von denen sich einer als tetraploid herausstellte. Diese neue fruchtbare Sorte war *R. kordesii*, die Elternpflanze vieler moderner Hybriden.

R. rugosa ›Alba‹

Delicata

Souvenir de Philemon Cochet

Blanc Double de Coubert

Hollandica

Nova Zembla

Paulii Rosea

Max Graf

10. Juli, Wisley

Belle Poitevine

White Grootendorst

Fimbriata

Lady Curzon

Agnes

F. J. Grootendorst. Rugosa-Hybride, von De Goey 1918 gezogen. Kräftiger, stacheliger Strauch, blüht den ganzen Sommer und Herbst über; leider sind die Blüten ohne Duft. Höhe 2-3 m. Abstammung: *R. rugosa* ›Rubra‹ × ›Mme Norbert Levavasseur‹.

Pink Grootendorst. Rugosa-Hybride, trat als Mutation an ›F. J. Grootendorst‹ auf und ist, wie diese, ohne Duft. Von Grootendorst 1923 gezogen. Die Blütenfarbe ist veränderlich und schlägt manchmal in ein ziemlich dunkles Rosa zurück.

Conrad Ferdinand Meyer. Rugosa-Hybride, von Müller 1899 gezogen. Kräftige, stachelige Pflanze; bringt im Frühsommer und im September viele Blüten hervor. Stark duftend. Höhe bis 3 m. Abstammung: (›Gloire de Dijon‹ × ›Duc de Rohan‹) × *R. rugosa* ›Germanica‹.

Schneezwerg. Rugosa-Hybride, von Lambert 1912 gezogen. Der dichte Wuchs des Strauches macht ihn als Heckenrose sehr geeignet. Bringt den Sommer und Herbst hindurch mehrmals Blüten hervor; die Früchte erscheinen gleichzeitig mit den späteren Blüten. 2-5 m hoch. Abstammung: *R. rugosa* × *R. bracteata*.

Fru Dagmar Hastrup (Frau Dagmar Hartopp). Sämling von *R. rugosa*, von Hastrup 1914 gezogen. Eignet sich aufgrund des dichten Wuchses als Heckenrose; hat den Sommer und Herbst über schöne, rote Früchte. Höhe bis 2 m.

Roseraie de l'Ha. Der passionierte Rosenzüchter Jules Gravereaux zog diese Rugosa 1910 und nannte sie nach dem Rosengarten, den er südlich von Paris angelegt hatte. Der Garten besteht noch heute und enthält eine Sammlung von über dreitausend Rosensorten. Die Rose selbst ist sehr stachelig und bildet einen dichten Strauch. Höhe bis 2 m. Abstammung: ?Mutation von *R. rugosa*.

Nyveldt's White. Nyveldt zog diese Rugosa-Hybride 1955. Großer Strauch; bis zu 2 m hoch; für Hecken geeignet. Süßer Duft, blüht mehrmals. Abstammung: (*R. rugosa* × *R. majalis*) × *R. nitida*.

R. rugosa ›Scabrosa‹. Diese Form von *R. rugosa* war schon vor 1940 bekannt, doch die Herkunft liegt im dunkeln. Große Ähnlichkeit mit *R. rugosa*, in der Regel jedoch kräftiger, mit größeren Blättern, Blüten und Früchten. Duftend, blüht wiederholt. Höhe bis etwa 2 m.

Sarah van Fleet. Rugosa-Hybride, von Dr. W. van Fleet 1926 gezogen. Hoher Wuchs (bis 3 m), sehr stachelig, oft an der Basis kaum belaubt. Blüht den ganzen Sommer und Herbst hindurch; duftende Blüten. Abstammung: *R. rugosa* × ›My Maryland‹.

Fimbriata (Phoebe's Frilled Pink, Dianthiflora). Rugosa-Hybride, von Morlet 1891 gezogen. Größerer Strauch (bis zu 2 m hoch); gewölbte, stachelige Triebe. Blüht am besten in etwas kühleren Regionen. Süß duftend, öfterblühend. Abstammung: *R. rugosa* × ›Mme Alfred Carrière‹.

Lady Curzon. Rugosa-Hybride, von Turner 1901 gezogen. Der kräftige, stachelige Strauch kann 3 m Höhe erreichen und mit schönem Erfolg als Bodendecker wie als Kletterrose verwendet werden. Bringt mehrere Wochen lang samenreiche Blüten hervor, die süß duften. Abstammung: *R. rugosa* × ›Macrantha‹.

Belle Poitreine. Die Abstammung dieser Rugosa-Hybride liegt im dunkeln, doch ist sicher, daß sie von Bruant 1894 gezogen wurde. Zusätzlich zu den schönen Blüten bringt sie ein schön gefärbtes Herbstlaub und leuchtende Früchte hervor. Öfterblühend. Höhe bis 2 m.

Agnes. Rugosa-Hybride, von Dr. W. Saunders in Ottawa 1922 gezogen. Anmutiger Wuchs, sehr stachelige Stämme; bringt im Frühsommer große Zahl stark duftender Blüten hervor, eine zweite Blüte folgt später. Höhe bis 2 m. Abstammung: *R. rugosa* × *R. foetida* ›Persiana‹.

White Grootendorst. Weiße Mutation von ›Grootendorst‹, von Eddy 1962 eingeführt. Soll im Gegensatz zu den anderen Grootendorst-Rosen duften.

10. Juli, Wisley

Nevada

Frühlingsgold

Golden Wings

Marguerite Hilling

Andersonii. Hybride von *R. canina*, der gemeinen Hundsrose. Die Ähnlichkeit mit der Elternpflanze ist leicht zu erkennen. Die Blüten sind jedoch größer und leuchtender gefärbt; sie duften süß. Auffallende Früchte im Herbst. ›Andersonii‹ bildet einen Strauch, der breiter als hoch ist, etwa 2,8 auf 2 m.

Golden Wings. Hybride von *R. pimpinellifolia*, 1956 von Shepherd gezogen. Dichter, bis 2 m hoher Strauch, blüht beinahe ununterbrochen die ganze Saison über; Blüten duften süß. Abstammung: ›Soeur Thérèse‹ × (*R. pimpinellifolia* ›Grandiflora‹ × ›Ormiston Roy‹).

Lord Penzance. Diese Hybride von *R. rubiginosa*, 1894 eingeführt, wurde nach Lord Penzance benannt, der eine ganze Reihe Hybriden gezogen hat. Die Blüten und das Laub duften süß. Abstammung: *R. rubiginosa* × ›Harrison's Yellow‹.

Frühlingszauber. Hybride von *R. pimpinellifolia* ›Grandiflora‹, von Kordes 1942 gezogen. Gleiche Elternpflanzen wie ›Frühlingsmorgen‹ (siehe dort), doch gewöhnlich nicht so kräftig, auch wenn sie 2 m Höhe erreicht. Abstammung: (›E. G. Hill‹ × ›Catherine Kordes‹) × *R. pimpinellifolia* ›Grandiflora‹.

Lady Penzance. Diese Rubiginosa-Hybride wurde 1894 von Lord Penzance gezogen. Die Blüten duften, und auch das Laub hat einen leichten Duft. Abstammung: *R. rubiginosa* × *R. foetida* ›Bicolor‹.

Nevada. Diese sehenswerte Rose wurde 1927 von Dot gezogen. Sie ist deshalb sehr bekannt, weil sie im Sommer gewöhnlich vollständig mit Blüten bedeckt ist. Im Spätsommer bringt sie eine kleinere Anzahl Blüten hervor. Die sich öffnende Blüte ist cremefarben-weiß, bei sehr warmem Wetter ist sie rosa überlaufen, bei trübem Wetter ist sie beinahe von reinstem Weiß. ›Nevada‹ bildet einen großen, dichten Strauch mit langen, gewölbten Trieben und wird bis zu 3 m hoch und breit. Eine rosa Mutation, ›Marguerite Hilling‹ (siehe dort), ist in mehr als einer Saison aufgetreten. Abstammung: ›La Giralda‹ (eine Teehybride) × *Rosa? pimpinellifolia.*

Greenmantle. *Rubiginosa*-Hybride, von Lord Penzance 1895 gezogen. Das Laub duftet leicht.

Frühlingsmorgen. Hybride von *R. pimpinellifolia* ›Grandiflora‹, 1941 von Kordes gezogen, im selben Jahr also wie ›Frühlingszauber‹ (siehe dort). Beliebter Strauch; reicher Ertrag an Blüten im Frühling; im Spätsommer folgt eine zweite Blüte. Höhe bis 2 m. Abstammung: (›E. G. Hill‹ × ›Catherine Kordes‹) × *R. pimpinellifolia* ›Grandiflora‹.

Scharlachglut. Gallica-Hybride, von Kordes 1952 gezogen. Bildet einen kräftigen Strauch. Bringt über einen langen Zeitraum Blüten hervor, die scharlachroten Früchte bleiben den ganzen Winter hindurch am Strauch. Wird 2-8 m hoch. Abstammung: Form von *R. gallica* × ›Poinsettia‹.

Frühlingsgold. Hybride von *R. pimpinellifolia*, 1937 von Kordes gezogen und immer noch sehr beliebt. Sie bildet einen breiten, hohen Strauch (bis zu 2,5 m), der in jedem Boden gedeiht und im Frühsommer süß duftende Blüten hervorbringt; gelegentlich eine zweite Blütezeit im Herbst. Abstammung: ›Joanna Hill‹ × *R. pimpinellifolia* ›Hispida‹.

Marguerite Hilling. Mutation von ›Nevada‹ (siehe dort), die mehrmals an verschiedenen Orten aufgetreten ist. Von Hilling 1959 eingeführt. Eine Pflanze ist noch am Eingang zu den Hillings Nursery in Chobham, Surrey, zu sehen.

3. Juli, Mottisfont

Janet's Pride (Clementine). Diese *Rubiginosa*-Hybride wurde 1892 von W. Paul and Sons eingeführt. Das Laub ist leicht duftend, die Stämme sind weniger stachelig als bei *R. rubiginosa*. Höhe bis 2 m. Abstammung: ?*R. damascena* × *R. rubiginosa*.

La Belle Distinguée (La Petite Duchesse, Lee's Duchess). Die Herkunft dieser gefüllten, scharlachroten schottischen Rose ist ungewiß, vermutlich ist sie eine Hybride. Höhe bis 1,3 m. Nicht rückläufig. Abstammung: *R. eglanteria* × Sämling.

Manning's Blush. Hybride von *R. rubiginosa*. Diese schöne, alte Sorte wird mindestens seit 1797 angepflanzt. Dichter, breiter Strauch, bis 1,6 m hoch. Die Blütenfarbe verbleicht mit der Zeit. Abstammung: nicht registriert.

Rosa rubiginosa (*R. eglanteria*-Eglantine-Rose, Schottische Zaun-Rose, Wein-Rose, Sweetbriar). Heimisch auf den Britischen Inseln, in Südskandinavien, von Spanien bis zum Kaukasus, auch in Westasien und Nordamerika. Man findet sie gewöhnlich auf Kalkböden, speziell auf kalkhaltigen Dünenböden. Shakespeare beschreibt diesen Standort und die in der näheren Umgebung wachsenden Pflanzen 1594 sehr genau, verlegt den Schauplatz allerdings nach Griechenland: ›... die Dünen, wo sich der wilde Thymian wiegt/ Wo Schlüsselblumen und Veilchen gedeihen/ Beschirmt von saftigem wildem Wein/ Von süßen Moschusrosen und Eglantinen.‹ (Moschusrosen hier: *R. arvensis*.) Den süßen Duft produzieren hauptsächlich die Drüsen an der Unterseite der Blätter, doch auch die Blüten. Im Garten wird sie als Strauch bis 2,5 m hoch; die Äste sind gewölbt. Die leuchtendroten Früchte bleiben bis lang in den Winter hinein am Strauch. Abgebildet ist die besonders farbenprächtige Gartenform.

Stanwell Perpetual. Diese Hybride einer *Pimpinellifolia* trat per Zufall als Sämling auf und wurde 1838 von Lee eingeführt. Sie blüht mehrmals, die Hauptblütezeit ist der Hochsommer. Süß duftend. Höhe bis 1,6 m. Abstammung: *R. damascena* × *R. pimpinellifolia*.

Abbotswood. Sämling von *R. canina*, der in den fünfziger Jahren in Abbotswood, Gloucestershire, auftrat. Der damalige leitende Gärtner machte Graham Thomas auf ihn aufmerksam, der ihn benannte und verbreitete. Süß duftende Blüten, später schöne Früchte. Höhe bis 2 m.

Cerise Bouquet. Strauchrose, von Kordes 1958 eingeführt. Die süß duftenden Blüten werden im Sommer und etwas weniger zahlreich im Herbst hervorgebracht. Höhe bis 3,3 m. Abstammung: *R. multibracteata* × ›Crimson Glory‹ (eine Teehybride).

Fritz Nobis

Raubritter, Mottisfont

Raubritter

Cerise Bouquet, Cheverell Mill, Wilts

Raubritter. Ein niedrig wachsender, eher kriechender Strauch, von Kordes 1936 eingeführt. Im Hochsommer mehrere Wochen lang sehr schöne Blütenpracht, allerdings keine Blüte im Herbst. Anfällig für Mehltau. Bis 1 m hoch, doppelt so breit. Abstammung: ›Macrantha Daisy Hill‹ × ›Solarium‹ (eine Rankrose).

Fritz Nobis. Strauchrose, von Kordes 1940 eingeführt. Kräftige Pflanze, schöner Strauch, bis 2 m hoch; im Frühsommer sehenswerte Blütenpracht. Guter Duft. Abstammung: ›Joanna Hill‹ (eine Teehybride) × ›Magnifica‹ (Sämling von *R. rubiginosa*.

Abbotswood

Stanwell Perpetual

Bodendeckende Rosen, Wisley

Rosy Cushion (Interall). Buschiger Strauch, der als Bodendecker geeignet ist, von Ilsink 1979 gezogen. Höhe bis 1 m. Abstammung: ›Yesterday‹ × unbekannt.

Macrantha. Breiter, kräftiger Strauch mit gewölbten, stacheligen Stämmen; süß duftende Blüten in Büscheln. Die Blüten sind beim Öffnen zartrosa, später verbleichen sie und werden weiß wie auf dem Bild. Höhe bis 3 m. Die Herkunft von *R.* ›Macrantha‹ ist ungewiß; manche halten sie für den Sämling einer Gartenhybride, die von *R. gallica*, vielleicht auch *R. gallica* × *R. alba* abstammt.

Little White Pet (White Pet). Diese mehrmals blühende Zwergrose – auf der Abbildung ist sie als Stammrose zu sehen – ist eine Mutation von ›Félicité et Perpetué‹ und wurde 1970 von Henderson eingeführt. Blühfreudig, blüht vom Hochsommer bis in den Herbst. Höhe bis 80 cm.

Euphrates. Harkness zog diese ungewöhnliche Hybride von *R. persica* 1986. Blüht im Sommer mehrere Wochen lang ununterbrochen. Niedrige, breite, buschige Pflanze; Höhe bis 60 cm. Abstammung: *R. persica* × unbekannt.

Chianti. Strauchrose, von Austin 1965 gezogen. Duftende Blüten, die mit der Zeit kräftig purpurfarben werden. Blüht einmal. Gefällige Pflanze. Höhe bis 1,8 m. Abstammung: ›Macrantha‹ × ›Vanity‹.

Sea Foam. Von Schwartz 1964 gezogen. Rankender, halb-liegender Strauch, der die ganze Saison über blüht. Abstammung: [(›White Dawn‹ × ›Pinocchio‹)] × (›White Dawn‹ × ›Pinocchio‹).

Macrantha Daisy Hill. Um 1900 von Smith in Irland gezogen; Kordes verwendet sie häufig für seine Züchtungen. Kräftig wachsende Pflanze, die dichten Strauch bildet, der breiter als hoch ist (3,6 m auf 1,6 m); gewölbte Stämme. Auf die gut duftenden Blüten folgen später runde Früchte. Abstammung: von *R.* ›Macrantha‹ (siehe oben).

Cameo. Zwerg-Polyantha (bis 45 cm hoch), von De Ruiter 1932 gezogen. Öfterblühend; anfällig für Mehltau. Abstammung: Mutation von ›Orléans Rose‹.

Rosy Cushion

Euphrates

Chianti

Little White Pet, als Stammrose

Cameo

Sea Foam

Macrantha

Macrantha Daisy Hill

18. Juli, Wisley

16. Juli, Wisley

Fiona

Red Blanket

La Sevillana (Meigekanu). Floribunda-Rose, von Meilland 1982 eingeführt. Abstammung: [(›Meibrim‹ × ›Jolie Madame‹) × (›Meialfi‹ × ›Zambra‹)] × [(›Super Star‹ × ›Super Star‹) × (›Meilena‹ × ›Rusticana‹)].

Pink La Sevillana (Meigeroka). Zwerg-Floribunda, guter Bodendecker, von Meilland 1985 eingeführt. Abstammung: Mutation von ›La Sevillana‹.

Tall Story (Dickooky). Strauchrose, von Dickson 1984 eingeführt. Abstammung: unbekannt.

Candy Rose (Meiranovi). Strauch, guter Bodendecker; 1980 von Meilland eingeführt. Duftlos. Abstammung: (*R. sempervirens* × ›Mlle Marthe Carron‹) × Sämling.

Cardinal Hume (Harregale). Niedrige, breite Strauchrose, von Harkness 1984 eingeführt und nach dem damaligen Erzbischof von Westminster benannt. Die Blüten duften leicht nach Moschus. Höhe bis 1 m. Abstammung: Sämling × ›Frank Naylor‹.

Fiona (Meibeluxen). Bodendeckender Strauch, von Meilland 1979 eingeführt. Abstammung: ›Sea Foam‹ × ›Picasso‹.

Red Blanket (Intercell). Guter Bodendecker, von Dickson 1979 eingeführt. Wird fast 1 m hoch. Abstammung: ›Yesterday‹ × unbekannter Sämling.

Pink Wave (Mattgro). Bodendeckender Strauch, von Mattock 1983 eingeführt. Der kriechende Strauch wird bis zu 1 m breit und blüht die ganze Saison über. Abstammung: nicht bekannt.

Save the Children (Hartred). Die breite (bis 45 cm), buschige Floribunda-Rose wurde 1986 von Harkness eingeführt. Sie ist nach der wohltätigen Vereinigung Save the Children benannt. Abstammung: ›Amy Brown‹ × ›Red Sprite‹.

John Franklin. Strauchrose, von Svejda 1980 eingeführt. Abstammung: ›Marlena‹ × Sämling.

Champlain. Kordesii-Hybride, von Svejda 1982 eingeführt. Abstammung: nicht genannte Sämlinge.

Sally Holmes. Moderne, öfterblühende Moschata-Hybride, von Holmes 1976 eingeführt. Blüten an hoch wachsenden Trieben (bis 1,3 m). Abstammung: ›Ivory Fashion‹ × ›Ballerina‹.

Anna Zinkeisen (Harquhling). Strauchrose, von Harkness 1983 eingeführt. Blüten duften nach Moschus. Höhe bis 1,3 m. Abstammung: [((›Chinatown‹ × ›Golden Masterpiece‹) × (›Super Star‹ × ›Piccadilly‹)) × (›Cläre Grammerstorf‹ × ›Frühlingsmorgen‹)] × ›Frank Naylor‹.

Butterfly Wings. Floribunda-Rose, von Gobbee 1976 eingeführt. Höhe bis 1,3 m. Anfällig für Schwarzfleckigkeit. Abstammung: ›Dainty Maid‹ × ›Peace‹.

Pearl Drift (Leggab). Strauchrose, *bracteata*-Hybride, von Le Grice 1980 eingeführt. Blüht früh, die ganze Saison über. Dichter, buschiger Strauch, eher breit (1,3 m) als hoch (1 m). Abstammung: ›Mermaid‹ × ›New Dawn‹.

Jaquenetta. Ungefüllt blühende Englische Rose, von Austin 1983 gezogen. Sehr blütenreich, lange Blütezeit. Höhe bis 1,3 m. Abstammung: Sämling × ›Charles Austin‹.

Rachel Bowes Lyon (Harlacal). Strauchrose, von Harkness 1981 eingeführt, Zuchtform von *R. californica*. Höhe bis 1,8 m. Abstammung: ›Kim‹ × [(›Orange Sensation‹ × ›Allgold‹) × ›Californica‹].

18. Juli, Wisley

Nozomi

Fairyland

Dentelle de Malines

Fairy Damsel (Harneatly). Polyantha-Rose, gut als Bodendecker, von Harkness 1982 gezogen. Höhe bis 45 cm. Blühfreudig. Abstammung: unbekannt.

Ice Fairy (Sanmed). Strauchrose, von Sanday 1984 gezogen. Abstammung: unbekannt.

Fairy Prince (Harnougette). Polyantha-Rose, guter Bodendecker, von Harkness 1979 gezogen. Kräftiger, breiter Strauch bis 80 cm hoch. Abstammung: ›The Fairy‹ × ›Yesterday‹.

Fairy Changeling (Harnumerous). Polyantha-Rose, von Harkness 1979 gezogen. Niedriger, buschiger Wuchs, bildet ein Kissen aus; Höhe bis 45 cm. Abstammung: ›The Fairy‹ × ›Yesterday‹.

International Herald Tribune (Harquantum, Viorita). Floribunda-Rose, von Harkness 1984 gezogen. Blütenreich, bei feuchtem Wetter duftend. Hübscher, dichter Wuchs bis 60 cm hoch. Abstammung: unbekannt.

Immensee (Grouse). Zwergförmiger Strauch, guter Bodendecker, von Kordes 1982 gezogen. Stark duftend. Abstammung: ›The Fairy‹ × Sämling von *R. wichuraiana*.

Langford Light (Lannie). Floribunda-Rose, als Bodendecker geeignet, von Sealand 1984 gezogen. Abstammung: unbekannt.

White Bells (Poulwhite). Bodendeckender Strauch, von Poulsen 1980 gezogen. Abstammung: unbekannt.

Pink Bells (Poulbells). Miniaturrose, von Poulsen 1983 gezogen. Abstammung: unbekannt.

Red Bells (Poulred). Miniaturrose, von Poulsen 1983 gezogen. Abstammung: unbekannt.

John Cabot. Kordesii-Hybride, von Svejda 1978 gezogen. Kräftige Kletterrose, reiche Blüte. Abstammung: *R. kordesii* × nicht genannter Sämling.

William Baffin. Kordesii-Hybride, von Svejda 1983 gezogen. Öfterblühend vom Frühsommer bis zum frühen Herbst. Resistent gegen Schwarzfleckigkeit und Mehltau; in kalten Regionen winterhart. Abstammung: *R. kordesii* × Sämling.

Nozomi. Miniatur-Kletterrose, von Onodera 1968 gezogen. Sehr guter Bodendecker und auch gut für niedrige Mauern geeignet (wie auf dem Bild zu sehen ist); kann auch als Trauerrose gepflanzt werden. Höhe bis 45 cm. Abstammung: ›Fairy Princess‹ × ›Sweet Fairy‹.

Fairyland (Harlayalong). Polyantha-Rose, von Harkness 1979 gezogen. Ausgebreiteter Wuchs bis 80 cm hoch. Öfterblühend. Abstammung: ›The Fairy‹ × ›Yesterday‹.

Dentelle de Malines (Lens Pink). Strauchrose, von Lens gezogen und von David Austin 1983 eingeführt. Anmutiger, gewölbter, ausgebreiteter Wuchs bis 1,3 m hoch; etwas breiter als hoch. Abstammung: unbekannt.

16. Juli, Gardens of the Rose

Simon Robinson (Trobwich). Strauch, von Robinson 1982 gezogen. Abstammung: *R. wichuraiana* × ›New Penny‹.

Nikki. Floribunda-Rose, von Bracegirdle 1981 gezogen. Buschiger Wuchs. Abstammung: ›Dusky Maiden‹ × ›Eye Paint‹.

Marjorie Fair (Harhero, Red Ballerina, Red Yesterday). Polyantha-Rose, von Harkness 1978 gezogen. Öfterblühend. Höhe bis 1,3 m. Abstammung: ›Ballerina‹ × ›Baby Faurax‹.

Rebecca Claire. Teehybride, von Law 1981 gezogen. Blühfreudig. Duftend. Aufrechter Wuchs bis 1 m hoch. Abstammung: ›Blessings‹ × ›Redgold‹.

Sir Lancelot. Floribunda-Rose, von Harkness 1967 gezogen. Anfällig für Mehltau und Schwarzfleckigkeit. Buschiger Wuchs bis 1 m hoch. Abstammung: ›Vera Dalton‹ × ›Woburn Abbey‹.

Chorus Girl. Floribunda-Rose, von Robinson 1970 gezogen. Blühfreudig; lockerer Wuchs. Abstammung: ›Highlight‹ × Sämling.

News (Legnews). Floribunda-Rose, von Le Grice 1968 gezogen. Buschiger Wuchs bis 1 m hoch. Abstammung: ›Lilac Charm‹ × ›Tuscany Superb‹.

Smarty (Intersmart). Strauch, guter Bodendekker, von Ilsink 1979 gezogen. Blühfreudig. Abstammung: ›Yesterday‹ × unbekannt.

Grace Abounding. Floribunda-Rose, von Harkness 1968 gezogen. Buschiger Wuchs bis 1,3 m hoch. Abstammung: ›Pink Parfait‹ × ›Penelope‹.

Lysbeth-Victoria. Floribunda-Rose, von Harkness 1978 gezogen. Aufrechter Wuchs, bis 1,3 m. Abstammung: ›Pink Parfait‹ × ›Nevada‹.

Leverkusen. Kordesii-Hybride, von Kordes 1954 gezogen. Ist zwar hauptsächlich als Kletterrose bekannt, kann jedoch auch als Strauch gezogen werden. Sehr winterhart; bringt häufig eine gute Hauptblüte hervor, der eine weniger schöne Blüte nachfolgt. Höhe bis 3 m. Abstammung: *R. kordesii* × ›Golden Glow‹.

Parkdirektor Riggers. Diese bekannte Hybride, eine Kletterrose, wurde von Kordes 1957 gezogen. Öfterblühend. Höhe bis 4 m. Abstammung: *R. kordesii* × ›Our Princess‹.

Raymond Chenault. Kordesii-Hybride, von Kordes 1960 gezogen. Kräftig und blühfreudig. Abstammung: *R. kordesii* × ›Montezuma‹.

Dortmund. Kordesii-Hybride, von Kordes 1955 gezogen. Öfterblühend. Höhe bis 2,5 m. Abstammung: Sämling × *R. kordesii*.

Robusta (Korgosa). Strauch, von Kordes 1979 gezogen. Öfterblühend. Breiter, buschiger Wuchs. Höhe bis 1,5 m. Abstammung: *R. rugosa* × Sämling.

Raymond Chenault

Leverkusen

Dortmund

Robusta

Parkdirektor Riggers

Simon Robinson

18. Juli, Rosen von David Austin

Chairman

Mary Rose

The Knight

Redcoat

The Yeoman

The Friar

Prospero (Auspero). Englische Rose, von Austin 1982 gezogen. Wird eher der schönen, duftenden Blüten wegen angepflanzt als wegen des Gesamteindrucks. Die stark karmesinroten Blütenblätter werden mit der Zeit purpurfarben. Höhe bis 60 cm. Abstammung: ›The Knight‹ × Sämling.

Admired Miranda (Ausmira). Englische Rose, von Austin 1982 gezogen. Erinnert im Aussehen an eine Teehybride; nicht kräftig. Stark duftend. Abstammung: ›The Friar‹ × ›The Friar‹.

Red Mary Rose. Rote Mutation von ›Mary Rose‹ (siehe dort); kräftiger Strauch mit langer Blütezeit und wunderbarem Duft. Von Austin 1987 gezogen. Höhe bis 1,3 m.

Gertrude Jekyll. Englische Rose, von Austin 1986 gezogen. Durch Zurückkreuzen einer Englischen Rose mit ›Comte de Chambord‹, einer alten Portland-Rose, erzielte er eine neue Sorte, die wie eine alte Rose aussieht und einen starken Duft verströmt. Relativ dünn und hoch wachsend; Höhe bis 1,6 m.

The Squire. Englische Rose, von Austin 1977 gezogen. Kräftiger, aber relativ spärlicher Wuchs. Nicht besonders blühfreudig. Guter Duft. Höhe bis 1 m. Abstammung: ›The Knight‹ × ›Château de Clos Vougeot‹.

Warwick Castle. Englische Rose, von Austin 1986 gezogen. Sämling von ›Lilian Austin‹, mit der sie auch Ähnlichkeit hat, obwohl die süß duftenden Blüten ›altmodischer‹ aussehen. Winterhart und in der Regel resistent. Höhe bis 90 cm.

Sir Clough. Halbgefüllt blühende Englische Rose, von Austin 1983 gezogen und nach Sir Clough Williams-Ellis benannt, dem Architekten und Schöpfer von Portmeirion. Höhe bis 1,6 m. Abstammung: ›Chaucer‹ × ›Conrad F. Meyer‹.

Wenlock (Auswen). Englische Rose, von Austin 1984 gezogen. Kräftiger blühfreudiger Strauch, gut duftende Blüten. Höhe bis 1,3 m. Abstammung: ›The Knight‹ × ›Glastonbury‹.

Hilda Murrell (Ausmurr). Englische Rose, von Austin 1984 gezogen. Die meisten der stark duftenden Blüten werden im Frühsommer hervorgebracht; vereinzelte spätere Blüten. Kräftiger, buschiger Wuchs, Höhe bis 1,3 m. Abstammung: Sämling × (›Parade‹ × ›Chaucer‹).

Charmian (Ausmian). Englische Rose, von Austin 1982 gezogen. Süß duftend. Gewölbter Wuchs, Höhe bis 1,2 m. Abstammung: nicht genannter Sämling × ›Lilian Austin‹.

Mary Rose (Ausmary). Englische Rose, von Austin 1983 gezogen; der Name soll an das aus dem Solent-Kanal geborgene Flaggschiff Heinrichs VIII. erinnern. Lange Blütezeit, Blüten duften süß. Kräftiger Wuchs, Höhe bis 1,3 m. Sehr resistent. Abstammung: Sämling × ›The Friar‹.

The Knight. Englische Rose, von Austin 1969 gezogen. Wird von ihm nicht länger geführt, ist jedoch über Lowe's Nursery in New Hampshire zu beziehen. Öfter und reich blühend. Abstammung: ›Chianti‹ × Sämling.

Redcoat. Englische Rose, 1973 von Austin gezogen. Lange Blütezeit, sehr viele Blüten. Resistent. Buschiger Wuchs bis 1,6 m Höhe. Abstammung: nicht genannter Sämling × ›Golden Showers‹.

The Yeoman. Englische Rose, von Austin 1969 gezogen. Dichter Strauch, bis 1 m Höhe, mit stark duftenden Blüten. Abstammung: ›Ivory Fashion‹ × (›Constance Spry‹ × ›Monique‹).

The Friar. Englische Rose, von Austin 1969 gezogen. Blüten mit schwerem Duft; blüht den Sommer und Herbst hindurch. Abstammung: ›Ivory Fashion‹ × Sämling.

18. Juli, Rosen von David Austin

Chaucer. Englische Rose, von Austin 1970 gezogen. Stark duftend. Kräftiger, buschiger Wuchs bis 1 m hoch und breit. Abstammung: Sämling × ›Constance Spry‹.

Bredon. Englische Rose, von Austin 1984 gezogen. Blüht ununterbrochen. Höhe bis 1 m. Abstammung: ›Wife of Bath‹ × ›Lilian Austin‹.

Tamora. Englische Rose, von Austin 1983 gezogen. Stark duftend. Buschiger Wuchs bis 1 m hoch. Abstammung: ›Chaucer‹ × ›Conrad F. Meyer‹.

Dove (Ausdove). Englische Rose, von Austin 1984 gezogen. Ausgebreiteter Wuchs bis 90 cm hoch und 1 m breit. Abstammung: ›Wife of Bath‹ × Sämling von ›Iceberg‹.

Troilus. Englische Rose, von Austin 1983 gezogen. Die großen Blüten duften nach Honig; blüht die ganze Saison über. Starker Wuchs bis 1,3 m hoch. Abstammung: Kreuzungsprodukt aus Sämlingen.

Claire Rose. Englische Rose, von Austin 1986 gezogen. Öfterblühend, duftend. Höhe bis 1,3 m. Abstammung: ›Charles Austin‹ × (Sämling × ›Iceberg‹).

Belle Story. Englische Rose, von Austin 1984 gezogen. Sehr große, gut duftende Blüten. Blüht mit Unterbrechungen den ganzen Sommer hindurch. Starker Wuchs bis 1,3 m hoch. Abstammung: (›Chaucer‹ × ›Parade‹) × (›The Prioress‹ × ›Iceberg‹).

Proud Titania (Austania). Englische Rose, von Austin 1982 gezogen. Duftend. Kräftig, bis 1,3 m hoch. Abstammung: nicht genannte Sämlinge.

Lucetta. Englische Rose, von Austin 1983 gezogen. Die rosa Blüten bleichen aus und werden fast weiß; duftend. Starker, gewölbter Wuchs; Strauch wird bis 1,3 m hoch und breit. Kann auch als Kletterrose gezogen werden, erreicht dann 3 m Höhe. Abstammung: unbekannt.

Moonbeam. Englische Rose, von Austin 1983 gezogen. Blühfreudig. Kräftiger Wuchs bis 1,3 m hoch. Abstammung: unbekannt.

Wild Flower. Englische Rose, von Austin 1986 gezogen. Ungefüllte Blüten den ganzen Sommer über. Niedriger, ausbreitender Wuchs bis 45 cm hoch, doppelt so breit. Abstammung: ›Lilian Austin‹ × (›Canterbury‹ × ›Golden Wings‹).

Dapple Dawn. Englische Rose, von Austin 1983 gezogen. Bringt ununterbrochen Blüten hervor. Höhe bis 1,6 m. Abstammung: Mutation von ›Red Coat‹.

Windrush. Englische Rose, von Austin 1984 gezogen. Duftende Blüten während der ganzen Saison. Kräftiger, gebogener Wuchs; Höhe bis 1,3 m. Abstammung: Sämling × (›Canterbury‹ × ›Golden Wings‹).

Scintillation. Moderne Strauchrose, von Austin 1968 gezogen, besonders als Bodendecker geeignet. Gut duftend. Blüht nur einmal, doch dann mehrere Wochen lang. Höhe bis 1,3 m. Abstammung: *R.* ›*Macrantha*‹ × ›*Vanity*‹.

The Prioress. Englische Rose, von Austin 1969 gezogen. Duftend. Reicher Blütensegen im Spätsommer. Kräftiger Wuchs; Höhe bis 1,3 m. Abstammung: ›La Reine Victoria‹ × Sämling.

Claire Rose

Chaucer

The Prioress

16. Juli, Wisley

The Wife of Bath. Englische Rose, von Austin 1969 gezogen. Öfterblühend, duftend. Höhe bis 1 m. Abstammung: ›Mme Caroline Testout‹ × (›Ma Perkins‹ × ›Constance Spry‹).

Fair Bianca (Ausca). Englische Rose, von Austin 1982 gezogen. Duftend. Starker, aufrechter Wuchs; Höhe bis 1 m. Abstammung: nicht registriert.

Hero (Aushero). Englische Rose, von Austin 1982 gezogen. Die späteren Blüten sind gewöhnlich nur noch halbgefüllt statt gefüllt. Stark duftend. Kräftiger Wuchs; Höhe bis 1,3 m. Abstammung: ›The Prioress‹ × nicht genannter Sämling.

Cymbelene (Auslean). Englische Rose, von Austin 1982 gezogen. Stark duftende Blüten; blüht mit Unterbrechungen den ganzen Sommer über. Breiter, gewölbter Strauch bis 1,3 m hoch, etwas breiter. Sehr resistent. Abstammung: nicht genannter Sämling × ›Lilian Austin‹.

Leander (Auslea). Englische Rose, von Austin 1982 gezogen. Kann als Strauch (bis 2 m Höhe) oder als Kletterrose (bis 4 m Höhe) gepflanzt werden. Duftend. Kräftiger, offener Wuchs. Abstammung: ›Charles Austin‹ × Sämling.

Cressida. Kräftige, stachelige Englische Rose, von Austin 1983 gezogen. Eignet sich für die Kultivierung als Strauch (bis zu 1,6 m Höhe) oder als Kletterrose (bis zu 4 m Höhe). Stark duftend. Abstammung: Sämling × ›Conrad F. Meyer‹.

Graham Thomas. Englische Rose, von Austin 1983 gezogen und nach dem bedeutenden Rosenliebhaber benannt. Während der Saison werden ununterbrochen stark nach Tee duftende Blüten hervorgebracht. Kräftiger, buschiger Wuchs bis 1,3 m hoch und breit. Abstammung: ›Charles Austin‹ × Sämling.

Pretty Jessica. Englische Rose, von Austin 1983 gezogen. Öfterblühend; Blüten stark duftend. Dichter Wuchs; Höhe bis 1 m. Abstammung: Kreuzungsprodukt aus Sämlingen.

Mary Webb (Auswebb). Englische Rose, von Austin 1984 gezogen. Öfterblühend. Duftend. Kräftiger, buschiger Wuchs; Höhe bis 1,3 m. Abstammung: Sämling × ›Chinatown‹.

Yellow Button. Englische Rose, von Austin 1975 gezogen. Duftende Blüten, blüht mit Unterbrechungen den ganzen Sommer über. Sehr resistent. Höhe bis 1 m. Abstammung: ›Wife of Bath‹ × ›Chinatown‹.

Yellow Charles Austin. Englische Rose, von Austin 1981 gezogen. Gut duftende Blüten; sie blüht mehrmals, wenn sie stark zurückgeschnitten wird. Höhe bis 1,6 m. Abstammung: Mutation von ›Charles Austin‹.

Allux Symphony. Englische Rose, von Austin 1986 gezogen. Buschiger Wuchs; Höhe bis 1 m. Abstammung: ›The Friar‹ × Sämling.

Charles Austin. Englische Rose, von Austin 1973 gezogen. Die sehr großen Blüten haben einen fruchtigen Duft. Um mehrmals zu blühen, muß die Pflanze stärker als üblich zurückgeschnitten werden. Abstammung: ›Chaucer‹ × ›Aloha‹.

18. Juli, Rosen von David Austin

Leander

Graham Thomas

Charles Austin

18. Juli, Rosen von David Austin

Constance Spry, an einer Mauer in Mottisfont

Emanuel. Englische Rose, von Austin 1985 gezogen und nach den Modeschöpfern benannt, die das Hochzeitskleid der Prinzessin von Wales entwarfen. Blühfreudig und süß duftend. Höhe bis 1,3 m. Abstammung: (›Chaucer‹ × ›Parade‹) × (Sämling × ›Iceberg‹).

English Garden. Englische Rose, von Austin 1986 gezogen. Blühfreudig, mit langer Blütezeit. Aufrechter Wuchs bis 1 m hoch. Abstammung: ›Lilian Austin‹ × (Sämling × ›Iceberg‹).

The Reeve. Englische Rose, von Austin 1979 gezogen. Stark duftend. Breiter, gebogener Strauch mit stacheligen Stämmen; Höhe bis 1,3 m. Abstammung: ›Lilian Austin‹ × ›Chaucer‹.

Abraham Darby. Englische Rose, von Austin 1985 gezogen und nach Abraham Darby benannt, einem der führenden Köpfe der Industriellen Revolution. Wird als Strauch bis 1,6 m hoch; eignet sich wegen der langen, gebogenen Stämme auch als Kletterpflanze und kann dann etwa 3 m Höhe erreichen. Duftend. Abstammung: ›Aloha‹ × ›Yellow Cushion‹.

Lilian Austin. Englische Rose, von Austin 1973 gezogen. Lange Blütezeit; viele, süß duftende Blüten. Gewölbt; Höhe bis 1,3 m. Abstammung: ›Aloha‹ × ›The Yeoman‹.

Sir Walter Raleigh. Englische Rose, von Austin 1985 gezogen. Größere Blüten als die meisten anderen Rosen dieses Typs; stark duftend. Dichter, buschiger Wuchs; Höhe bis 1,3 m. Abstammung: ›Lilian Austin‹ × ›Chaucer‹.

Othello. Englische Rose, von Austin 1986 gezogen. Blühfreudig; Blüten duften stark, werden mit der Zeit purpur. Kräftiger, aufrechter, stacheliger Wuchs; Höhe bis 1,2 m. Abstammung: ›Lilian Austin‹ × ›The Squire‹.

Heritage. Englische Rose, von Austin 1984 gezogen. Öfterblühend; Stark, leicht zitronenähnlich duftende Blüten. Kräftiger, buschiger Wuchs; Höhe bis 1,3 m. Abstammung: Sämling × Sämling von ›Iceberg‹.

Wise Portia (Ausport). Englische Rose, von Austin 1982 gezogen. Stark duftend. Höhe bis 1 m. Abstammung: ›The Knight‹ × Sämling.

Constance Spry. Die erste Englische Rose, von Austin 1961 gezogen. Große, stark duftende Blüten; blüht nur einmal, im Hochsommer, dann sehr sehenswert. Der offene, gewölbte Wuchs erlaubt es, sie als Strauch (bis 2 m hoch) oder als Kletterrose (bis 5 m) zu ziehen. Abstammung: ›Belle Isis‹ (eine Gallica-Rose) × ›Dainty Maid‹ (eine Floribunda-Rose).

Ellen (Auscup). Englische Rose, von Austin 1984 gezogen. Stark duftend. Kräftiger, buschiger Strauch; Höhe bis 1,3 m. Abstammung: unbekannt.

Perdita. Stark duftende englische Rose, von Austin 1983 gezogen. Öfterblühend. Kräftiger, buschiger Wuchs; Höhe bis 1,2 m. Resistent. Abstammung: Kreuzungsprodukt aus Sämlingen.

Perdita

Ellen

18. Juli, David Austin Roses

18. Juli, David Austin Roses

Shot Silk. Teehybride, 1924 von Dickson gezogen. Gut duftend. Höhe bis 1,3 m. Abstammung: Sämling von ›Hugh Dickson‹ × ›Sunstar‹.

Souvenir de Claudius Denoyel. Kletternde Teehybride, 1920 von Chambard gezogen. Abstammung: ›Château de Clos Vougeot‹ × ›Commander Jules Gravereux‹.

Michèle Meilland. Teehybride, 1945 von Meilland gezogen. Höhe bis 1,3 m. Gut als Schnittblume geeignet. Abstammung: ›Joanna Hill‹ × ›Peace‹.

Westfield Star. Teehybride, 1922 von Morse eingeführt. Duftend. Abstammung: Mutation von ›Ophelia‹.

La France. Teehybride, 1867 von Guillot Fils gezogen. Sehr angenehmer Duft. Kräftiger Wuchs, bis 1,3 m hoch. Wird von manchen als die erste Teehybride bezeichnet. Sehr blühfreudig. Abstammung: nicht registriert.

Mme Butterfly. Teehybride, 1918 von Hill eingeführt. Gut duftend. Höhe bis 1,3 m. Abstammung: Mutation von ›Ophelia‹.

Grace de Monaco. Teehybride, 1956 von Meilland gezogen und von der Universal Rose Selection eingeführt. Duftend. Bis etwa 2 m hoch. Abstammung: ›Peace‹ × ›Michèle Meilland‹.

Jenny Wren. Floribunda-Rose, 1957 von Ratcliff gezogen. Höhe bis zu 1 m. Abstammung: ›Cécile Brunner‹ × ›Fashion‹.

Comtesse Vandal. Teehybride, 1932 von Leenders gezogen und von Jackson und Perkins eingeführt. Duftend. Bis zu 1 m hoch. Abstammung: (›Ophelia‹ × ›Mrs Aaron Ward‹) × ›Souvenir de Claudius Pernet‹.

Isobel. Teehybride, 1916 von McGredy gezogen. Abstammung: nicht registriert.

White Wings. Teehybride, 1947 von Krebs gezogen und von Howard und Smith eingeführt. Leicht duftend. Abstammung: ›Dainty Bess‹ × Sämling.

Dainty Maid. Floribunda-Rose, 1940 von Le Grice gezogen. Bis 1,3 m hoch. Abstammung: ›T. Poulsen‹ × Sämling.

Mrs. Oakley Fisher. Teehybride, 1921 von Cant gezogen. Duftend. Laub bronzegrün. Höhe bis 80 cm. Abstammung: nicht registriert.

Dusky Maiden. Floribunda-Rose, 1947 von Le Grice gezogen. Abstammung: (›Daily Mail Scented Rose‹ × ›Etoile de Hollande‹) × ›Else Poulsen‹.

Ellen Willmott. Teehybride, 1936 von Archer gezogen. Abstammung: ›Dainty Bess‹ × ›Lady Hillingdon‹.

17. Juli, R. Harkness & Co.

Dainty Bess

Irish Elegance

Comtesse du Cayla

Mrs. Henry Bowles

Mme V. Dimitriu

Diamond Jubilee. Teehybride, 1947 von Boerner gezogen und von Jackson und Perkins eingeführt. Gut duftend. Buschiger Wuchs, bis 1,3 m hoch. Abstammung: ›Maréchal Niel‹ × ›Feu Pernet-Ducher‹.

Lady Sylvia. Teehybride, 1925 von Stevens eingeführt. Guter Duft. Höhe bis 1,3 m. Abstammung: Mutation von ›Ophelia‹.

Evensong. Teehybride, von Arnot gezogen und 1963 eingeführt. Abstammung: ›Ena Harkness‹ × ›Sutter's Gold‹.

Josephine Bruce. Teehybride, von Bees gezogen und 1953 eingeführt. Guter Duft. Kräftiger Wuchs bis etwa 1 m Höhe. Anfällig für Mehltau. Abstammung: ›Crimson Glory‹ × ›Madge Whipp‹.

Ophelia. Teehybride, 1912 von Paul eingeführt. Duftend. Höhe bis 1,3 m. Abstammung: nicht registriert.

Rose Gaujard (Gaumo). Bekannte Teehybride, von Gaujard gezogen und 1957 von Armstrong eingeführt. Leicht duftend. Höhe bis 1,3 m. Abstammung: ›Peace‹ × Sämling von ›Opera‹.

Silver Wedding. Teehybride, 1921 von Amling eingeführt. Abstammung: Mutation von ›Ophelia‹.

Royal Highness (Königliche Hoheit). Teehybride, gezogen von Swim und Weeks und 1962 von Conard-Pyle eingeführt. Blüten sind sehr wetterempfindlich. Gut duftend. Höhe bis 1,3 m. Anfällig für Mehltau. Abstammung: ›Virgo‹ × ›Peace‹.

Blue Moon (Blue Monday, Mainzer Fastnacht, Sissi, Tannacht). Teehybride, 1965 von Tantau eingeführt. Stark duftend. Aufrechter Wuchs bis etwa 1,5 m. Abstammung: Sämling von ›Sterling Silver‹ × Sämling.

Irish Elegance. Teehybride, 1905 von Dickson eingeführt. Abstammung: nicht registriert.

Comtesse du Cayla. China-Hybride, 1902 von Guillot gezogen. Duftend. Blüht regelmäßig die ganze Saison hindurch. Höhe bis 1 m. Abstammung: nicht registriert.

Mrs. Henry Bowles. Teehybride, 1921 von Chaplin eingeführt. Guter Duft. Abstammung: ›Lady Pirrie‹ × ›Georgeous‹.

Dainty Bess. Teehybride, 1925 von Archer eingeführt. Duftend. Höhe bis 80 cm. Außergewöhnlich robust (wie es sich für eine Rose gehört, die im Osten der Grafschaft Kent gezogen wurde!) in England und in den USA. Abstammung: ›Ophelia‹ × ›K. of K.‹.

Mme V. Dimitriu (Delcrip). Floribunda-Rose, 1967 von Delbard gezogen. Glänzende, rötliche Blätter. Abstammung: ›Chic Parisien‹ × ›Provence‹.

Antigone. Teehybride, 1969 von Gaujard gezogen. Gut duftende Blüte. Abstammung: ›Rose Gaujard‹ × ›Guitare‹.

Red Lady (Lapacil). Teehybride, 1977 von Laperrière gezogen. Abstammung: nicht registriert.

Antigone

Red Lady

18. Juli, von Wisley

16. Juli, Wisley

Eden Rose. Teehybride, von Meilland gezogen und 1950 von der Universal Rose Selection eingeführt. Gut duftend. Höhe bis 2 m. Abstammung: ›Peace‹ × ›Signora‹.

Leigh-Lo (Harpurl). Teehybride, 1979 von Harkness gezogen. Abstammung: ›Elizabeth Harkness‹ × ›Red Devil‹.

Mischief (Macmi). Teehybride, 1961 von McGredy gezogen und eingeführt. Leicht duftend. Höhe bis 1,3 m. Anfällig für Rost. Abstammung: ›Peace‹ × ›Spartan‹.

Gail Borden. Teehybride, gezogen von Kordes und 1957 eingeführt von Jackson & Perkins. Höhe bis 1,3 m. Abstammung: ?›Mrs. H. A. Verschuren‹ × ›Viktoria Adelheid‹.

Pascali (Lenip). Teehybride, gezogen von Lens und 1963 von Dickson eingeführt. Höhe bis 2 m. Abstammung: ›Queen Elizabeth‹ × ›White Butterfly‹.

Blessings. Teehybride, 1967 von Gregory gezogen. Leicht duftend. Aufrechter Wuchs, bis 1,3 m. Abstammung: ›Queen Elizabeth‹ × Sämling.

Super Sun. Teehybride, 1967 von Bentley gezogen. Höhe bis etwa 1 m. Anfällig für Sternrußtau. Abstammung: Mutation von ›Piccadilly‹.

Blesma Soul. Teehybride, 1982 von Andersons gezogen. Duftend. Reichblühend. Abstammung: ›Pascale‹ × ›Fragrant Cloud‹.

Flaming Peace (Maccbo, Kronenbourg). Teehybride, 1966 von McGredy gezogen. Höhe bis 1,5 m. Abstammung: Mutation von ›Peace‹.

Wendy Cussons. Teehybride, gezogen von Gregory und 1963 von Ilgenfritz eingeführt. Höhe bis 2 m. Guter Duft. Abstammung: Sämling von ›Independence‹ × ?›Eden Rose‹.

Piccadilly. Teehybride, 1960 von McGredy gezogen und eingeführt. Höhe bis 1 m. Anfällig für Sternrußtau. Abstammung: ›McGredy's Yellow‹ × ›Karl Herbst‹.

Pink Favorite. Teehybride, gezogen von Von Abrams und 1956 eingeführt von Peterson und Dering. Höhe bis 1,3 m. Abstammung: ›Juno‹ × (›Georg Arends‹ × ›New Dawn‹).

Polly. Teehybride, 1927 von Beckwith gezogen. Guter Duft. Ziemlich schwacher Wuchs, bis 1 m. Abstammung: Sämling von ›Ophelia‹ × ›Mme Colette Martinet‹.

Virgo (Virgo Liberationem). Teehybride, gezogen von Mallerin und 1947 eingeführt von Meilland-Richardier. Höhe bis 1,3 m. Anfällig für Mehltau. Abstammung: ›Pole Nord‹ × ›Neige Parfum‹.

16. Juli, Wisley

Feuerwerk

Lafter

Silva

Mrs. Pierre S. du Pont

Mme Louis Laperrière

King's Ransom. Teehybride, von Morey gezogen und 1961 von Jackson und Perkins eingeführt. Höhe bis 1,3 m. Abstammung: ›Golden Masterpiece‹ × ›Lydia‹.

Alpine Sunset. Teehybride, von Roberts gezogen und 1973 von Cants eingeführt. Süßlicher Duft. Höhe bis 75 cm. Abstammung: ›Grandpa Dickson‹ × ›Dr. A. J. Verhage‹.

Ernest H. Morse. Bekannte Teehybride, von Kordes gezogen und 1964 von Morse eingeführt. Schwacher Duft. Blüten verblassen mit der Zeit. Höhe bis 1,8 m. Abstammung: nicht registriert.

Apricot Silk. Teehybride, 1965 von Gregory eingeführt. Kräftiger, aufrechter Wuchs, bis 1,3 m hoch. Anfällig für Krankheiten. Abstammung: ›Souvenir de Jacques Verschuren‹ × Sämling.

Silver Jubilee. Teehybride, 1978 von Cocker eingeführt. Höhe bis 1,3 m. Gut als Schnittblume geeignet. Abstammung: ›Mischief‹ × Sämling.

Adolf Horstmann (Adolph Horstmann). Teehybride, 1971 von Kordes gezogen und eingeführt. Kräftiger, aufrechter Wuchs. Abstammung: ›Colour Wonder‹ × ›Dr. A. J. Verhage‹.

Mister Lincoln. Teehybride, von Swim und Weeks gezogen und 1964 von Conard-Pyle eingeführt. Guter Duft. Höhe bis 2 m. Abstammung: ›Chrysler Imperial‹ × ›Charles Mallerin‹.

Sunblest (Landora). Teehybride, 1970 von Tantau eingeführt. Höhe bis 1,3 m. Abstammung: Sämling × ›King's Ransom‹.

Alec's Red (Cored). Teehybride, 1973 von Cokker eingeführt. Kräftiger, aufrechter Wuchs, bis 1,3 m hoch. Guter Duft. Abstammung: ›Fragrant Cloud‹ × ›Dame de Cœur‹.

Mrs. Pierre S. du Pont. Teehybride, von Mallerin gezogen und 1929 von Conard-Pyle eingeführt. Fruchtiger Duft. Abstammung: (›Ophelia‹ × ›Rayon d'Or‹) × [›Ophelia‹ × (›Constance‹ × ›Souvenir de Claudius Pernet‹)].

Lafter. Teehybride, 1948 von Brownell eingeführt. Duftend. Abstammung: [›V for Victory‹ × (›General Jacqueminot‹ × ›Dr. W. van Fleet‹)] × ›Pink Princess‹.

Mme Louis Laperrière. Teehybride, von Laperrière gezogen und 1951 von der ?Editions Francaise eingeführt. Guter Duft. Abstammung: ›Crimson Glory‹ × Sämling.

Silva (Meicham). Teehybride, von Meilland gezogen und 1964 von der Universal Rose Selection eingeführt. Kräftiger Wuchs bis 1 m. Abstammung: ›Peace‹ × ›Confidence‹.

Feuerwerk (Magneet). Strauchrose, 1962 von Tantau gezogen. Höhe bis 1,6 m. Abstammung: nicht registriert.

13. Oktober, Portland, Oregon

Lucky Piece

Royal Sunset

Red Lion

Summer Sunshine

Garden Party

Fred Edmunds (L'Arlesienne). Teehybride, von Meilland gezogen und 1943 von Conard-Pyle eingeführt. Duftend. Abstammung: ›Duquesa de Penaranda‹ × ›Marie-Claire‹.

French Lace. Floribunda-Rose, 1980 von Warriner gezogen. Empfindlich. Hat einen leichten, aromatischen Duft und blüht kontinuierlich. Abstammung: ›Golden Wave‹ × ›Bridal Pink‹.

Mojave. Teehybride, von Swim gezogen und 1954 von Armstrong eingeführt. Höhe bis 1,3 m. Duftend. Abstammung: ›Charlotte Armstrong‹ × ›Signora‹.

White Masterpiece. Teehybride, von Boerner gezogen und 1969 von Jackson und Perkins eingeführt. Abstammung: nicht registriert.

Lemon Spice. Teehybride, 1966 von Armstrong eingeführt. Duftend. Breiter Wuchs, bis 80 cm hoch. Abstammung: ›Helen Traubel‹ × Sämling.

Sweet Afton. Teehybride, 1964 von Armstrong und Swim eingeführt. Guter Duft. Buschiger, breiter Wuchs, bis 2 m hoch. Abstammung: (›Charlotte Armstrong‹ × ›Signora‹) × (›Alice Stern‹ × ›Ondine‹).

Tiffany. Teehybride, von Lindquist gezogen und 1954 von Howard eingeführt. Guter Duft. Abstammung: ›Charlotte Armstrong‹ × ›Girona‹.

Honor (Jacolite). Teehybride, von Warriner gezogen und 1980 von Jackson und Perkins eingeführt. Abstammung: nicht registriert.

First Love (Premier Amour). Teehybride, gezogen von Swim und 1961 von Burr eingeführt. Abstammung: ›Charlotte Armstrong‹ × ›Show Girl‹.

Red Lion. Teehybride, von McGredy gezogen und 1964 von Spek eingeführt. Leicht duftend. Höhe bis 1,5 m. Abstammung: ›Perfecta‹ × ›Brilliant‹.

Summer Sunshine (Soleil d'Eté). Teehybride, von Swim gezogen und 1962 von Armstrong eingeführt. Ziemlich empfindlich, langstielig, bis 1,3 m hoch. Abstammung: ›Buccaneer‹ × ›Lemon Chiffon‹.

Garden Party. Teehybride, von Swim gezogen und 1959 von Armstrong eingeführt. Höhe bis 2 m. Guter Duft. Abstammung: ›Charlotte Armstrong‹ × ›Peace‹.

Lucky Piece. Teehybride, von Gordon gezogen und 1962 von Wyant eingeführt. Duftend. Abstammung: nicht registriert.

Don Juan. Kletternde Teehybride, 1958 von Malandrone gezogen. Guter Duft. Höhe bis 3 m. Abstammung: Sämling von ›New Dawn‹ × ›New Yorker‹.

Royal Sunset. Kletternde Teehybride, 1960 von Morey gezogen. Fruchtiger Duft. Abstammung: ›Sungold‹ × ›Sutter's Gold‹.

Tequila (Meigavesol). Floribunda-Rose, 1982 von Meilland gezogen. Abstammung: ›Poppy Flash‹ × (›Rumba‹ × Sämling).

Don Juan

Tequila

13. Oktober, Portland, Oregon

Bewitched. Teehybride, von Lammerts gezogen und 1967 von Germain's eingeführt. Guter Duft. Sehr kräftig. Abstammung: ›Queen Elizabeth‹ × ›Tawny Gold‹.

Carrousel. Floribunda-Rose, 1950 von Duehrsen gezogen. Duftend. Abstammung: Sämling × ›Margy‹.

Anne Letts. Teehybride, 1954 von Letts gezogen. Duftend. Buschiger Wuchs. Abstammung: ›Peace‹ × ›Charles Gregory‹.

Chrysler Imperial. Teehybride, von Lammerts gezogen und 1952 von Germain's eingeführt. Duftend. Bis 1 m hoch. Anfällig für Mehltau. Abstammung: ›Charlotte Armstrong‹ × ›Mirandy‹.

Memoriam. Teehybride, von Von Abrams gezogen und 1961 von Peterson und Dering eingeführt. Gut duftend. Höhe bis 80 cm. Anfällig für Sternrußtau. Abstammung: (›Blanche Mallerin‹ × ›Peace‹) × (›Peace‹ × ›Frau Karl Druschki‹).

El Capitan. Floribunda-Rose, 1959 von Swim gezogen. Duftend. Höhe bis 1,5 m. Abstammung: ›Charlotte Armstrong‹ × ›Floradora‹.

Crimson Glory. Teehybride, von Kordes gezogen und 1935 von Dreer, Jackson und Perkins eingeführt. Guter Duft. Buschiger Wuchs bis 1 m. Abstammung: Sämling von ›Catherine Kordes‹ × ›W. E. Chaplin‹.

Camelot. Floribunda-Rose, von Swim gezogen und 1964 von Weeks eingeführt. Aromatischer Duft. Abstammung: ›Circus‹ × ›Queen Elizabeth‹.

Grand Masterpiece. Teehybride, von Warriner gezogen und 1978 von Jackson und Perkins eingeführt. Abstammung: Sämling × ›Tonight‹.

Miss All-American Beauty (Meidaud, Maria Callas). Teehybride, von Meilland gezogen und 1965 von Wheatcroft eingeführt. Höhe bis 2 m. Abstammung: ›Chrysler Imperial‹ × ›Karl Herbst‹.

Color Magic. Teehybride, von Warriner gezogen und von Jackson und Perkins eingeführt. Abstammung: Sämling × ›Spellbinder‹.

Broadway (Burway). Teehybride, 1985 von Perry gezogen. Abstammung: noch nicht registriert.

Friendship (Linrick). Teehybride, von Lindquist gezogen und 1978 von Conard-Pyle eingeführt. Duftend. Abstammung: ›Fragrant Cloud‹ × ›Maria Callas‹.

Folklore (Korlore). Teehybride, von Kordes gezogen und 1977 von Barni-Kordes eingeführt. Guter Duft. Abstammung: ›Duftwolke‹ × Sämling.

Oregold (Anneliese Rothenberger, Miss Harp, Silhouette). Teehybride, von Tantau gezogen und 1975 von Jackson und Perkins eingeführt. Leichter Duft. Aufrechter Wuchs bis 2 m Höhe. Abstammung: ›Piccadilly‹ × ›Colour Wonder‹.

Broadway

Miss All-American Beauty

Folklore

Oregold

Color Magic

Friendship

18. Juli, David Austin Roses

Papa Meilland (Meicesar). Teehybride, von Meilland gezogen und 1963 von der Universal Rose Selection und von Wheatcroft eingeführt. Guter Duft. Höhe bis 1 m. Abstammung: ›Chrysler Imperial‹ × ›Charles Mallerin‹.

Great News. Teehybride, 1973 von Le Grice gezogen. Bis 1,3 m hoch. Duftend. Abstammung: ›Rose Gaujard‹ × ›City of Hereford‹.

Black Beauty. Teehybride, von Delbard gezogen und 1973 von Bees eingeführt. Reich blühend. Abstammung: ›Gloire de Rome‹ × ›Impeccable‹.

Lady Belper. Teehybride, von Verschuren gezogen und 1948 von Gregory eingeführt. Duftend. Abstammung: ›Mev. G. A. van Rossem‹ × Sämling.

White Knight (Meban, Message). Teehybride, von Meilland gezogen und 1955 von der Universal Rose Selection in Amerika eingeführt. Abstammung: (›Virgo‹ × ›Peace‹) × ›Virgo‹.

Diorama. Teehybride, 1965 von De Ruiter eingeführt. Leicht duftend. Buschiger Wuchs bis 1,3 m. Abstammung: ›Peace‹ × ›Beauté‹.

Soraya (Mejenor). Teehybride, von Meilland gezogen und 1955 von der Universal Rose Selection eingeführt. Abstammung: (›Peace‹ × ›Floradora‹) × ›Grand'mère Jenny‹.

Harry Wheatcroft (Caribia). Teehybride, 1972 von Wheatcroft eingeführt. Bis etwa 1 m hoch. Anfällig für Sternrußtau. Abstammung: Mutation von ›Piccadilly‹.

Pink Peace (Meibil). Teehybride, von Meilland gezogen und 1959 von der Universal Rose Selection und von Conard-Pyle eingeführt. Leicht duftend. Bis 1,5 m hoch. Abstammung: (›Peace‹ × ›Monique‹) × (›Peace‹ × ›Mrs. John Laing‹).

Peace (Gioia, Gloria Dei, Mme A. Meilland). Bekannte Teehybride, von Meilland gezogen und 1945 von Conard-Pyle eingeführt. Bis 2 m hoch. Gut als Schnittblume geeignet. Abstammung: Sämling × ›Margaret McGredy‹.

John Waterer. Teehybride, 1970 von McGredy gezogen und eingeführt. Duftend. Höhe bis etwa 2 m. Abstammung: ›King of Hearts‹ × ›Hanne‹.

Visa (Meived). Teehybride, 1972 von Meilland gezogen. Starker, aufrechter Wuchs. In Frankreich sehr beliebt für den Handel mit Schnittblumen. Abstammung: (›Baccara‹ × ›Queen Elizabeth‹) × ›Lolita‹.

Summer Holiday. Teehybride, 1967 von Gregory gezogen. Leichter Duft. Ausgedehnter Wuchs, bis 2 m hoch. Abstammung: ›Superstar‹ × unbekannt.

Roundelay. Floribunda-Rose, 1954 von Swim gezogen. Duftend. Blüht mehrmals. Höhe bis 1 m. Abstammung: ›Charlotte Armstrong‹ × ›Floradora‹.

Peace

Visa

John Waterer

Summer Holiday

Roundelay

16. Juli, Gardens of the Rose

Troika

Bonsoir

Precious Platinum

Rosy Cheeks

National Trust

Whisky Mac

Santa Fé. Teehybride, 1967 von McGredy gezogen und eingeführt. Kräftiger Wuchs bis 1 m. Abstammung: ›Mischief‹ × ›Super Star‹.

Manou Meilland (Meitulimon). Teehybride, 1979 von Meilland gezogen und eingeführt. Sehr blühfreudig. Abstammung: (›Meigriso‹ × ›Baronne Edmond de Rothschild‹) × (›Ma Fille‹ × ›Love Song‹).

Charlie's Aunt. Teehybride, gezogen von McGredy und 1965 von Geest eingeführt. Aufrechter Wuchs bis 2 m. Abstammung: ›Golden Masterpiece‹ × ›Karl Herbst‹.

Red Devil (Coeur d'Amour). Teehybride, gezogen von Dickson und 1970 von Jackson & Perkins in Amerika eingeführt. Guter Duft. Bis 2 m hoch. Regen schadet den Blüten. Abstammung: ›Silver Lining‹ × Sämling von ›Prima Ballerina‹.

Ginger Rogers (Salmon Charm). Teehybride, 1969 von McGredy gezogen und eingeführt. Höhe bis etwa 1 m. Abstammung: ›Super Star‹ × ›Miss Ireland‹.

Fyvie Castle (Cocbamber). Teehybride, 1985 von Cocker gezogen. Dichter Wuchs bis 80 cm. Abstammung: ›Silver Jubilee‹ × Sämling.

Dr. Barnardo. Floribunda-Rose, 1968 von Harkness gezogen. Abstammung: ›Vera Dalton‹ × ›Red Dandy‹.

Stephen Langdon. Floribunda-Rose, 1969 von Sanday gezogen. Bis 1,3 m hoch. Abstammung: ›Karl Herbst‹ × ›Sarabanda‹.

Gallant. Floribunda-Rose, 1968 von Dickson gezogen. Duftend. Abstammung: ›Tropicana‹ × ›Barbecue‹.

Troika (Royal Dane). Teehybride, 1971 von Poulsen gezogen. Guter Duft. Höhe bis etwa 1,5 m. Abstammung: nicht registriert.

Bonsoir (Dicbo). Teehybride, 1968 von Dickson gezogen. Duftend. Buschiger Wuchs bis 1,3 m. Regen schadet den empfindlichen Blütenblättern. Abstammung: nicht registriert.

National Trust (Bad Nauheim). Teehybride, 1970 von McGredy gezogen und eingeführt. Buschiger Wuchs bis 75 cm. Abstammung: ›Evelyn Fison‹ × ›King of Hearts‹.

Precious Platinum (Opa Potschke, Red Star). Teehybride, 1974 von Dickson gezogen. Höhe bis etwa 1,5 m. Duftend. Abstammung: ›Red Planet‹ × ›Franklin Engelmann‹.

Rosy Cheeks. Teehybride, 1975 von Andersons gezogen. Guter Duft. Bis 1,3 m hoch. Abstammung: ›Beauty of Festival‹ × ›Grandpa Dickson‹.

Whisky Mac (Whisky). Teehybride, 1967 von Tantau gezogen. Guter Duft. Anfällig für Mehltau und frostempfindlich. Höhe bis 1,3 m. Abstammung: nicht registriert.

14. Oktober, Fred Edmunds Inc., Wilsonville, Oregon

14. Oktober, Fred Edmunds Inc., Wilsonville, Oregon

Grand Siècle

Magicienne

Louqsor

Duet. Teehybride, von Swim gezogen und 1960 von Armstrong eingeführt. Duftend. Abstammung: ›Fandango‹ × ›Roundelay‹.

Chicago Peace (Johnago). Teehybride, von Johnston gezogen und 1962 von Conard-Pyle und der Universal Rose Selection eingeführt. Aufrechter, buschiger Wuchs, bis 2 m hoch. Abstammung: Sport von ›Peace‹, in Chicago entdeckt.

Dolce Vita (Deldal). Teehybride, 1971 von Delbard gezogen. Duftend. Robust. Höhe bis 2 m. Abstammung: ›Voeux de Bonheur‹ × Sämling.

Madame Violet. Teehybride, 1981 von Teranishi gezogen. Duftend. Anfällig für Mehltau. Bis 2 m hoch. Abstammung: ›Lady X‹ × unbekannt.

Sonia (Meihelvet, Sonia Meilland, Sweet Promise). Floribunda-Rose, 1974 von Meilland gezogen. Fruchtiger Duft. Fürs Treibhaus geeignet. Bis 1,3 m hoch. Abstammung: ›Zambra‹ × (›Baccara‹ × ›Message‹).

Peter Frankenfeld. Teehybride, von Kordes gezogen und 1966 von Dickson eingeführt. Eignet sich gut als Schnittblume. Bis 1,3 m hoch. Abstammung: nicht registriert.

Admiral Rodney. Teehybride, von Basildon Rose Gardens gezogen und 1973 von Warley Rose Gardens eingeführt. Kräftig. Höhe bis 1,3 m. Guter Duft. Abstammung: nicht registriert.

Revival. Teehybride, 1979 von Barni-Pistoia gezogen. Abstammung: Mutation von ›Folklore‹.

Silver Lining. Teehybride, 1958 von Dickson gezogen. Guter Duft. Bis 1,3 m hoch. Abstammung: ›Karl Herbst‹ × Sämling von ›Eden Rose‹.

Rose Parade. Floribunda-Rose, 1974 von Williams gezogen. Duftend. Verträgt starke Sonne. Bis 1 m hoch. Abstammung: ›Sumatra‹ × ›Queen Elizabeth‹.

Neue Revue. Teehybride, 1962 von Kordes gezogen. Gut duftend. Abstammung: ›Königin der Nacht‹ × Sämling.

Bobby Charlton. Teehybride, 1974 von Fryer's gezogen und eingeführt. Aromatischer Duft. Aufrechter Wuchs bis 2 m. Abstammung: ›Royal Highness‹ × ›Prima Ballerina‹.

Duftzauber (Kordu, Fragrant Charm). Teehybride, 1969 von Kordes gezogen und eingeführt. Guter Duft. Abstammung: ›Prima Ballerina‹ × ›Kaiserin Farah‹.

Eva Gabor (Poultal, Sentimental). Teehybride, von P. und M. Olesen gezogen und 1983 von Fred Edmunds eingeführt. Schwach duftend. Gut als Schnittblume geeignet. Bis 2 m hoch. Abstammung: unbekannte Sämlinge.

Crimson Tide (Macmota). Teehybride, von McGredy gezogen und 1983 von Edmunds eingeführt. Blüten sind besonders robust. Eignet sich gut als Schnittblume. Abstammung: unbekannte Sämlinge.

Osiria. Teehybride, von Kordes gezogen und 1978 von Willemse eingeführt. Wohlriechend. Abstammung: ›Snowfire‹ × Sämling.

Grand Siècle (Delegran). Teehybride, 1977 von Delbard-Chabert gezogen. Abstammung: nicht registriert.

Magicienne 78 (Laponda). Teehybride, 1978 von Laperrière gezogen. Abstammung: nicht registriert.

Louqsor (Delcraf, Louksor). Teehybride, 1967 von Delbard-Chabert gezogen. Glänzende Blätter. Abstammung: ›Dr. Albert Schweitzer‹ × ›Provence‹.

13. Oktober, Portland, Oregon

14. Oktober, Fred Edmunds Inc., Wilsonville, Oregon

Flaming Peace (Macbo, Kronenbourg). Teehybride, 1966 von McGredy gezogen. Bis 1,5 m hoch. Abstammung: Mutation von ›Peace‹.

Ambassador (Meinuzeten). Teehybride, von Meilland gezogen und 1979 von Conard-Pyle eingeführt. Abstammung: Sämling × ›Whisky Mac‹.

Electron (Mullard Jubilee). Teehybride, 1970 von McGredy gezogen und eingeführt. Duftend. Buschig und kompakt, bis 1,3 m hoch. Abstammung: ›Paddy McGredy‹ × ›Prima Ballerina‹.

Ivory Tower. Teehybride, von Kordes gezogen und 1979 von Armstrong in Amerika eingeführt. Duftend. Abstammung: ›Colour Wonder‹ × ›King's Ransom‹.

Lady X (Meifigu). Teehybride, von Meilland gezogen und 1965 von Conard-Pyle in Amerika eingeführt. Bis 80 cm hoch. Abstammung: Sämling × ›Simone‹.

Heirloom. Teehybride, von Warriner gezogen und 1972 eingeführt von Jackson & Perkins. Angenehmer Duft. Abstammung: unbekannte Sämlinge.

Medallion. Teehybride, von Warriner gezogen und 1973 von Jackson & Perkins eingeführt. Ziemlich langstielig, bis 80 cm hoch. Abstammung: ›South Seas‹ × ›King's Ransom‹.

Sweet Surrender. Teehybride, 1983 von Weeks gezogen. Guter Teeduft. Blühfreudig. Abstammung: Sämling × ›Tiffany‹.

Helen Traubel. Teehybride, von Swim gezogen und 1951 von Armstrong eingeführt. Schwacher Duft. Höhe bis etwa 1,5 m. Abstammung: ›Charlotte Armstrong‹ × ›Glowing Sunset‹.

Flaming Beauty. Teehybride, von Winchel gezogen und 1978 von Kimbrew-Walter eingeführt. Abstammung: ›First Prize‹ × ›Piccadilly‹.

Guadalajara (Macdeepo). Teehybride, 1984 von McGredy gezogen. Höhe bis 1,3 m. Robust. Abstammung: ›New Day‹ × ›Yellow Bird‹.

Gitte (Korita, Peach Melba). Teehybride, 1978 von Kordes gezogen. Guter Duft. Abstammung: (›Fragrant Cloud‹ × ›Peer Gynt‹) × [(›Dr. A. J. Verhage‹ × ›Colour Wonder‹) × ›Zorina‹].

Lolita (Korlita, Litakor). Teehybride, 1973 von Kordes gezogen. Schwach duftend. Ziemlich langstielig, bis 2 m hoch. Abstammung: ›Colour Wonder‹ × Sämling.

Embassy. Teehybride, 1967 von Sanday gezogen. Schwach duftend. Bis 1,3 m hoch. Abstammung: ›Gavotte‹ × (›Magenta‹ × ?›Spek's Yellow‹).

Die Welt (The World). Teehybride, 1976 von Kordes gezogen. Abstammung: Sämling × ›Peer Gynt‹.

16. Juli, Gardens of the Rose

Duke of Windsor

Caramba

Grandpa Dickson

Photo Meilland *Baronne E. de Rothschild*

Rainer Maria Rilke

Photo Meilland *Baccará*

Lancôme

Birmingham Post. Floribunda-Rose, 1968 von Watkins Roses gezogen. Wohlriechend. Abstammung: ›Queen Elizabeth‹ × ›Wendy Cussons‹.

Red Queen (Liebestraum). Teehybride, von Kordes gezogen und 1968 von Buisman und McGredy eingeführt. Abstammung: ›Königin der Rosen‹ × ›Liberty Bell‹.

Adair Roche. Teehybride, 1968 von McGredy gezogen. Abstammung: ›Paddy McGredy‹ × Sämling von ›Femina‹.

Kalahari. Teehybride, 1971 von McGredy gezogen und eingeführt. Bis 80 cm hoch. Abstammung: ›Uncle Walter‹ × (›Hamburger Phoenix‹ × ›Danse de Feu‹).

Fred Gibson. Teehybride, 1966 von Sanday eingeführt. Höhe bis 2 m. Gut als Schnittblume geeignet. Abstammung: ›Gavotte‹ × ›Buccaneer‹.

Interflora (Interview). Teehybride, 1968 von Meilland eingeführt. Kräftiger Wuchs, bis 2 m hoch. Abstammung: [(›Baccará‹ × ›White Knight‹) × (›Baccará‹ × ›Jolie Madame‹)] × (›Baccará‹ × ›Paris-Match‹).

Astral. Teehybride, 1976 von Bees eingeführt. Angenehmer Duft. Kräftiger Wuchs. Abstammung: ›Super Star‹ × ›Pink Favorite‹.

Eroica (Erotika). Teehybride, 1968 von Tantau eingeführt. Guter Duft. Bis 1,3 m hoch. Abstammung: nicht registriert.

Devotion. Floribunda-Rose, 1971 von Harkness eingeführt. Duftend. Abstammung: ›Orange Sensation‹ × ›Peace‹.

Grandpa Dickson (Irish Gold). Bekannte Teehybride, von Dickson gezogen und 1966 von Jackson & Perkins eingeführt. Bis etwa 1 m hoch. Abstammung: (›Perfecta‹ × ›Governador Braga de Cruz‹) × ›Piccadilly‹.

Duke of Windsor (Herzog von Windsor). Teehybride, 1969 von Tantau eingeführt. Guter Duft. Bis 1,3 m hoch. Anfällig für Mehltau. Abstammung: ›Prima Ballerina‹ × Sämling.

Caramba. Teehybride, 1966 von Tantau eingeführt. Buschiger Wuchs, bis 1,5 m hoch. Abstammung: nicht registriert.

Baronne Edmond de Rothschild. (Meigriso). Von Meilland gezogene und 1968 eingeführte Teehybride. Angenehmer Duft. Bis 1,3 m hoch. Abstammung: (›Baccara‹ × ›Crimson King‹) × ›Peace‹.

Rainer Maria Rilke (Uwe Seeler, Orange Vilmorin, Gitte Grummer, Korsee). Floribunda-Rose, 1970 von Kordes gezogen. Rötlich glänzende Blätter. Abstammung: ›Queen Elizabeth‹ × ›Königin der Rosen‹.

Baccará (Meger). Teehybride, 1954 von Meilland gezogen. Dunkelgrünes Laub. Abstammung: ›Happiness‹ × ›Independence‹.

Lancôme (Delbolp). Teehybride, 1973 von Delbard-Chabert gezogen. Abstammung: nicht registriert.

16. Juli, Wisley

16. Juli, Wisley

Sparkling Scarlet (Iskra). Kletternde Floribunda-Rose, 1970 von Meilland gezogen. Bis 3 m hoch. Mehrmals blühend. Abstammung: ›Danse des Sylphes‹ × ›Zambra‹.

Mary Mine. Floribunda-Rose, 1971 von Harkness gezogen. Abstammung: nicht registriert.

Altissimo. Kletternde Floribunda-Rose, 1966 von Delbard-Chabert gezogen. Bis 4 m hoch. Mehrmals blühend. Abstammung: ›Tenor‹ × unbekannt.

Rosy Mantle. Kletternde Teehybride, 1968 von Cocker gezogen. Bis 3 m hoch. Remontierend. Abstammung: ›New Dawn‹ × ›Prima Ballerina‹.

Highfield (Harcomp). Kletternde Teehybride, 1981 von Harkness gezogen. Höhe bis 3 m. Remontierend. Guter Duft. Abstammung: Mutation von ›Compassion‹.

Malaga. Kletternde Teehybride, 1972 von McGredy gezogen. Bis 3 m hoch. Remontierend. Schwacher Duft. Abstammung: (›Danse du Feu‹ × ›Hamburger Phoenix‹) × ›Copenhagen‹.

Compassion (Belle de Londres). Kletternde Teehybride, 1973 von Harkness gezogen. Bis 3 m hoch. Mehrmals blühend. Angenehmer Duft. Abstammung: ›White Cockade‹ × ›Prima Ballerina‹.

Grand Hotel. Kletternde Teehybride, 1972 von McGredy gezogen. Bis 4 m hoch. Mehrmals blühend. Abstammung: ›Brilliant‹ × ›Heidelberg‹.

Horizon. Floribunda-Rose, 1956 von Tantau gezogen. Duftend. Abstammung: ›Crimson Glory‹ × ›Cinnabar‹.

Orangeade. Floribunda-Rose, 1959 von McGredy gezogen. Bis 2 m hoch. Remontierend. Anfällig für Sternrußtau. Abstammung: ›Orange Sweetheart‹ × ›Independence‹.

Bantry Bay. Kletternde Floribunda-Rose, 1967 von McGredy gezogen. Bis 5 m hoch. Remontierend. Abstammung: ›New Dawn‹ × ›Korona‹.

Orfeo (Rambler). Großblumige Kletterrose, 1963 von Leenders gezogen. Abstammung: ›Curly Pink‹ × ›Guinée‹.

Morning Jewel. Kletternde Floribunda-Rose, 1968 von Cocker gezogen. Bis 3 m hoch. Etwas später blühend. Kaum duftend. Abstammung: ›New Dawn‹ × ›Red Dandy‹.

Copacabana. Kletternde Floribunda-Rose, 1967 von Dorieux gezogen. Bis 2,5 m hoch. Mehrmals blühend. Abstammung: ›Coup de Foudre‹ × Sämling.

18. Juli, Wisley

12. Juli, Wisley

Laura (Meidragelac). Teehybride, 1981 von Meilland gezogen. Abstammung: nicht registriert.

With Love (Andwit). Teehybride, 1983 von Andersons gezogen. Abstammung: ›Grandpa Dickson‹ × ›Daily Sketch‹.

Tenerife. Teehybride, 1972 von Timmermans gezogen. Guter Duft. Höhe bis 1,3 m. Abstammung: ›Fragrant Cloud‹ × ›Piccadilly‹.

Johnnie Walker (Frygram). Teehybride, 1982 von Fryers gezogen. Angenehmer Duft. Bis 1,3 m hoch. Abstammung: ›Sunblest‹ × Sämling.

Helmut Schmidt (Korbelma, Simba). Teehybride, 1979 von Kordes gezogen. Schwacher Duft. Abstammung: ›Mabella‹ × Sämling.

Peer Gynt. Teehybride, von Kordes gezogen und 1968 von McGredy eingeführt. Bis 1,3 m hoch. Abstammung: ›Colour Wonder‹ × ›Golden Giant‹.

Mala Rubinstein. Teehybride, 1971 von Dickson gezogen. Wohlriechend. Bis 1,3 m hoch. Anfällig für Rost. Abstammung: ›Sea Pearl‹ × ›Fragrant Cloud‹.

Champion. Teehybride, 1976 von Fryer gezogen und eingeführt. Duftend. Buschiger Wuchs, bis 1 m hoch. Anfällig für Sternrußtau. Abstammung: ›Grandpa Dickson‹ × ›Whisky Mac‹.

Alexander (Harlex). Teehybride, 1972 von Harkness gezogen. Höhe bis 2 m. Gut als Heckenrose geeignet. Abstammung: ›Super Star‹ × (›Ann Elizabeth‹ × ›Allgold‹).

Velvet Hour. Teehybride, 1978 von Le Grice gezogen. Schwacher Duft. Abstammung: nicht registriert.

Prima Ballerina (Première Ballerine). Teehybride, 1957 von Tantau gezogen. Angenehmer Duft. Bis 1,3 m hoch. Anfällig für Mehltau. Abstammung: Sämling × ›Peace‹.

Evening Star. Floribunda-Rose, 1974 von Warriner gezogen. Bis 1,5 m hoch. Abstammung: ›White Masterpiece‹ × ›Saratoga‹.

Cheshire Life. Teehybride, 1972 von Fryer gezogen und eingeführt. Aufrechter Wuchs, bis 1,3 m hoch. Abstammung: ›Prima Ballerina‹ × ›Princess Michiko‹.

Goya. Floribunda-Rose, 1976 von Bees gezogen. Abstammung: ›Mildred Reynolds‹ × ›Arthur Bell‹.

Super Star (Tropicana, Tanorstar). Teehybride, von Tantau gezogen und 1960 von Jackson & Perkins eingeführt. Guter Duft. Bis 1,5 m hoch. Etwas anfällig für Mehltau. Abstammung: (Sämling × ›Peace‹) × (Sämling × ›Alpine Glow‹).

12. Juli, Wisley

12. Juli, Wisley

Journey's End. Teehybride, 1978 von Gandy gezogen. Abstammung: ›Doreen‹ × ›Vienna Charm‹.

Brocade (Jeune Fille). Teehybride, 1960 von Combe gezogen. Angenehmer Duft. Abstammung: ›Charlotte Armstrong‹ × ›Baiser‹.

Fine Fare. Teehybride, 1978 von Bees gezogen. Schwach duftend. Abstammung: ›Fragrant Cloud‹ × ›Mildred Reynolds‹.

Rachel Crawshay. Teehybride, 1977 von Harkness gezogen. Abstammung: ›Fragrant Cloud‹ × ›Mary Mine‹.

Deep Secret (Mildred Scheel). Teehybride, von Tantau gezogen und 1977 von Wheatcroft eingeführt. Guter Duft. Abstammung: nicht registriert.

Cinderella's Midnight Rose. Teehybride, 1976 von Bernard gezogen. Abstammung: nicht registriert.

Dutch Gold. Teehybride, 1978 von der Wisbech Plant Co. gezogen. Schwacher Duft. Bis 1,3 m hoch. Abst.: ›Peer Gynt‹ × ›Whisky Mac‹.

Summer Days. Teehybride, 1976 von Bees gezogen. Leicht duftend. Abstammung: ›Fragrant Cloud‹ × ›Dr. A. J. Verhage‹.

Tynwald (Mattwyt). Teehybride, 1979 von Mattock gezogen. Abstammung: ›Peer Gynt‹ × ›Isis‹.

Julia's Rose. Teehybride, 1976 von der Wisbech Plant Co. eingeführt. Buschiger Wuchs, bis 75 cm hoch. Abstammung: ›Blue Moon‹ × ›Dr. A. J. Verhage‹.

Doris Tysterman. Teehybride, 1975 von der Wisbech Plant Co. eingeführt. Aufrechter Wuchs, bis 1,3 m hoch. Anfällig für Mehltau. Abstammung: ›Peer Gynt‹ × Sämling.

Yorkshire Bank (Rutrulo, True Love). Teehybride, 1979 von De Ruiter gezogen. Abstammung: ›Pascali‹ × ›Peer Gynt‹.

Dream Time. Teehybride, 1977 von Bees gezogen. Guter Duft. Abstammung: ›Kordes'Perfecta‹ × ›Prima Ballerina‹.

Dr. Darley (Harposter). Teehybride, 1982 von Harkness gezogen. Aufrechter Wuchs, bis 1 m hoch. Abstammung: ›Red Planet‹ × (›Carina‹ × ›Pascali‹).

Princess Margaret of England (Meilista). Teehybride, von Meilland gezogen und 1968 von der Universal Rose Selection eingeführt. Höhe bis 1,3 m. Abstammung: ›Queen Elizabeth‹ × (›Peace‹ × ›Michèle Meilland‹).

Pristine (Jacpico). Teehybride, von Warriner gezogen und 1978 von Jackson & Perkins eingeführt. Angenehmer Duft. Bis 1,3 m hoch. Abstammung: ›White Masterpiece‹ × ›First Prize‹.

Purple Beauty. Teehybride, 1979 von Gandy gezogen. Schwach duftend. Abstammung: ›Eminence‹ × ›Tyrius‹.

12. Juli, Wisley

Fosse Way. Teehybride, 1980 von Langdale gezogen. Bis 2 m hoch. Abstammung: ›Colour Wonder‹ × ›Prima Ballerina‹.

Lakeland Princess (Vintage Wine, Pollak). Kletternde Teehybride, von Poulsen gezogen und 1983 von Edmunds eingeführt. Bis 3,3 m hoch. Duftend. Abstammung: ›Troika‹ × ›Arthur Bell‹.

Sunset Song (Cocasun). Teehybride, 1981 von Cocker gezogen. Bis 1,3 m hoch. Abstammung: (›Sabine‹ × ›Circus‹) × ›Sunblest‹.

Innoxa Femille (Harprincely). Teehybride, 1983 von Harkness gezogen und eingeführt. Duftend. Abstammung: ›Red Planet‹ × ›Eroica‹.

Cleo (Beebop). Teehybride, 1981 von Bees gezogen und eingeführt. Abstammung: ›Kordes' Perfecta‹ × ›Prima Ballerina‹.

Anna Pavlova. Teehybride, 1981 von Beales gezogen. Sehr angenehmer Duft. Bis 1,3 m hoch. Abstammung: nicht registriert.

Sandringham Centenary. Teehybride, 1980 von der Wisbech Plant Co. eingeführt. Bis 2 m hoch. Abstammung: ›Queen Elizabeth‹ × ›Baccará‹.

Can Can (Legglow). Teehybride, 1982 von Le Grice gezogen. Gut duftend. Buschiger Wuchs, bis 75 cm hoch. Abstammung: ›Just Joey‹ × Sämling.

Pacemaker (Harnoble). Teehybride, 1981 von Harkness gezogen. Guter Duft. Abstammung: ›Red Planet‹ × ›Wendy Cussons‹.

Camphill Glory (Harkreme). Teehybride, 1980 von Harkness gezogen. Bis 1,3 m hoch. Abstammung: ›Elizabeth Harkness‹ × ›Grandpa Dickson‹ (oder ?›Perfecta‹).

Fragrant Cloud (Duftwolke, Nuage Parfumé, Tanellis). Teehybride, von Tantau gezogen und 1967 von Jackson und Perkins eingeführt. Ein paar Tage nach Öffnung der Knospen verblaßt die Farbe ein wenig. Guter Duft. Bis 1,3 m hoch. Anfällig für Sternrußtau. Abstammung: Sämling × ›Prima Ballerina‹.

Neville Gibson (Harportly). Teehybride, 1982 von Harkness gezogen und eingeführt. Bis 80 cm hoch. Abstammung: ›Red Planet‹ × Sämling.

Remember Me (Cocdestin). Teehybride, 1984 von Cocker gezogen. Bis 1 m hoch. Abstammung: noch nicht registriert.

Double Delight. Teehybride, von Swim und Ellis gezogen und 1977 von Armstrong eingeführt. Guter Duft. Aufrechter Wuchs, bis 1,3 m hoch. Anfällig für Mehltau. Abstammung: ›Granada‹ × ›Garden Party‹.

Freedom (Dicjem). Teehybride, von Dickson gezogen und 1984 von Harkness eingeführt. Schwacher Duft. Bis 1,3 m hoch. Abstammung: (›Eurorose‹ × ›Typhoon‹) × ›Bright Smile‹.

Isobel Harkness. Teehybride, von Norman gezogen und 1957 von Armstrong und Harkness eingeführt. Duftend. Bis 1 m hoch. Anfällig für Sternrußtau. Abstammung: ›Phyllis Gold‹ × ›McGredy's Yellow‹.

17. Juli, R. Harkness & Co.

Piccadilly. Teehybride, 1960 von McGredy gezogen. Anfällig für Sternrußtau. Bis 2 m hoch. Voll aufgeblüht ist sie orangefarben; wenn sich die Knospen öffnen, ist sie rot, Rückseite der Blütenblätter gelb. Abstammung: ›McGredy's Yellow‹ × ›Karl Herbst‹.

Hot Pewter (Crucenia). Teehybride, 1978 von Harkness gezogen. Bis 1,3 m hoch. Anfällig für Mehltau. Abstammung: ›Alec's Red‹ × ›Red Dandy‹.

Canadian White Star (Dr. Wolfgang Poschl). Teehybride, 1980 von Mander gezogen. Blüht bis zum ersten Frost. Abstammung: ›Blanche Mallerin‹ × ›Pascali‹.

Canadian White Star

16. Juli, Gardens of the Rose

18. Juli, Wisley

The Coxswain (Cocadilly). Teehybride, 1983 von Cocker gezogen. Bis 1 m hoch. Abstammung: (›Highlight‹ × ›Colour Wonder‹) × (›Parkdirektor Riggers‹ × ›Piccadilly‹).

Big Chief (Portland Trailblazer). Teehybride, von Dickson gezogen und 1975 von Edmunds eingeführt. Aufrechter Wuchs, bis 2 m hoch. Abstammung: ›Ernest H. Morse‹ × ›Red Planet‹.

Babylon. Teehybride, 1976 von Bees gezogen. Wohlriechend. Abstammung: ›Super Star‹ × ›Pink Favorite‹.

Susan Hampshire (Meinatac). Teehybride, 1972 von Paolino gezogen. Schwacher Duft. Bis 1,3 m hoch. Abstammung: (›Monique‹ × ›Symphonie‹) × ›Maria Callas‹.

Elida. Teehybride, 1966 von Tantau gezogen. Duftend. Abstammung: nicht registriert.

Roaming. Teehybride, 1970 von Sanday gezogen. Abstammung: ›Vera Dalton‹ × ›Super Star‹.

City of Gloucester. Teehybride, 1969 von Sanday gezogen. Aufrechter Wuchs, bis 2 m hoch. Gut als Schnittblume geeignet. Abstammung: ›Gavotte‹ × ›Buccaneer‹.

Guinevere. Teehybride, 1967 von Harkness gezogen. Abstammung: ›Red Dandy‹ × ›Peace‹.

New Day (Korgold, Mabella). Teehybride, von Kordes gezogen und 1977 von Jackson & Perkins eingeführt. Gut duftend. Abstammung: ›Arlene Francis‹ × ›Roselandia‹.

Stephanie Diane. Teehybride, 1971 von Bees gezogen. Abstammung: ›Fragrant Cloud‹ × ›Cassandra‹.

Fragrant Hour. Teehybride, 1973 von McGredy gezogen. Guter Duft. Abstammung: ›Arthur Bell‹ × (›Spartan‹ × ›Grand Gala‹).

Fleet Street. Teehybride, 1972 von McGredy gezogen und eingeführt. Duftend. Bis 80 cm hoch. Abstammung: ›Kronenbourg‹ × ›Prima Ballerina‹.

Kiskadee. Floribunda-Rose, 1973 von McGredy gezogen. Abstammung: ›Arthur Bell‹ × ›Cynthia Brooke‹.

Royal Show. Teehybride, 1973 von Gregory gezogen. Bis 2 m hoch. Abstammung: ›Queen Elizabeth‹ × Sämling.

Nana Mouskouri. Floribunda-Rose, 1975 von Dickson gezogen. Bis 75 cm hoch. Abstammung: ›Red Gold‹ × ›Iced Ginger‹.

16. Juli, Wisley

L'Oreal Trophy (Harlexis). Teehybride, 1981 von Harkness eingeführt. Bis 2 m hoch. Abstammung: Sport von ›Alexander‹.

Flamingo (Margaret Thatcher, Porcelain, Veronica, Korflug). Teehybride, 1979 von Kordes eingeführt. Schwacher Duft. Abstammung: Sämling × ›Ladylike‹.

Torville and Dean (Lantor). Teehybride, 1984 von Sealand gezogen. Abstammung: nicht bekannt.

Rosemary Harkness (Harrowbond). Teehybride, 1985 von Harkness eingeführt. Duftend. Gut als Schnittblume geignet. Kräftiger Wuchs, bis 1 m hoch und ebenso breit. Abstammung: ›Compassion‹ × (›Basildon Bond‹ × ›Grandpa Dickson‹).

Wimi (Tanrowisa). Teehybride, 1982 von Tantau eingeführt. Abstammung: nicht bekannt.

Maritime Bristol (Santang). Teehybride, 1983 von Sanday gezogen und eingeführt. Duftend. Abstammung: ›City of Gloucester‹ × Sämling.

Pink Panther (Meicapinal). Teehybride, 1981 von Meilland gezogen und eingeführt. Bis 1,5 m hoch. Abstammung: ›Meigurami‹ × ›Meinaregi‹.

Selfridges (Korpriwa). Teehybride, 1984 von Kordes eingeführt. Wohlriechend. Abstammung: Sämling × ›Korgold‹.

Sheila's Perfume (Harsherry). Teehybride, 1985 von Sheridan eingeführt. Guter Duft. Abstammung: ›Peer Gynt‹ × Sämling.

Chablis. Teehybride, 1983 von Weeks eingeführt. Abstammung: nicht bekannt.

Brandy (Arocad). Teehybride, von Swim und Christensen gezogen und 1981 von Armstrong eingeführt. Bis 1,5 m hoch. Abstammung: ›First Prize‹ × ›Golden Wave‹.

Blue Nile (Delnible, Nil Bleu). Teehybride, von Delbard gezogen und 1981 von Armstrong eingeführt. Guter Duft. Kräftiger Wuchs, bis etwa 1,5 m hoch. Abstammung: (›Holstein‹ × ›Bayadere‹) × (›Prelude‹ × ›Saint-Exupéry‹).

Pounder Star (Macnic, Karma). Teehybride, von McGredy gezogen und 1981 von Edmunds eingeführt. Duftend. Bis 1,3 m hoch. Abstammung: ›John Waterer‹ × ›Kalahari‹.

Charles de Gaulle (Meilanein, Katherine Mansfield). Teehybride, 1974 von Meilland gezogen. Wohlriechend. Abstammung: (›Sissi‹ × ›Prélude‹) × (›Kordes Sondermeldung‹ × ›Caprice‹).

Sweet Mimi (Haumi). Teehybride, 1981 von Hauser gezogen. Bis 80 cm hoch. Gut duftend. Abstammung: ›Super Star‹ × ›Elizabeth Harkness‹.

Chablis

Rosemary Harkness

Brandy

Blue Nile, Nil Bleu

Pounder Star

Charles de Gaulle

Sweet Mimi

16. Juli, Wisley

Abbeyfield Rose (Cocbrose). Teehybride, 1985 von Cocker gezogen. Bis 80 cm hoch. Abstammung: ›National Trust‹ × ›Silver Jubilee‹.

Showman (Mattjo). Teehybride, 1983 von Mattock gezogen. Abstammung: noch nicht bekannt.

Melinda (Rulimpa, Impala). Teehybride, von de Ruiter gezogen und 1980 von Fryer eingeführt. Duftend. Bis 90 cm hoch. Abstammung: ›Whisky Mac‹ × ›Criterion‹.

Royal Romance (Liselle, Rulis). Teehybride, 1980 von de Ruiter gezogen. Fryer hat eine zitronengelbe Rose gleichen Namens gezogen. Abstammung: nicht registriert.

Madame Georges Delbard (Deladel). Teehybride, 1959 von Delbard-Chabert gezogen. Abstammung: ›Impeccable‹ × ›Mme Robert Joffet‹.

Goldstar (Candide, Point de Jour). Teehybride, 1983 von Cants gezogen. Eignet sich gut als Schnittblume. Bis 1 m hoch. Abstammung: ›Yellow Pages‹ × ›Dr. A. J. Verhage‹.

Ruth Harker (Harpooh). Teehybride, 1981 von Harkness gezogen. Süßlicher Duft. Abstammung: ›Fragrant Cloud‹ × ›Compassion‹.

Paul Shirville (Harqueterwife, Heart Throb). Teehybride, 1983 von Harkness gezogen. Gut duftend. Bis 1 m hoch. Abstammung: ›Compassion‹ × ›Mischief‹.

Loving Memory (Korgund '81). Teehybride, 1981 von Kordes gezogen. Guter Duft. Buschiger Wuchs, bis 2 m hoch. Abstammung: nicht registriert.

Brasilia. Teehybride, 1968 von McGredy gezogen. Abstammung: ›Perfecta‹ × ›Piccadilly‹.

Sarah Arnott. Teehybride, 1957 von Croll gezogen. Schwach duftend. Abstammung: ›Ena Harkness‹ × ›Peace‹.

Summer Love (Franluv). Floribunda-Rose, 1986 von Cowlishaw gezogen. Buschiger Wuchs, bis 1,3 m hoch. Gut duftend. Abstammung: ›Pink Parfait‹ × ›Cynthia Brooke‹.

Tombola. Floribunda-Rose, 1966 von de Ruiter gezogen. Bis 75 cm hoch. Abstammung: ›Amor‹ × Sämling.

Typhoon (Taifun). Teehybride, von Kordes gezogen und 1972 von McGredy eingeführt. Duftend. Bis 1 m hoch. Blühfreudig. Abstammung: ›Colour Wonder‹ × ›Dr. A. J. Verhage‹.

Tombola

Brasilia

Sarah Arnott

Typhoon

Summer Love

13. Oktober, Portland, Oregon

14. Oktober, Fred Edmunds Inc., Wilsonville, Oregon

Voodoo (Aromiclea). Teehybride, 1986 von Christensen gezogen. Abstammung: noch nicht bekannt.

Yellow Pages. Teehybride, 1971 von McGredy gezogen und eingeführt. Schwach duftend. Bis 1,3 m hoch. Abstammung: ›Arthur Bell‹ × ›Peer Gynt‹.

Shreveport. Floribunda-Rose, von Kordes gezogen und 1981 von Armstrong eingeführt. Duftend. Abstammung:›Zorina‹ × ›Uwe Seeler‹.

Portrait (Meypink, Stephanie de Monaco). Teehybride, von Meyer gezogen und 1971 von Conard-Pyle eingeführt. Schwacher Duft. Bis 1 m hoch. Abstammung: ›Pink Parfait‹ × ›Pink Peace‹.

Gold Medal (Aroyquelia, Aroyqueli). Floribunda-Rose, von Christensen gezogen und 1982 von Armstrong eingeführt. Die jungen Knospen sind manchmal blaßrosa überzogen. Abstammung: ›Yellow Pages‹ × (›Granada‹ × ›Garden Party‹).

Mon Chéri (Arocher). Teehybride, von Christensen gezogen und 1981 von Armstrong eingeführt. Frühblühend, rasch remontierend. Farbe der Blüten wird mit der Zeit dunkler. Abstammung: Sämling × ›Double Delight‹.

Olympic Torch (Sei-ka). Teehybride, von Suzuki gezogen und von der Keisei- und der Country Garden-Rosenschule eingeführt. Abstammung: ›Rose Gaujard‹ × ›Crimson Glory‹.

Maid of Honour. Teehybride, 1986 von Weddle gezogen. Abstammung: nicht registriert.

Love (Jactwin). Floribunda-Rose, von Warriner gezogen und 1980 von Jackson & Perkins eingeführt. Blüht bis in den Winter hinein. Abstammung: Sämling × ›Redgold‹.

Swarthmore (Meitaras). Teehybride, von Meilland gezogen und 1963 von Conard-Pyle eingeführt. Abstammung: (›Independence‹ × ›Happiness‹) × ›Peace‹.

Las Vegas (Korgane). Teehybride, 1981 von Kordes gezogen. Blüht intermittierend. Abstammung: ›Ludwigshafen am Rhein‹ × ›Feuerzauber‹.

Angelique (Ankori). Teehybride, 1982 von Kordes gezogen. Abstammung: nicht registriert.

Chiyo. Teehybride, von Ota gezogen und 1975 von Eastern Roses eingeführt. Abstammung: ›Karl Herbst‹ × ›Chrysler Imperial‹.

Wini Edmunds. Teehybride, von McGredy gezogen und 1973 von Edmunds eingeführt. Schwach duftend. Abstammung: ›Red Lion‹ × ›Hanne‹.

Modern Art (Poulart). Teehybride, 1984 von Poulsen gezogen. Abstammung: noch nicht bekannt.

12. Juli, Wisley

Conqueror's Gold

Funkhur

Photo Meilland *Geraldine*

Catherine Déneuve

Derek Nimmo (Macwhenu, Macwhe). Teehybride, von McGredy gezogen und 1981 von Mattock eingeführt. Schwach duftend. Abstammung: unbekannte Sämlinge.

Ruby Wedding. Teehybride, 1979 von Gregory eingeführt. Kräftiger Wuchs. Abstammung: ›Mayflower‹ × ?.

Australian Gold (Kormat). Floribunda-Rose, von Kordes gezogen und 1980 von Mattock eingeführt. Schwacher Duft. Mehrmals blühend. Abstammung: nicht registriert.

Malmesbury. Teehybride, 1980 von Sanday eingeführt. Kompakter Wuchs. Abstammung: ›Vera Dalton‹ × ›Parasol‹.

Paradise (Wezeip). Teehybride, von Weeks gezogen und 1978 von Conard-Pyle eingeführt. Leicht duftend. Bis 1,3 m hoch. Fast malvenfarbene Blüten. Abstammung: ›Swarthmore‹ × Sämling.

Sweetheart (Cocapeer). Teehybride, 1980 von Cocker eingeführt. Angenehmer Duft. Bis 2 m hoch. Abstammung: ›Peer Gynt‹ × (›Fragrant Cloud‹ × ›Gay Gordons‹).

Keepsake (Esmeralda, Kormalda). Teehybride, 1981 von Kordes eingeführt. Bis 1,3 m hoch. Abstammung: Sämling × ›Red Planet‹.

Midas (Dorothe, Legga). Teehybride, 1980 von Le Grice eingeführt. Bis 1,3 m hoch. Abstammung: ›Grandpa Dickson‹ × ›Dr. A. J. Verhage‹.

Congratulations (Korlift, Sylvia). Teehybride, 1979 von Kordes eingeführt. Aufrechter Wuchs, bis 2 m hoch. Als Schnittblume und Heckenpflanze geeignet. Abstammung: ›Carina‹ × Sämling.

Conqueror's Gold (Hartwiz). Floribunda-Rose, 1986 von Harkness eingeführt. Abstammung: nicht bekannt.

Dolly Parton. Teehybride, 1983 von Winchel eingeführt. Guter Duft. Abstammung: ›Fragrant Cloud‹ × ›Oklahoma‹.

Funkhur (Korport, Golden Summers). Teehybride, 1984 von Kordes gezogen. Abstammung: nicht bekannt.

Geraldine (Peahaze). Floribunda-Rose, von Pearce gezogen und 1983 von Limes eingeführt. Abstammung: unbekannte Sämlinge.

Catherine Déneuve (Meipraserpi). Teehybride, 1981 von Meilland gezogen. Abstammung: nicht registriert.

Bettina (Mepal). Teehybride, 1953 von Meilland gezogen. Gut duftend. Rötlich glänzende Blätter. Abstammung: ›Peace‹ × (›Mme Joseph Perraud‹ × ›Demain‹).

Photo Meilland *Dolly Parton*

Bettina

12. Juli, Wisley

Manou Meilland (Meitulimon). Teehybride, 1979 von Meilland gezogen und eingeführt. Sehr blühfreudig. Abstammung: (›Meigriso‹ × ›Baronne Edmond de Rothschild‹) × (›Ma Fille‹ × ›Love Song‹).

Colorama (Meirigalu). Teehybride, von Meilland gezogen und 1968 von Conard-Pyle eingeführt. Buschiger Wuchs, bis 1,3 m hoch. Abstammung: ›Suspense‹ × ›Confidence‹.

Hidalgo (Meitulandi). Teehybride, 1979 von Meilland gezogen und eingeführt. Gut duftend. Abstammung: (›Queen Elizabeth‹ × ›Karl Herbst‹) × (›Meifiga‹ × ›Pharaon‹) × (›Meicesar‹ × ›Papa Meilland‹).

Orient Express. Teehybride, 1978 von Wheatcroft eingeführt. Guter Duft. Abstammung: ›Sunblest‹ × Sämling.

Pot O'Gold (Dicdivine). Teehybride, 1980 von Dickson eingeführt. Schwach duftend. Bis 1,3 m hoch. Abstammung: ›Eurorose‹ × ›Whisky Mac‹.

Forgotten Dreams. Teehybride, von Bracegirdle gezogen und 1981 von Higgs eingeführt. Angenehmer Duft. Abstammung: ›Fragrant Cloud‹ × ›Teneriffa‹.

Marion Harkness (Harkantibil). Teehybride, 1979 von Harkness eingeführt. Abstammung: (›Manx Queen‹ × ›Prima Ballerina‹) × (›Chanelle‹ × ›Piccadilly‹).

Ace of Hearts (Asso di Cuori, Korred, Toque Rouge). Teehybride, 1981 von Kordes eingeführt. Abstammung: nicht registriert.

Marijke Koopman. Teehybride, 1979 von Fryer gezogen und eingeführt. Wenig duftend. Bis 1,3 m hoch. Abstammung: nicht registriert.

Agéna. Teehybride, 1966 von Delbard-Chabert gezogen. Lederartiges, glänzendes Laub. Abstammung: ›Chic Parisien‹ × (›Michele Meilland‹ × ›Mme Joseph Perraud‹).

Domila (Lapnat). Teehybride, 1971 von Laperrière gezogen. Abstammung: nicht registriert.

Anne de Bretagne (Meituraphar, Décor Rose). Strauchrose, 1976 von Meilland gezogen. Hoher Wuchs. Abstammung: (›Malcair‹ × ›Danse des Sylphes‹) × (›Meialfi‹ × ›Zambra‹).

Gilbert Bécaud (Meiridorio). Teehybride, 1984 von Meilland gezogen. Abstammung: nicht registriert.

Centenaire de Lourdes (Delge, Mrs. Jones). Teehybride, 1958 von Delbard-Chabert gezogen. Abstammung: ursprünglich von ›Frau Karl Druschki‹.

Porthos (Lapad). Floribunda-Rose, 1971 von Laperrière gezogen. Abstammung: nicht registriert.

Agéna

Domila

Photo Meilland *Anne de Bretagne*

Gilbert Bécaud

Centenaire de Lourdes

Porthos

14. Juli, Wisley

Heidi Jayne. Teehybride, 1986 von Esser gezogen. Duftend. Bis 1,3 m hoch. Abstammung: (›Piccadilly‹ × ›Queen Elizabeth‹) × (›Fragrant Cloud‹ × Sämling).

Rosemary Harkness (Harrowbond). Teehybride, 1985 von Harkness gezogen. Duftend. Gut als Schnittblume geeignet. Kräftiger Wuchs, bis 1 m hoch und ebenso breit. Abstammung: ›Compassion‹ × (›Basildon Bond‹ × ›Grandpa Dickson‹).

Mary Donaldson (Canmiss, Canana). Teehybride, 1984 von Cants gezogen. Gut duftend. Bis etwa 80 cm hoch. Abstammung: ›English Miss‹ × Sämling.

Remember Me (Cocdestin). Teehybride, 1984 von Cocker gezogen. Bis 1 m hoch. Abstammung: noch nicht bekannt.

Polar Star (Polarstern, Tanlarpost). Teehybride, von Tantau gezogen und 1982 von Wheatcroft eingeführt. Guter Duft. Buschiger Wuchs, bis 1,3 m hoch. Abstammung: nicht registriert.

Sexy Rexy (Macrexy). Floribunda-Rose, von McGredy gezogen und 1984 von Sealand eingeführt. Buschiger Wuchs, bis 1,3 m hoch. Abstammung: ›Seaspray‹ × ›Dreaming‹.

Princess Alice (Hartanna, Zonta Rose). Floribunda-Rose, 1985 von Harkness gezogen und eingeführt. Bis 1,1 m hoch. Abstammung: ›Judy Garland‹ × ›Anne Harkness‹.

Marion Foster (Meicapula). Floribunda-Rose, 1984 von Meilland gezogen. Abstammung: noch nicht bekannt.

Red Brigand (Santor). Floribunda-Rose, 1984 von Sanday gezogen. Abstammung: noch nicht bekannt.

Anastasia. Teehybride, 1980 von Greff gezogen. Sehr kräftig. Abstammung: ›John F. Kennedy‹ × ›Pascali‹.

Captain Cook. Floribunda-Rose, von McGredy gezogen und 1977 von Mattock eingeführt. Duftend. Abstammung: ›Irish Mist‹ × Sämling.

Glengarry. Floribunda-Rose, 1969 von Cocker gezogen. Bis 1,3 m hoch. Abstammung: ›Evelyn Fison‹ × ›Wendy Cussons‹.

Intrigue (Korlech, Lavaglut, Lavaglow). Floribunda-Rose, 1978 von Kordes gezogen. Bis 1 m hoch. Abstammung: ›Gruß an Bayern‹ × Sämling.

Sheer Bliss (Jactro). Teehybride, von Warriner gezogen und 1987 von Jackson & Perkins eingeführt. Duftend. Höhe bis 1,3 m. Abstammung: ›White Masterpiece‹ × ›Grand Masterpiece‹.

Stroller. Floribunda-Rose, 1969 von Dickson gezogen. Buschiger Wuchs, bis 75 cm hoch. Abstammung: ›Manx Queen‹ × ›Happy Event‹.

Touch of Class (Kricarlo, Maréchal le Clerke). Teehybride, 1980 von Kriloff gezogen. Abstammung: nicht registriert.

Anastasia

Intrigue

Captain Cook

Glengarry

Touch of Class

Sheer Bliss

Stroller

18. Juli, David Austin Roses

Frensham

Lavender Pinocchio

Natalie Nypels

Rosemary Rose

Irene of Denmark

Café. Floribunda-Rose, 1956 von Kordes gezogen. Hoher Wuchs. Guter Duft. Abstammung: (›Golden Glow‹ × ›R. × *kordesii*) × ›Lavender Pinocchio‹.

Jocelyn. Floribunda-Rose, 1970 von Le Grice gezogen. Mittelgroß. Abstammung: nicht registriert.

Lavender Pinocchio. Floribunda-Rose, 1948 von Boerner gezogen. Niedriger bis mittelhoher Wuchs. Gut duftend. Abstammung: ›Pinocchio‹ × ›Grey Pearl‹.

Plentiful. Floribunda-Rose, 1960 von de Ruiter gezogen. Mittelgroß. Gut duftend. Anfällig für Mehltau und Sternrußtau. Abstammung: ›Amor‹ × ›Fashion‹.

Orange Sensation. Floribunda-Rose, 1960 von de Ruiter gezogen. Mittelgroß. Gut duftend. Anfällig für Mehltau und Sternrußtau. Abstammung: ›Amor‹ × ›Fashion‹.

Tip Top. Floribunda-Rose, 1963 von Tantau gezogen. Sehr niedriger Wuchs. Anfällig für Sternrußtau. Abstammung: Sämling × Sämling.

Allgold. Floribunda-Rose, 1956 von Le Grice gezogen. Niedriger Wuchs. Sehr beständige Farbe. Abstammung: ›Goldilocks‹ × ›Ellinor Le Grice‹.

Paddy McGredy. Floribunda-Rose, 1962 von McGredy gezogen. Niedriger Wuchs. Anfällig für Sternrußtau, aber außerordentlich blütenreich. Abstammung: ›Spartan‹ × ›Tzigane‹.

Chanelle. Floribunda-Rose, 1958 von McGredy gezogen. Mittelgroß. Schwach duftend. Abstammung: ›Ma Perkins‹ × (›Mrs. William Sproth‹ × ›Fashion‹).

Frensham. Floribunda-Rose, 1946 von Norman gezogen. Hoher Wuchs. Leicht anfällig für Mehltau. War früher eine sehr beliebte Rose und in vielen Gärten anzutreffen. Abstammung: Sämling × ›Crimson Glory‹.

Natalie Nypels (Mevrouw Natalie Nypels). Polyantha-Rose, 1919 von Leenders gezogen. Niedriger Wuchs. Guter Duft. Abstammung: ›Orléans Rose‹ × (›Comtesse du Cayla‹ × R. *foetida* ›Bicolor‹).

Rosemary Rose. Floribunda-Rose, 1955 von de Ruiter gezogen. Flache, kreisrunde Blüten von besonders intensiver Farbe. Mittelgroß. Purpurfarbene junge Triebe. Etwas anfällig für Mehltau. Abstammung: ›Gruß an Teplitz‹ × Sämling.

Irene of Denmark. Floribunda-Rose, 1948 von Poulsen gezogen. Niedriger Wuchs. Schwacher Duft. Abstammung: ›Orléans Rose‹ × (›Mme Plantier‹ × ›Edina‹).

Kathleen Ferrier. Floribunda-Rose, 1952 von Buisman gezogen. Mittelgroß. Leicht duftend. Abstammung: ›Gartenstolz‹ × ›Shot Silk‹.

Dusky Maiden. Floribunda-Rose, 1947 von Le Grice gezogen. Mittelgroß. Guter Duft. Abstammung: (›Daily Mail Scented Rose‹ × ›Etoile de Holland‹) × ›Else Poulsen‹.

Kathleen Ferrier

Dusky Maiden

16. Juli, Wisley

10. Juli, Wisley

Westerland. Floribunda-Rose, 1969 von Kordes gezogen. Mittelgroß. Guter Duft. Abstammung: ›Friedrich Wörlein‹ × ›Circus‹.

Prominent (Korp). Floribunda-Rose, 1970 von Kordes gezogen. Mittelhoher bis hoher Wuchs. Abstammung: ›Colour Wonder‹ × ›Zorina‹.

Queen Elizabeth (The Queen Elizabeth Rose). Floribunda-Rose, 1955 von Lammerts gezogen. Sehr hoher, aufrechter Wuchs, bis 3 m hoch. Die am häufigsten vorkommende rosafarbene Floribunda-Rose. Abstammung: ›Charlotte Armstrong‹ × ›Floradora‹.

Ice White. Floribunda-Rose, 1966 von McGredy gezogen. Mittelgroß. Abstammung: ›Mme Leon Cuny‹ × (›Orange Sweetheart‹ × ›Tantua's Triumph‹).

Evelyn Fison (Irish Wonder). Floribunda-Rose, 1962 von McGredy gezogen. Niedriger bis mittelhoher Wuchs. Sehr buschig. Beliebte Beetrose. Abstammung: ›Moulin Rouge‹ × ›Corona‹.

Escapade. Floribunda-Rose, 1967 von Harkness gezogen. Mittlerer bis hoher Wuchs. Gut duftend. Abstammung: ›Pink Parfait‹ × ›Baby Faurax‹.

Sea Pearl (Flower Girl). Floribunda-Rose, 1964 von Dickson gezogen. Hoher Wuchs. Schwacher Duft. Abstammung: ›Perfecta‹ × ›Montezuma‹.

Copper Pot. Floribunda-Rose, 1968 von Dickson gezogen. Mittlerer bis hoher Wuchs. Abstammung: Sämling × ›Spek's Yellow‹.

Dearest. Floribunda-Rose, 1960 von Dickson gezogen. Niedriger bis mittelhoher Wuchs. Gut duftend. Anfällig für Sternrußtau und nässeempfindlich. Abstammung: Sämling × ›Spartan‹.

Lavender Lassie. Moschus-Hybride, 1959 von Kordes gezogen. Mittelgroß. Remontierend. Guter Duft. Abstammung: ›Hamburg‹ × ›Mme Norbert Levavasseur‹.

Magenta (Kordes' Magenta). Floribunda-Rose, 1955 von Kordes gezogen. Niedriger, halb liegender Wuchs. Guter Duft. Abstammung: Sämling × ›Lavender Pinocchio‹.

Goldbusch. Moderne Strauchrose, 1954 von Kordes gezogen. Mehrmals blühend. Hoher Wuchs. Gut duftend. Abstammung: ›Golden Glow‹ × *R. eglanteria*-Sämling.

Nymphenburg. Moschus-Hybride, 1954 von Kordes gezogen. Hoher Wuchs. Remontierend. Guter Duft. Abstammung: ›Sangerhausen‹ × ›Sun Mist‹.

Saga. Floribunda-Rose, 1974 von Harkness gezogen. Niedriger bis mittelhoher Wuchs. Schwach duftend. Abstammung: ›Rudolph Timm‹ × (›Chanelle‹ × ›Piccadilly‹).

Sparrieshoop. Moderne Strauchrose, 1953 von Kordes gezogen. Mittlerer bis hoher Wuchs. Schwach duftend. Abstammung: (›Baby Château‹ × ›Else Poulsen‹) × ›Magnifica‹ (*rubiginosa*-Hybride).

18. Juli, Wisley

18. Juli, Wisley

Lilli Marlene. Floribunda-Rose, 1959 von Kordes gezogen. Mittelgroß. Anfällig für Mehltau. Abstammung: (›Our Princess‹ × ›Rudolph Timm‹) × ›Anna‹.

Pink Elizabeth Arden (Geisha). Floribunda-Rose, 1964 von Tantau gezogen. Mittelgroß. Abstammung: nicht registriert.

Europeana. Floribunda-Rose, 1963 von de Ruiter gezogen. Mittelgroß. Anfällig für Mehltau. Abstammung: ›Ruth Leuwerik‹ × ›Rosemary Rose‹.

Vera Dalton. Floribunda-Rose, 1961 von Norman gezogen. Mittelgroß. Abstammung: ›Paul's Scarlet Climber‹ × (›Mary‹ × ›Queen Elizabeth‹).

Elizabeth of Glamis (Irish Beauty). Floribunda-Rose, 1964 von McGredy gezogen. Mittelgroß. Guter Duft. Abstammung: ›Spartan‹ × ›Highlight‹.

Pink Parfait. Floribunda-Rose, 1960 von Swim gezogen. Mittelgroß. Abstammung: ›First Love‹ × ›Pinocchio‹.

Paprika. Floribunda-Rose, 1958 von Tantau gezogen. Mittelgroß. Abstammung: ›Märchenland‹ × ›Red Favourite‹.

Woburn Abbey. Floribunda-Rose, 1962 von Sidey und Cobley gezogen. Mittelgroß. Anfällig für Mehltau und Rosenrost. Abstammung: ›Maskerade‹ × ›Fashion‹.

Dorothy Wheatcroft. Floribunda-Rose, 1960 von Tantau gezogen. Mittelgroß. Abstammung: nicht registriert.

Glenfiddich. Floribunda-Rose, 1976 von Cocker gezogen. Mittelgroß. Schwach duftend. Abstammung: ›Arthur Bell‹ × (›Sabine‹ × ›Circus‹).

Sunsprite (Korresia, Friesia). Floribunda-Rose, 1974 von Kordes gezogen. Niedrig bis mittelgroß. Schwach duftend. Abstammung: ›Friedrich Wörlein‹ × ›Spanish Sun‹.

Southampton (Susan Ann). Floribunda-Rose, 1972 von Harkness gezogen. Hoher bis mittelhoher Wuchs. Schwach duftend. Abstammung: (›Ann Elizabeth‹ × ›Allgold‹) × ›Yellow Cushion‹.

Margaret Merrill. Floribunda-Rose, 1978 von Harkness gezogen. Mittelgroß. Anfällig für Sternrußtau. Starker Duft. Abstammung: (›Rudolph Timm‹ × ›Dedication‹) × ›Pascali‹.

Satchmo. Floribunda-Rose, 1970 von McGredy gezogen. Mittelgroß. Abstammung: ›Evelyn Fison‹ × ›Diamant‹.

Elizabeth Philp. Floribunda-Rose, 1976 von J. B. Philp & Sohn gezogen. Abstammung: Mutation von ›Liverpool Echo‹.

13. Oktober, Portland, Oregon

Charisma

Gene Boerner

Angel Face

John S. Armstrong

Elmshorn

Moonraker

Olé. Teehybride, 1964 von Armstrong gezogen. Hoher bis mittelhoher Wuchs. Guter Duft. Abstammung: ›Roundelay‹ × ›El Capitan‹.

Aquarius (Armaq). Teehybride, 1971 von Armstrong gezogen. Mittelgroß. Abstammung: (›Charlotte Armstrong‹ × ›Contrast‹) × [(›Fandango‹ × (›World's Fair‹ × ›Floradora‹)].

Happy Wanderer. Floribunda-Rose, 1972 von McGredy gezogen. Mittelgroß. Abstammung: Sämling × ›Marlena‹.

Nearly Wild. Floribunda-Rose, 1941 von Brownwell gezogen. Guter Duft. Abstammung: ›Dr. van Fleet‹ × ›Leuchtstern‹.

Viva. Floribunda-Rose, 1974 von Warriner gezogen. Hoher Wuchs. Abstammung: unbekannte Sämlinge.

Betty Prior. Floribunda-Rose, 1935 von Prior gezogen. Mittelgroß. Gut duftend. Abstammung: ›Kirsten Poulsen‹ × Sämling.

Tony Jacklin. Floribunda-Rose, 1972 von McGredy gezogen. Mittlerer bis hoher Wuchs. Abstammung: ›City of Leeds‹ × ›Irish Mist‹.

Redgold (Dicor, Rouge et Or). Floribunda-Rose, 1971 von Dickson gezogen. Hoher Wuchs. Abstammung: [(›Karl Herbst‹ × ›Maskerade‹) × ›Faust‹] × ›Piccadilly‹.

Impatient (Jacdew). Floribunda-Rose, 1984 von Warriner gezogen. Mittelgroß. Sehr stachlig. Abstammung: ›Climbing America‹ × Sämling.

Charisma. Floribunda-Rose, 1977 von Hill gezogen. Mittelgroß. Abstammung: ›Gemini‹ × ›Zorina‹.

Gene Boerner. Floribunda-Rose, 1968 von Boerner gezogen. Mittlerer bis hoher Wuchs. Abstammung: ›Ginger‹ × (›Ma Perkins‹ × ›Garnette Supreme‹).

Angel Face. Floribunda-Rose, 1968 von Swim und Weeks gezogen. Mittelgroß. Gut duftend. Abstammung: (›Circus‹ × ›Lavender Pinocchio‹) × ›Sterling Silver‹.

John S. Armstrong. Teehybride, 1961 von Swim gezogen. Hoher Wuchs. Abstammung: ›Charlotte Armstrong‹ × Sämling.

Elmshorn. Moderne Strauchrose, 1951 von Kordes gezogen. Mehrmals blühend. Abstammung: ›Hamburg‹ × ›Verdun‹.

Moonraker. Floribunda-Rose, 1968 von Harkness gezogen. Mittelgroß. Abstammung: ›Pink Parfait‹ × ›Highlight‹.

Yellow Queen Elizabeth. Gelbe Mutation von ›Queen Elizabeth‹, 1958 von Vlaeminck eingeführt.

Prince Igor (Frenzy, Meihigor). Kletternde Mutation einer Floribunda-Rose, 1970 von Meilland gezogen. Wohlduftend. Abstammung: (›Sarabande‹ × ›Dany Robin‹) × ›Zambra‹.

Photo Meilland *Yellow Queen Elizabeth*

Prince Igor

16. Juli, Gardens of the Rose

16. Juli, Gardens of the Rose

Variety Club. Floribunda-Rose, 1965 von McGredy gezogen. Abstammung: ›Columbine‹ × ›Circus‹.

Michelle (Michele). Floribunda-Rose, 1970 von de Ruiter gezogen. Mittelgroß; guter Duft. Abstammung: Sämling × ›Orange Sensation‹.

Mellow Yellow. Teehybride, 1968 von der Waterhouse Rosenschule gezogen. Mittelgroß. Abstammung: Mutation von ›Piccadilly‹.

Ville de Zürich. Floribunda-Rose, 1967 von Gaujard gezogen. Mittelgroß. Abstammung: ›Miss France‹ × ›Nouvelle Europe‹.

Lorna Doone. Floribunda-Rose, 1970 von Harkness gezogen. Mittelgroß. Abstammung: ›Red Dandy‹ × ›Lilli Marlene‹.

Texas (Poultex, Golden Piccolo). Floribunda-Rose, 1984 von Poulsen gezogen. Abstammung: ›Mini-Poul‹ × Sämling.

Summer Meeting. Floribunda-Rose, 1968 von Harkness gezogen. Niedriger Wuchs. Abstammung: ›Allgold‹ × ›Circus‹.

Merlin. Floribunda-Rose, 1967 von Harkness gezogen. Mittelgroß. Abstammung: ›Pink Parfait‹ × ›Circus‹.

Beauty Queen (Canmiss). Floribunda-Rose, 1984 von Cants gezogen. Gut duftend. Abstammung: noch nicht bekannt.

Irish Rover. Teehybride, 1970 von McGredy gezogen. Mittelgroß. Abstammung: ›Violet Carson‹ × ›Super Star‹.

Taora (Tanta). Floribunda-Rose, 1968 von Tantau gezogen. Hoher Wuchs. Abstammung: ›Fragrant Cloud‹ × ›Schweizer Gruß‹.

King Arthur. Floribunda-Rose, 1967 von Harkness gezogen. Mittelgroß. Abstammung: ›Pink Parfait‹ × ›Highlight‹.

Shepherdess. Floribunda-Rose, 1967 von Mattock gezogen. Mittelgroß. Abstammung: ›Allgold‹ × ›Peace‹.

Dorrit. Floribunda-Rose, 1968 von Sønderhausen gezogen. Mittelgroß. Abstammung: Sämling × ›Folie d'Espagne‹.

Bonfire Night (Bonfire). Floribunda-Rose, 1971 von McGredy gezogen. Mittelgroß. Abstammung: ›Tiki‹ × ›Variety Club‹.

Lively Lady. Floribunda-Rose, 1969 von Cocker gezogen. Mittelgroß. Schwacher Duft. Abstammung: ›Elizabeth of Glamis‹ × ›Super Star‹.

16. Juli, Gardens of the Rose

Rainbow. Moderne Strauchrose, 1974 von Mattock gezogen. Mehrmals blühend. Mittelgroß. Abstammung: noch nicht bekannt.

Dublin Bay. Kletternde Floribunda-Rose, 1976 von McGredy gezogen. Mehrmals blühend. Abstammung: ›Bantry Bay‹ × ›Altissimo‹.

Chivalry (Macpow). Teehybride, 1977 von McGredy gezogen. Hoher, aufrechter Wuchs. Abstammung: ›Peer Gynt‹ × ›Brasilia‹.

Red Rum. Floribunda-Rose, 1976 von Bees gezogen. Abstammung: ›Händel‹ × ›Arthur Bell‹.

Centurion. Floribunda-Rose, 1975 von Mattock gezogen. Mittelgroß. Schwach duftend. Abstammung: ›Evelyn Fison‹ × Sämling. Benannt nach John Mattocks hundertstem Geburtstag.

Minuette (Laminuette). Zwergfloribunda-Rose, 1969 von Lammerts gezogen. Mittelgroß. Schwacher Duft. Abstammung: ›Peace‹ × ›Rumba‹.

Yorkshire Bank (Rutrulo, True Love). Teehybride, 1979 von de Ruiter gezogen. Mittelgroß. Schwacher Duft. Abstammung: ›Pascali‹ × ›Peer Gynt‹.

Black Beauty. Teehybride, 1973 von Delbard gezogen. Niedriger bis mittelhoher Wuchs. Abstammung: (›Gloire de Rome‹ × ›Impeccable‹) × ›Papa Meilland‹.

Roddy McMillan (Cocared). Teehybride, 1982 von Cocker gezogen. Abstammung: (›Fragrant Cloud‹ × ›Postillion‹) × ›Wisbechpold‹.

Olympiad (Macauck). Teehybride, 1983 von McGredy gezogen. Mittelgroß. Schwacher Duft. Von besonders schönem tiefen Rot. Abstammung: ›Red Planet‹ × ›Pharao‹.

Iceberg (Fée des Neiges, Schneewittchen). Floribunda-Rose, 1958 von Kordes gezogen. Hoher bis mittlerer Wuchs. Etwas anfällig für Sternrußtau. Bei Kälte sind die Blüten blaßrosa. Sehr robust. Wahrscheinlich die beste und beliebteste aller weißen Floribunda-Rosen. Ihr Wuchs ist sehr graziös, wenn sie nicht zu viele Nährstoffe bekommt. Kletternde Mutation siehe S. 99. Abstammung: ›Robin Hood‹ (Moschushybride) × ›Virgo‹.

Hamburger Phoenix. Moderne Strauchrose, 1955 von Kordes gezogen. Hoher Wuchs, an Pfählen bis 3 m hoch. Abstammung: *Rosa* × *kordesii* × Sämling.

Sarabande. Floribunda-Rose, 1957 von Meilland gezogen. Niedriger Wuchs. Abstammung: ›Cocorico‹ × ›Moulin Rouge‹.

Hakuun. Floribunda-Rose, 1962 von Poulsen gezogen. Niedriger Wuchs. Abstammung: Sämling × (›Pinocchio‹ × ›Pinocchio‹).

Miracle. Floribunda-Rose, 1962 von Verbeek gezogen. Mittlerer bis hoher Wuchs. Abstammung: Sämling × ›Fashion‹.

Nina Weibull. Floribunda-Rose, 1962 von Poulsen gezogen. Niedriger Wuchs. Abstammung: ›Fanal‹ × ›Maskerade‹.

Coronet. Floribunda-Rose, 1947 von de Ruiter gezogen. Mittelgroß. Abstammung: ›Independence‹ × ›Red Wonder‹.

Hamburger Phoenix

Iceberg

Hakuun

Miracle

Sarabande

Nina Weibull

Coronet

13. Oktober, Portland, Oregon

18. Juli, Wisley

Coventry Cathedral (Cathedral). Floribunda-Rose, 1973 von McGredy gezogen. Mittelgroß. Anfällig für Sternrußtau. Abstammung: (›Little Darling‹ × ›Goldilocks‹) × ›Irish Mist‹.

Sun Flare (Jacjem). Floribunda-Rose, 1981 von Warriner gezogen. Mittelgroß. Abstammung: ›Sunsprite‹ × Sämling.

Bahia. Floribunda-Rose, 1974 von Lammerts gezogen. Mittelgroß. Abstammung: ›Rumba‹ × ›Tropicana‹.

Marina (Rinakor). Floribunda-Rose, 1974 von Kordes gezogen. Hoher Wuchs. Abstammung: ›Colour Wonder‹ × Sämling.

Saratoga. Floribunda-Rose, 1963 von Boerner gezogen. Mittelgroß. Sehr guter Duft. Abstammung: ›White Bouquet‹ × ›Princess White‹.

The Sun. Floribunda-Rose, 1973 von McGredy gezogen. Mittelgroß. Schwacher Duft. Abstammung: (›Little Darling‹ × ›Goldilocks‹) × ›Irish Mist‹.

Granada (Donatella). Teehybride, 1964 von Lindquist gezogen. Mittelgroß. Gut duftend. Abstammung: ›Tiffany‹ × ›Cavalcade‹.

Little Darling. Floribunda-Rose, 1956 von Duehrsen gezogen. Hoher Wuchs. Gut duftend. Abstammung: ›Capt. Thomas‹ × (›Baby Château‹ × ›Fashion‹).

Playboy (Cheerio). Floribunda-Rose, 1976 von Cocker gezogen. Mittelgroß. Abstammung: ›City of Leeds‹ × Sämling.

Orange Silk. Floribunda-Rose, 1968 von McGredy gezogen. Mittelgroß. Abstammung: ›Orangeade‹ × (›Ma Perkins‹ × ›Independence‹).

Grace Abounding. Floribunda-Rose, 1968 von Harkness gezogen. Mittelgroß. Farbe der Blüten reicht von weiß über cremefarben bis zu rosa. Schwach duftend. Abstammung: ›Pink Parfait‹ × ›Penelope‹.

City of Leeds. Floribunda-Rose, 1966 von McGredy gezogen. Mittelgroß. Abstammung: ›Evelyn Fison‹ × (›Spartan‹ × ›Red Favourite‹).

Sir Lancelot. Floribunda-Rose, 1967 von Harkness gezogen. Niedriger bis mittelhoher Wuchs. Anfällig für Mehltau und Sternrußtau. Abstammung: ›Vera Dalton‹ × ›Woburn Abbey‹.

Kerryman. Floribunda-Rose, 1971 von McGredy gezogen. Mittelgroß. Anfällig für Sternrußtau. Abstammung: ›Paddy McGredy‹ × (›Mme Leon Cuny‹ × ›Columbine‹).

Liverpool Echo. Floribunda-Rose, 1971 von McGredy gezogen. Mittelhoher bis hoher Wuchs. Abstammung: (›Little Darling‹ × ›Goldilocks‹) × ›München‹.

12. Juli, Wisley

Amanda

City of Belfast

Busy Lizzie

Fred Loads

Benson and Hedges Gold (Macgem). Teehybride, 1979 von McGredy gezogen. Mittelgroß. Leicht duftend. Abstammung: ›Yellow Pages‹ × (›Arthur Bell‹ × ›Cynthia Brooke‹).

Rocky (Mackepa). Floribunda-Rose, 1979 von McGredy gezogen. Hoher Wuchs, eignet sich auch als Kletterrose. Abstammung: ›Liverpool Echo‹ × [›Evelyn Fison‹ × (›Orange Sweetheart‹ × ›Frühlingsmorgen‹)].

Regensberg (Macyoumis, Young Mistress, Buffalo Bill). Floribunda-Rose, 1979 von McGredy gezogen. Niedriger Wuchs. Schwach duftend. Abstammung: ›Geoff Boycott‹ × ›Old Master‹.

Poppet. Floribunda-Rose, 1979 von Bees gezogen. Schwacher Duft. Abstammung: ›Spartan‹ × ›Arthur Bell‹.

Sue Lawley (Kobold, Macspash). Floribunda-Rose, 1980 von McGredy gezogen. Mittelgroß. Abstammung: Hybride aus ›Frühlingsmorgen‹.

Blue Parfum (Tanfifum, Blue Parfume). Teehybride, 1978 von Tantau gezogen.

Everest Double Fragrance. Floribunda-Rose, 1979 von Beales gezogen. Hoher, aufrechter Wuchs. Guter Duft. Abstammung: ›Dearest‹ × ›Elizabeth of Glamis‹.

Amanda (Beesian). Floribunda-Rose, 1980 von Bees gezogen. Mittelgroß. Abstammung: ›Arthur Bell‹ × ›Zambra‹.

Norwich Castle. Floribunda-Rose, 1979 von Beales gezogen. Mittelgroß. Abstammung: (›Whisky Mac‹ × ›Arthur Bell‹) × Sämling.

Gold Bunny (Meigronuri). Floribunda-Rose, 1978 von Paolino gezogen. Mittelgroß. Anfällig für Sternrußtau. Abstammung: ›Poppy Flash‹ × (›Meiridge‹ × ›Allgold‹).

Alpha (Meinastur). Teehybride, 1975 von Paolino gezogen. Mittelgroß. Abstammung: [(›Show Girl‹ × ›Baccará‹) × ›Romantica‹] × (›Romantica‹ × ›Super Star‹).

City of Belfast. Floribunda-Rose, 1968 von McGredy gezogen. Niedriger bis mittelhoher Wuchs. Abstammung: ›Evelyn Fison‹ × (›Korona‹ × ›Circus‹).

Fred Loads. Floribunda-Rose, 1967 von Holmes gezogen. Mittelhoher bis hoher Wuchs. Schwach duftend. Abstammung: ›Orange Sensation‹ × ›Dorothy Wheatcroft‹.

Moon Maiden. Floribunda-Rose, 1970 von Mattock gezogen. Gut duftend. Abstammung: ›Fred Streeter‹ × ›Allgold‹.

Busy Lizzie (Harbusy). Floribunda-Rose, 1971 von Harkness gezogen. Mittelgroß. Abstammung: (›Pink Parfait‹ × ›Maskerade‹) × ›Dearest‹.

Anne Cocker. Floribunda-Rose, 1971 von Cokker gezogen. Hoher Wuchs. Anfällig für Mehltau. Abstammung: ›Highlight‹ × ›Colour Wonder‹.

Moon Maiden

Anne Cocker

12. Juli, Wisley

Arthur Bell

Baby Bio

Gypsy Moth

Princess Michiko

Fragrant Delight

Coronation Gold. Floribunda-Rose, 1978 von Cocker gezogen. Mittelgroß. Abstammung: (›Sabine‹ × ›Circus‹) × (›Anne Cocker‹ × ›Arthur Bell‹).

John Crossley. Teehybride, 1978 von Wheatcroft gezogen. Abstammung: nicht registriert.

Memento (Dicbar). Floribunda-Rose, 1978 von Dickson gezogen. Mittelgroß. Abstammung: ›Bangor‹ × ›Korbell‹.

Stirling Castle. Floribunda-Rose, 1978 von Cokker gezogen. Niedriger Wuchs. Abstammung: (›Anne Cocker‹ × ›Elizabeth of Glamis‹) × (›Orange Sensation‹ × ›Sweet Repose‹).

Wonder of Woolies. Floribunda-Rose, 1978 von Bees gezogen. Hoher Wuchs. Sehr gut duftend. Abstammung: ›Arthur Bell‹ × ›Elizabeth of Glamis‹.

Fragrant Delight. Floribunda-Rose, 1978 von Wisbech Plant Co. gezogen. Mittelgroß. Guter Duft. Abstammung: ›Chanelle‹ × ›Whisky Mac‹.

Young Venturer (Mattsun). Floribunda-Rose, 1979 von Mattock gezogen. Aufrechter Wuchs. Angenehmer Duft. Abstammung: ›Arthur Bell‹ × ›Cynthia Brooke‹.

Amsterdam. Floribunda-Rose, 1972 von Verschunen gezogen. Mittelgroß. Anfällig für Mehltau. Abstammung: ›Europeana‹ × ›Parkdirektor Riggers‹.

Tabler's Choice. Floribunda-Rose, 1973 von Harkness gezogen. Mittelgroß. Abstammung: (›Orange Sensation‹ × ›Allgold‹) × (›Super Star‹ × ›Piccadilly‹).

Harry Edland. Floribunda-Rose, 1978 von Harkness gezogen. Mittelgroß. Guter Duft. Abstammung: (›Lilac Charm‹ × ›Sterling Silver‹) × [›Blue Moon‹ × (›Sterling Silver‹ × ›Africa Star‹)].

Bobby Dazzler. Floribunda-Rose, 1972 von Harkness gezogen. Mittelgroß. Schwacher Duft. Abstammung: (›Vera Dalton‹ × ›Highlight‹) × (›Anne Elizabeth‹ × ›Circus‹).

Arthur Bell. Floribunda-Rose, 1965 von McGredy gezogen. Hoher Wuchs. Gut duftend. Abstammung: ›Cläre Grammerstorf‹ × ›Piccadilly‹.

Princess Michiko. Floribunda-Rose, 1966 von Dickson gezogen. Mittelgroß. Anfällig für Sternrußtau. Abstammung: ›Spartan‹ × ›Circus‹.

Gypsy Moth. Floribunda-Rose, 1968 von Tantau gezogen. Mittelgroß. Abstammung: nicht registriert.

Baby Bio. Floribunda-Rose, 1977 von Smith gezogen. Niedriger Wuchs. Abstammung: ›Golden Treasure‹ × Sämling.

12. Juli, Wisley

16. Juli, Wisley

June Aberdeen. Floribunda-Rose, 1977 von Cocker gezogen. Mittelgroß. Abstammung: ›Anne Cocker‹ × (›Sabine‹ × ›Circus‹).

Rose Warrior. Floribunda-Rose, 1977 von Le Grice gezogen. Niedriger Wuchs. Abstammung: ›City of Belfast‹ × ›Ronde Endiablée‹.

Purple Splendour. Floribunda-Rose, 1976 von Le Grice gezogen. Mittelgroß. Schwach duftend. Blüht purpurrot. Abstammung: ›News‹ × ›Overture‹.

Red Sprite. Floribunda-Rose, 1974 von Le Grice gezogen. Niedriger Wuchs. Schwacher Duft. Abstammung: nicht registriert.

Yellow Ribbon (Dicalow). Floribunda-Rose, 1977 von Dickson gezogen. Sehr niedriger Wuchs. Abstammung: ›Illumination‹ × ›Stroller‹.

English Miss. Floribunda-Rose, 1978 von Cant gezogen. Niedriger bis mittelhoher Wuchs. Guter Duft. Abstammung: ›Dearest‹ × ›Sweet Repose‹.

Eye Catcher. Floribunda-Rose, 1976 von Cant gezogen. Hoher Wuchs. Angenehmer Duft. Abstammung: ›Arthur Bell‹ × ›Permille Poulsen‹.

Rosedale Farm. Wir schnitten diese Rose in Wisley, aber es gelang uns nicht, etwas über sie in Erfahrung zu bringen!

Stargazer. Floribunda-Rose, 1977 von Harkness gezogen. Niedriger Wuchs. Abstammung: ›Marlena‹ × ›Kim‹.

Blaze Away. Floribunda-Rose, 1979 von Sanday gezogen. Niedriger, buschiger Wuchs. Abstammung: (›Karl Herbst‹ × ›Crimson Glory‹) × ›Sarabande‹.

Megiddo. Floribunda-Rose, 1970 von Gandy gezogen. Mittelgroß. Anfällig für Sternrußtau. Abstammung: ›Coup de Foudre‹ × ›S'Agaro‹.

Burma Star. Floribunda-Rose, 1974 von Cocker gezogen. Hoher Wuchs. Schwach duftend. Abstammung: ›Arthur Bell‹ × ›Manx Queen‹.

Ann Aberconway. Floribunda-Rose, 1976 von Mattock gezogen. Mittelgroß. Abstammung: ›Arthur Bell‹ × Sämling.

Eye Paint. Floribunda-Rose, 1976 von McGredy gezogen. Hoher Wuchs. Anfällig für Sternrußtau. Sehr robust; reagiert empfindlich bei Trokkenheit. Abstammung: Sämling × ›Picasso‹.

Fleur Cowles. Floribunda-Rose, 1972 von Gregory gezogen. Mittelgroß. Aromatischer Duft. Abstammung: ›Pink Parfait‹ × Sämling.

Rob Roy. Floribunda-Rose, 1971 von Cocker gezogen. Mittelgroß. Abstammung: ›Evelyn Fison‹ × ›Wendy Cussons‹.

12. Juli, Wisley

12. Juli, Wisley

Arabeske. Floribunda-Rose, 1978 von Sanday gezogen. Mittelhoher bis hoher Wuchs. Abstammung: (›Gavotte‹ × ›Super Star‹) × ›Super Star‹.

High Summer (Dicbee). Floribunda-Rose, 1978 von Dickson gezogen. Mittelgroß. Abstammung: ›Zorina‹ × ›Ernest H. Morse‹.

Fiesta Flame. Floribunda-Rose, 1978 von Sanday gezogen. Niedriger Wuchs. Abstammung: ›Sarabande‹ × ›Ena Harkness‹.

Judy Garland. Floribunda-Rose, 1978 von Harkness gezogen. Mittelgroß. Duftend. Abstammung: [(›Super Star‹ × ›Circus‹) × (›Sabine‹ × ›Circus‹)] × ›Pineapple Poll‹.

Topeka. Floribunda-Rose, 1978 von der Wisbech Plant Co. gezogen. Mittelgroß. Abstammung: ›Vera Dalton‹ × Sämling.

Mr. E. E. Greenwell. Floribunda-Rose, 1979 von Harkness gezogen. Niedriger Wuchs. Abstammung: ›Jove‹ × ›City of Leeds‹.

Grace Kimmins. Floribunda-Rose, 1973 von Gobbee gezogen. Mittelgroß. Abstammung: ›Dainty Maid‹ × ›Red Dandy‹.

Letchworth Garden City (Harkover). Floribunda-Rose, 1979 von Harkness gezogen. Mittelgroß. Abstammung: (›Sabine‹ × ›Pineapple Poll‹) × (›Circus‹ × ›Mischief‹).

Bright Smile (Dicdance). Floribunda-Rose, 1980 von Dickson gezogen. Niedriger Wuchs. Abstammung: ›Eurorose‹ × Sämling.

Bonnie Hamilton. Floribunda-Rose, 1976 von Cocker gezogen. Mittelgroß. Abstammung: ›Anne Cocker‹ × ›Allgold‹.

Matangi (Macman). Floribunda-Rose, 1974 von McGredy gezogen. Mittelgroß. Abstammung: Sämling × ›Picasso‹.

Crimson Wave (Meiperator). Floribunda-Rose, 1971 von Meilland gezogen. Hoher Wuchs. Abstammung: ›Zambra‹ × [›Sarabande‹ × (›Goldilocks‹ × ›Fashion‹)].

Dame of Sark. Floribunda-Rose, 1976 von Harkness gezogen. Mittelhoher bis hoher Wuchs. Abstammung: (›Pink Parfait‹ × ›Maskerade‹) × ›Tabler's Choice‹.

Old Master. Floribunda-Rose, 1974 von McGredy gezogen. Mittelhoher bis hoher Wuchs. Abstammung: ›Maxi‹ × [(›Evelyn Fison‹ × (›Orange Sweetheart‹ × ›Frühlingsmorgen‹)].

Philip Harvey. Floribunda-Rose, 1973 von Harkness gezogen. Mittelgroß. Abstammung: ›Fragrant Cloud‹ × ›Circus‹.

16. Juli, Gardens of the Rose

Trumpeter

Bonica

Showbiz

Molly McGredy

Jan Spek. Floribunda-Rose, 1966 von McGredy gezogen. Niedriger Wuchs. Abstammung: ›Cläre Grammerstorf‹ × ›Doctor Faust‹.

Vesper. Floribunda-Rose, 1966 von Le Grice gezogen. Mittelgroß. Abstammung: nicht registriert.

Snowline (Edelweiß). Floribunda-Rose, 1970 von Poulsen gezogen. Niedriger bis mittelhoher Wuchs. Abstammung: nicht registriert.

Maestro (Mackinju). Teehybride, 1981 von McGredy gezogen. Mittelgroß. Abstammung: nicht registriert.

Scherzo (Meipuma). Floribunda-Rose, 1975 von Paolino gezogen. Mittelgroß. Schwach duftend. Abstammung: ›Tamango‹ × [›Sarabande‹ × (›Goldilocks‹ × ›Fashion‹)].

Cairngorm. Floribunda-Rose, 1973 von Cocker gezogen. Mittelhoher bis hoher Wuchs. Abstammung: ›Anne Cocker‹ × ›Arthur Bell‹.

Jubilant. Floribunda-Rose, 1967 von Dickson gezogen. Mittelgroß. Bronzefarbenes Laub. Abstammung: ›Dearest‹ × ›Circus‹.

Freedom (Dicjem). Teehybride, 1984 von Dickson gezogen. Niedriger Wuchs. Schwacher Duft. Farbe der Blüten verändert sich nicht. Abstammung: (›Eurorose‹ × ›Typhoon‹) × ›Bright Smile‹.

Seven Seas. Floribunda-Rose, 1971 von Harkness gezogen. Mittelhoher bis hoher Wuchs. Abstammung: ›Lilac Charm‹ × ›Sterling Silver‹.

Molde (Mistigri). Floribunda-Rose, 1964 von Tantau gezogen. Mittelgroß. Abstammung: Sämling × Sämling.

Trumpeter (Mactru). Floribunda-Rose, 1977 von McGredy gezogen. Niedriger Wuchs. Abstammung: ›Satchmo‹ × Sämling.

Bonica (Meidomonac, Demon). Moderne Strauchrose, 1982 von Meilland gezogen. Kräftiger, gebogener Wuchs. Sehr robust. Bildet reichlich orangefarbene Früchte. Blätter sind widerstandsfähig gegen Krankheiten. Abstammung: (*R. sempervirens* × ›Mlle Marthe Carron‹) × ›Picasso‹.

Showbiz (Tanweieke, Ingrid Weibull). Floribunda-Rose, 1981 von Tantau gezogen. Mittelgroß. Abstammung: nicht registriert.

Molly McGredy. Floribunda-Rose, 1969 von McGredy gezogen. Mittelgroß. Abstammung: ›Paddy McGredy‹ × (›Mme Leon Cuny‹ × ›Columbine‹).

12. Juli, Wisley

Mary Sumner (Macstra). Floribunda-Rose, 1976 von McGredy gezogen. Hochwachsend. Abstammung: (›Orangeade‹ × ›Margot Fonteyn‹) × [›Elizabeth of Glamis‹ × (›Little Darling‹ × ›Goldilocks‹)].

Intrigue (Korlech, Lavaglut, Lavaglow). Floribunda-Rose, 1978 von Kordes gezogen. Bis 1 m hoch. Abstammung: ›Gruß an Bayern‹ × Sämling. Nicht zu verwechseln mit der malvenfarbenen ›Intrigue‹ (Jacum), die 1984 von Warriner gezogen wurde (siehe unten).

Nicola. Floribunda-Rose, 1980 von Gandy gezogen. Mittelgroß. Abstammung: nicht registriert.

Kapai (Macgam). Floribunda-Rose, 1977 von McGredy gezogen. Niedriger Wuchs. Stark duftend. Abstammung: ›Madame Bollinger‹ × ›Tombola‹.

Basildon Bond (Harjosine). Teehybride, 1980 von Harkness gezogen. Mittelgroß. Früh blühend, unempfindlich gegen Regen. Abstammung: (›Sabine‹ × ›Circus‹) × (›Yellow Cushion‹ × ›Glory of Ceylon‹).

Painted Lady. Teehybride, 1980 von J. A. Herholdt gezogen. Bronzefarbenes Laub. Abstammung: Sämling × Sämling.

Intrigue (Jacum). Floribunda-Rose, 1984 von Warriner gezogen. Mittelgroß. Zitronenähnliches Aroma. Abstammung: ›White Masterpiece‹ × ›Heirloom‹.

Living Fire. Floribunda-Rose, 1972 von Gregory gezogen. Mittelgroß bis hochwachsend. Abstammung: ›Super Star‹ × unbekannter Sämling.

Greensleeves (Harlenten). Floribunda-Rose, 1980 von Harkness gezogen. Mittelgroß; schwach duftend. Abstammung: (›Rudolph Timm‹ × ›Arthur Bell‹) × Sämling.

Regensberg (Macyoumis, Young Mistress, Buffalo Bill). Floribunda-Rose, 1979 von McGredy gezogen. Niedriger Wuchs. Schwacher Duft. Abstammung: ›Geoff Boycott‹ × ›Old Master‹.

Anne Harkness (Harkararnel). Floribunda-Rose, 1979 von Harkness gezogen. Hochwachsend. Abstammung: ›Bobby Dazzler‹ × [(›Manx Queen‹ × ›Prima Ballerina‹) × (›Chanelle‹ × ›Piccadilly‹)].

Lover's Meeting. Floribunda-Rose, 1980 von Gandy gezogen. Mittelgroß bis hochwachsend. Abstammung: Sämling × ›Egyptian Treasure‹.

Fountain (Fontaine). Floribunda-Rose, 1970 von Tantau gezogen. Mittelgroß. Schwach duftend. Abstammung: nicht registriert.

Poppy Flash (Meilena, Rusticana). Floribunda-Rose, 1971 von Meilland gezogen. Mittelgroß. Abstammung: (›Dany Robin‹ × ›Fire King‹) × (›Alain‹ × ›Mutabilis‹).

Picasso (Macpic). Floribunda-Rose, 1971 von McGredy gezogen. Niedriger bis mittelhoher Wuchs. Anfällig für Sternrußtau. Abstammung: ›Marlena‹ × [›Evelyn Fison‹ × (›Orange Sweetheart‹ × ›Frühlingsmorgen‹)].

Living Fire

Intrigue (Jacum)

Fountain

Picasso

Anne Harkness

Poppy Flash

17. Juli, R. Harkness & Co.

English Holiday. Floribunda-Rose, 1977 von Harkness gezogen. Mittelgroß. Anfällig für Sternrußtau. Abstammung: ›Bobby Dazzler‹ × ›Goldbonnet‹.

Caroline Davison. Floribunda-Rose, 1980 von Harkness gezogen. Niedriger Wuchs. Schwach duftend. Abstammung: ›Tip Top‹ × ›Kim‹.

Iced Ginger. Floribunda-Rose, 1971 von Dickson gezogen. Mittelgroß. Abstammung: ›Anne Watkins‹ × unbekannter Sämling.

Hiroshima's Children (Harmark). Floribunda-Rose, 1985 von Harkness gezogen. Mittelgroß. Farbe der Blüten verändert sich je nach Jahreszeit. Abstammung: noch nicht bekannt.

Harpippin. Kletterrose, 1984 von Harkness gezogen. Bis 2 m hoch. Abstammung: ›Royal Dane‹ × Sämling.

Gardener's Sunday. Floribunda-Rose, 1975 von Harkness gezogen. Mittelgroß. Schwacher Duft. Abstammung: (›Pink Parfait‹ × ›Maskerade‹) × ›Arthur Bell‹.

City of Bradford (Harrotang). Floribunda-Rose, 1986 von Harkness gezogen. Mittelgroß. Abstammung: Hybride aus Sämling.

Lovely Lady (Dicjabel). Teehybride, 1986 von Dickson gezogen. Niedriger Wuchs. Gut duftend. Abstammung: ›Silver Jubilee‹ × (›Eurorose‹ × ›Annabel‹).

Wandering Minstrel. Floribunda-Rose, 1986 von Harkness gezogen. Niedriger Wuchs. Die Farbe der Blüten verändert sich je nach Jahreszeit. Abstammung: ›Dame of Sark‹ × ›Silver Jubilee‹.

Rediffusion Gold (Harquorgold). Floribunda-Rose, 1984 von Harkness gezogen. Niedriger Wuchs. Abstammung: noch nicht bekannt.

Softly Softly (Harkotur). Floribunda-Rose, 1977 von Harkness gezogen. Hochwachsend. Abstammung: [›White Cockade‹ × (›Highlight‹ × ›Colour Wonder‹)] × (›Parkdirektor Riggers‹ × ›Piccadilly‹).

Scented Air. Floribunda-Rose, 1963 von Dickson gezogen. Mittelgroß. Gut duftend. Abstammung: Sämling von ›Spartan‹ × ›Queen Elizabeth‹.

Marlena. Floribunda-Rose, 1964 von Kordes gezogen. Sehr niedriger Wuchs. Abstammung: ›Gertrud Westphal‹ × ›Lilli Marlene‹.

Apricot Nectar. Floribunda-Rose, 1965 von Boerner gezogen. Mittelgroß. Schwacher Duft. Abstammung: Sämling × ›Spartan‹.

Manx Queen (Isle of Man). Floribunda-Rose, 1963 von Dickson gezogen. Mittelgroß. Abstammung: ›Shepherd's Delight‹ × ›Circus‹.

Chinatown (Ville de Chine). Floribunda-Rose, 1963 von Poulsen gezogen. Mittelgroß. Gut duftend. Noch immer eine der besten gelben Floribunda-Rosen. Abstammung: ›Columbine‹ × ›Cläre Grammerstorf‹.

Scarlet Queen Elizabeth. Floribunda-Rose, 1963 von Dickson gezogen. Hochwachsend. Abstammung: ›Korona‹-Sämling × ›Queen Elizabeth‹.

Scented Air

Softly Softly

Apricot Nectar

Manx Queen

Marlena

Chinatown

Scarlet Queen Elizabeth

12. Juli, Wisley

Topsi

Sugar Sweet

Strawberry Ice

Redcliffe

Golden Shot

Sunsilk

Mountbatten (Harmantelle). Floribunda-Rose, 1982 von Harkness gezogen. Mittelgroß bis hochwachsend. Schwacher Duft. Abstammung: ›Peer Gynt‹ × [(›Anne Cocker‹ × ›Arthur Bell‹) × ›Southampton‹].

Wee Jock (Cocabest). Floribunda-Rose, 1980 von Cocker gezogen. Niedriger Wuchs. Abstammung: ›National Trust‹ × ›Wee Man‹.

Court Jester. Floribunda-Rose, 1980 von Cants gezogen. Hoher, aufrechter Wuchs. Abstammung: nicht registriert.

Crathes Castle (Cocathes). Floribunda-Rose, 1980 von Cocker gezogen. Niedriger Wuchs. Abstammung: ›Dreamland‹ × ›Topsi‹.

Princess Michael of Kent (Harlightly). Floribunda-Rose, 1981 von Harkness gezogen. Mittelgroß. Abstammung: ›Manx Queen‹ × ›Alexander‹.

Pretty Maid. Floribunda-Rose, 1982 von Fryers gezogen. Abstammung: nicht registriert.

Georgie Anderson (Andgeo). Floribunda-Rose, 1982 von Anderson gezogen. Abstammung: ›Elizabeth of Glamis‹ × Sämling.

Kumbaya. Floribunda-Rose, 1981 von Sanday gezogen. Niedriger, buschiger Wuchs. Abstammung: ›Chatterbox‹ × ›Allgold‹.

Hannah Gordon (Korweison). Floribunda-Rose, 1983 von Kordes gezogen. Kräftiger Wuchs. Abstammung: Sämling × ›Bordure‹.

Topsi. Floribunda-Rose, 1971 von Tantau gezogen. Sehr niedriger Wuchs. Anfällig für Sternrußtau. Abstammung: ›Fragrant Cloud‹ × ›Fire Signal‹.

Sugar Sweet. Floribunda-Rose, 1973 von Sanday gezogen. Mittelgroß. Gut duftend. Abstammung: ›Wendy Cussons‹ × ›Prima Ballerina‹.

Golden Shot. Floribunda-Rose, 1973 von Martin gezogen. Mittelgroß. Abstammung: Sämling × ›Allgold‹.

Sunsilk. Floribunda-Rose, 1974 von Fryers gezogen. Mittelgroß. Abstammung: ›Pink Parfait‹ × Sämling von ›Redgold‹.

Strawberry Ice. Polyantha-Rose, 1975 von Bees gezogen. Niedriger Wuchs. Abstammung: (›Goldilocks‹ × ›Virgo‹) × (›Orange Triumph‹ × ›Yvonne Rabier‹).

Redcliffe. Floribunda-Rose, 1975 von Sanday gezogen. Mittelgroß. Schwach duftend. Abstammung: Sämling × ›Sarabande‹.

16. Juli, Wisley

16. Juli, Wisley

Piccolo (Tanolokip, Piccola). Floribunda-Rose, 1983 von Tantau gezogen. Abstammung: noch nicht bekannt.

Redland Court. Floribunda-Rose, 1982 von Sanday gezogen. Niedriger bis mittelhoher Wuchs. Kleine Blätter. Abstammung: ›Red Maid‹ × ›Sarabande‹.

Sweet Nell (Cocavoter). Floribunda-Rose, 1983 von Cocker gezogen. Bis 80 cm hoch. Abstammung: (›Anne Cocker‹ × ›Mischief‹) × (›Super Star‹ × ›Circus‹).

Wishing (Dickerfuffle). Floribunda-Rose, 1986 von Dickson gezogen. Niedriger Wuchs. Abstammung: ›Silver Jubilee‹ × ›Bright Smile‹.

Champagne Cocktail (Horflash). Floribunda-Rose, 1985 von Horner gezogen. Abstammung: ›Old Master‹ × ›Southampton‹.

Volunteer (Harquaker). Floribunda-Rose, 1986 von Harkness gezogen. Niedriger Wuchs. Abstammung: ›Dame of Sark‹ × ›Silver Jubilee‹.

Anisley Dickson (Dickimono). Floribunda-Rose, 1985 von Dickson gezogen. Mittelgroß. Abstammung: ›Coventry Cathedral‹ × ›Memento‹.

Vale of Clwyd (Beeval). Floribunda-Rose, 1983 von Bees gezogen. Niedriger Wuchs. Abstammung: ›Händel‹ × ›Arthur Bell‹.

Sonatina. Floribunda-Rose, 1982 von Sanday gezogen. Mittelgroß. Abstammung: ›Red Maid‹ × ›Sarabande‹.

Floral Choice. Floribunda-Rose, 1982 von Fryers gezogen. Abstammung: noch nicht bekannt.

Carefree Beauty (Bucbi). Floribunda-Rose, 1977 von Buck gezogen. Mittelgroß. Gut duftend. Abstammung: Sämling × ›Prairie Princess‹.

Olive (Harpillar). Floribunda-Rose, 1982 von Harkness gezogen. Mittelgroß. Blüten sind unempfindlich gegen Regen. Schwacher Duft. Abstammung: Sämling × ›Dublin Bay‹.

Fervid. Floribunda-Rose, 1960 von Le Grice gezogen. Mittelgroß. Abstammung: ›Pimpernell‹ × ›Korona‹.

Radox Bouquet. Floribunda-Rose, 1981 von Harkness gezogen. Mittelgroß. Guter Duft. Abstammung: (›Alec's Red‹ × ›Piccadilly‹) × [›Southampton‹ × (›Cläre Grammerstorf‹ × ›Frühlingsmorgen‹)].

Just Joey. Teehybride, 1973 von Cant gezogen. Mittelgroß. Schwach duftend. Abstammung: ›Fragrant Cloud‹ × ›Dr. A. J. Verhage‹.

16. Juli, Wisley

Toynbee Hall (Korwonder, Bella Rosa). Floribunda-Rose, 1982 von Kordes gezogen und 1984 von Mattock eingeführt. Niedriger, kräftiger Wuchs. Abstammung: Sämling × ›Träumerei‹.

Avocet (Harpluto). Floribunda-Rose, 1984 von Harkness gezogen. Mittelgroß. Abstammung: ›Dame of Sark‹ × Sämling.

The Times (Korpeahn). Floribunda-Rose, von Kordes gezogen und 1985 eingeführt. Mittelhoher, buschiger Wuchs. Abstammung: ›Tornado‹ × ›Redgold‹.

Glowing Embers (Andglo). Floribunda-Rose, 1982 von Andersons gezogen. Niedriger, buschiger Wuchs. Abstammung: ›Manx Queen‹ × ›Daily Sketch‹.

G. P. & J. Baker (Harrango). Floribunda-Rose, 1984 von Harkness gezogen. Mittelgroß. Abstammung: Sämling × ›Marion‹.

Invincible. Floribunda-Rose, 1983 von de Ruiter gezogen. Mittelgroß. Aufrechter Wuchs. Abstammung: ›Rubella‹ × ›National Trust‹.

Warley Jubilee (Warletu). Floribunda-Rose, 1985 von den Warley Rose Gardens anläßlich des 25jährigen Jubiläums eingeführt. Buschiger Wuchs, bis 80 cm hoch. Abstammung: Mutation von ›Warrior‹.

Sue Ryder (Harlino). Floribunda-Rose, 1980 von Harkness gezogen. Niedriger bis mittelhoher Wuchs. Abstammung: ›Southampton‹ × Sämling.

Bright Eyes. Floribunda-Rose, 1983 von Sanday gezogen. Mittelgroß mit dunkelgrünem Laub. Abstammung: Sämling × ›Circus‹.

Sunshine Princess. Floribunda-Rose, 1983 von Anderson gezogen. Mittelgroß. Abstammung: nicht registriert.

Amber Queen (Harrony). Floribunda-Rose, 1984 von Harkness gezogen. Niedrig bis mittelgroß. Gut duftend. Abstammung: ›Southampton‹ × ›Typhoon‹. Rose des Jahres 1984.

Betty Driver (Gardri). Floribunda-Rose, 1982 von Gandy gezogen. Niedriger, buschiger Wuchs. Abstammung: Sämling × ›Topsi‹.

Beautiful Britain (Dicfire). Floribunda-Rose, 1983 von Dickson gezogen. Niedrig bis mittelgroß. Abstammung: ›Red Planet‹ × ›Eurorose‹. Rose des Jahres 1983.

Arcadian (Macnewye, New Year). Floribunda-Rose, 1982 von McGredy gezogen. Mittelgroß. Schwach duftend. Abstammung: ›Mary Sumner‹ × Sämling.

Bridgewater Pride. Floribunda-Rose, 1982 von Sanday gezogen. Niedriger Wuchs. Guter Duft. Abstammung: ›Vera Dalton‹ × ›Allgold‹.

Alexia (Canlot). Floribunda-Rose, 1984 von Cants gezogen. Mittelgroß. Guter Duft. Abstammung: ›Jubilant‹ × Sämling.

Deb's Delight (Legsweet). Floribunda-Rose, 1983 von Le Grice gezogen. Niedriger Wuchs. Schwach duftend. Abstammung: ›Tip Top‹ × Sämling.

Vital Spark (Cocacert). Floribunda-Rose, 1982 von Cocker gezogen. Mittelgroß. Abstammung: [›Anne Cocker‹ × (›Sabine‹ × ›Circus‹)] × ›Yellow Pages‹.

12. Juli, Wisley

St. Helena (Canlish). Floribunda-Rose, 1983 von Cants gezogen. Mittelgroß. Angenehmer Duft. Abstammung: ›Jubilant‹ × ›Prima Ballerina‹.

Brown Velvet (Maccultra, Color Break). Floribunda-Rose, 1983 von McGredy gezogen. Bis 1 m hoch. Orangefarbene Blüten, die sich bei Kälte bräunlich färben. Abstammung: ›Mary Sumner‹ × ›Kapai‹.

Apogée (Delbaf, Delbal). Teehybride, 1966 von Delbard-Chabert gezogen. Rötlich glänzende Blätter. Schwach duftend. Abstammung: (›Queen Elizabeth‹ × ›Provence‹) × (Sämling von ›Sultane‹ × ›Mme Joseph Perraud‹).

Apogée

17. Juli, R. Harkness & Co.

The Fairy

Colibri

Baby Maskerade

Antique Rose

Roulettii

Jean Mermox

Beauty Secret

Amy Brown (Harkushi). Zwergfloribunda-Rose, von Harkness gezogen und 1979 eingeführt. Abstammung: [›Orange Sensation‹ × (›Highlight‹ × ›Colour Wonder‹)] × (›Parkdirektor Riggers‹ × ›Piccadilly‹).

Esther's Baby (Harkinder). Miniatur-Floribunda-Rose, von Harkness gezogen und 1979 eingeführt. Abstammung: [›Vera Dalton‹ × (›Chanelle‹ × ›Piccadilly‹)] × ›Little Buckaroo‹.

Len Turner. Miniatur-Floribunda-Rose, von Dickson gezogen und 1984 eingeführt. Benannt nach Len Turner, dem Vorsitzenden der Royal National Rose Society (1965-1983). Abstammung: ›Mullard Jubilee‹ × ›Eye Paint‹.

Yvonne Rabier. Zwergpolyantha-Rose, von Turbat gezogen und 1910 eingeführt. Abstammung: *Rosa wichuraiana* × Polyantha-Sämling.

Bianco (Cocblanco). Zwergfloribunda-Rose, von Cocker gezogen und 1983 eingeführt. Abstammung: ›Darling Flame‹ × ›Jack Frost‹.

Fairy Maid (Harlassie). Zwergpolyantha-Rose, von Harkness gezogen und 1981 eingeführt. Abstammung: ›The Fairy‹ × ›Yesterday‹.

Robin Red Breast (Interrob). Miniaturrose, von Interplant gezogen und 1983 eingeführt. Abstammung: unbekannter Sämling × ›Eye Paint‹.

Stacey Sue. Miniaturrose, von Moore gezogen und 1976 eingeführt. Bis 35 cm hoch. Abstammung: ›Ellen Poulsen‹ × ›Fairy Princess‹.

Baby Gold Star (Estrellita de Oro). Miniaturrose, von Dot gezogen und 1940 eingeführt. Sehr große Blüten. Bis 35 cm hoch. Abstammung: ›Eduardo Toda‹ × ›Roulettii‹.

The Fairy. Zwergpolyantha-Rose, von Bentall gezogen und 1932 eingeführt. Abstammung: Sport von ›Lady Godiva‹.

Gentle Touch (Diclulu). Miniaturrose, von Dickson gezogen. Abstammung: noch nicht bekannt. Rose des Jahres 1986.

Colibri. Miniaturrose, von Meilland gezogen und 1959 eingeführt. Sehr große Blüten. Anfällig für Sternrußtau. Abstammung: ›Goldilocks‹ × ›Perla de Montserrat‹.

Baby Maskerade (Baby Carnaval). Miniaturrose, von Tantau gezogen und 1956 eingeführt. Mittelgroß. Buschiger Wuchs. Abstammung: ›Peon‹ × ›Maskerade‹.

Antique Rose (Morcara). Miniaturrose, von Moore gezogen und 1980 eingeführt. Bis 45 cm hoch. Abstammung: ›Baccara‹ × ›Little Chief‹.

Roulettii. Diese Elternpflanze zahlreicher Miniaturrosen wurde von Dr. Roulet in der Schweiz entdeckt, und Henry Correvon aus Genf, der sie 1922 zur Kultivierung einführte, benannte sie nach ihm. Ursprünglich wurde sie als Topfpflanze verwendet, doch sie eignet sich auch für draußen, denn sie ist winterhart. Die Abstammung der ›Roulettii‹ ist unklar. Sie ist eine sehr kleine Form der *R. chinensis*. Graham Stuart Thomas hat festgestellt, daß es sich dabei um eine Mutationsform der Miniaturrose *R. chinensis* ›Pumila‹ handelt.

Jean Mermox (Jean Marmoz). Zwergpolyantha-Rose, von Chenault gezogen und 1937 eingeführt. Abstammung: *R. wichuraiana* × Teehybride.

Beauty Secret. Miniaturrose, von Moore gezogen und 1965 eingeführt. Bis 45 cm hoch. Eignet sich besonders gut als Zimmerpflanze. Abstammung: ›Little Darling‹ × ›Magic Wand‹.

14. Oktober, Justice Mini Roses, Wilsonville, Oregon

Avandel. Miniaturrose, von Moore gezogen und 1977 eingeführt. Abstammung: ›Little Darling‹ × ›New Penny‹.

Carnival Parade. Miniaturrose, von E. D. Wiliams gezogen und 1978 eingeführt. Bis 45 cm hoch. Abstammung: ›Starburst‹ × ›Over the Rainbow‹.

Simplex. Miniaturrose, von Moore gezogen und 1961 eingeführt. Kräftiger Wuchs; muß zurückgeschnitten werden. Widerstandsfähig gegen Krankheiten. Abstammung: (*R. wichuraiana* × ›Floradora‹) × unbekannter Sämling.

Valerie Jeanne. Miniaturrose, von Saville gezogen und 1980 eingeführt. Zur Beachtung: In einigen Böden werden die Blüten mehr malvenfarben. Abstammung: ›Sheri Anne‹ × ›Tamango‹.

Cheerleader (Morcheer). Miniaturrose, von Moore gezogen und 1986 eingeführt. Ohne Duft. Abstammung: ›Fairy Moss‹ × ›Orange Honey‹.

White Angel. Miniaturrose, von Moore gezogen und 1971 eingeführt. Abstammung: (*R. wichuraiana* × ›Floradora‹) × (›Little Darling‹ × roter Miniaturrosen-Sämling.

Ko's Yellow (Mackosyel). Miniaturrose, von McGredy gezogen und 1978 eingeführt. Blühfreudig, widerstandsfähig. Als Containerpflanze geeignet. Abstammung: (›New Penny‹ × ›Banbridge‹) × (›Border Flame‹ × ›Manx Queen‹).

Magic Carrousel. Miniaturrose, von Moore gezogen und 1972 eingeführt. Mittelgroß bis hochwachsend. Ziemlich langstielig, kein Rückschnitt. Abstammung: ›Little Darling‹ × ›Westmont‹.

Rainbow's End (Savalife). Miniaturrose, von Saville gezogen und 1984 eingeführt. Abstammung: noch nicht bekannt.

Minnie Pearl (Savahowdy). Miniaturrose, von Saville gezogen und 1982 eingeführt. Unempfindlich gegen Krankheiten. Abstammung: (›Little Darling‹ × ›Tiki‹) × ›Party Girl‹.

Cricket (Aroket). Miniaturrose, von Christensen gezogen und 1978 eingeführt. Mittelgroß bis hochwachsend. Abstammung: ›Anytime‹ × (›Zorina‹ × ›Dr. A. J. Verhage‹).

Baby Sunrise (Macparlez). Miniaturrose, von McGredy gezogen und 1984 eingeführt. Widerstandsfähig gegen Krankheiten. Als Containerpflanze geeignet. Abstammung: noch nicht bekannt.

Jet Trail. Miniaturrose, von Moore gezogen und 1964 eingeführt. Blüht lange. Mittelhoher bis hoher Wuchs. Widerstandsfähig gegen Krankheiten. Abstammung: ›Little Darling‹ × ›Magic Wand‹.

Mary Marshall. Miniaturrose, von Moore gezogen und 1970 eingeführt. Abstammung: ›Little Darling‹ × ›Fairy Princess‹.

Summer Butter. Miniaturrose, von Saville gezogen und 1979 eingeführt. Widerstandsfähig gegen Krankheiten. Abstammung: ›Arthur Bell‹ × ›Yellow Jewel‹.

Donna Faye. Miniaturrose, von Schwartz gezogen und 1976 eingeführt. Eignet sich als Topfpflanze oder für den Garten. Abstammung: ›Ma Perkins‹ × ›Baby Betsy McCall‹.

China Doll. Zwergpolyantha-Rose, von Lammerts gezogen und 1946 eingeführt. Abstammung: ›Mrs. Dudley Fulton‹ × ›Tom Thumb‹.

Calgold. Miniaturrose, von Moore gezogen und 1977 eingeführt. Abstammung: ›Golden Glow‹ × ›Peachy White‹.

Orange Honey. Miniaturrose, von Moore gezogen und 1979 eingeführt. Abstammung: ›Rumba‹ × ›Over the Rainbow‹.

Happy Thought. Miniaturrose, von Moore gezogen und 1978 eingeführt. Kräftig, buschig. Abstammung: (*R. wichuraiana* × ›Floradora‹) × ›Sheri Anne‹.

Takapuna (Mactenni). Miniaturrose, von McGredy gezogen und 1978 eingeführt. Abstammung. ›New Penny‹ × [(›Cläre Grammerstorf‹ × ›Cavalcade‹) × ›Elizabeth of Glamis‹].

Wee Barbie (Jaybar). Miniaturrose, von Jellyman gezogen und 1980 eingeführt. Abstammung: unbekannter Sämling × unbekannter Sämling.

Lemon Delight. Miniaturrose, von Moore gezogen und 1978 eingeführt. Abstammung: ›Fairy Moss‹ × ›Gold Moss‹.

Cupcake. Miniaturrose, von Spies gezogen und 1981 eingeführt. Abstammung: ›Gene Boerner‹ × (›Gay Princess‹ × ›Yellow Jewel‹).

Rise 'n' Shine. Miniaturrose, von Moore gezogen und 1977 eingeführt. Große Blüten. Mittelgroß bis hochwachsend. Anfällig für Mehltau und Sternrußtau. Abstammung: ›Little Darling‹ × ›Yellow Magic‹.

Peachy White. Miniaturrose, von Moore gezogen und 1976 eingeführt. Abstammung: ›Little Darling‹ × ›Red Germain‹.

Calgold

Orange Honey

Happy Thought

Takapuna

Wee Barbie

Lemon Delight

Cupcake

Rise 'n' Shine

Peachy White

16. Juli, Gardens of the Rose

Mighty Mouse (Magmigmou). Zwergfloribunda-Rose, von McGredy gezogen und 1980 eingeführt. Abstammung: ›Anytime‹ × ›Eye Paint‹.

Angela Rippon (Ocaru, Ocarina). Miniaturrose, von de Ruiter gezogen und 1978 eingeführt. Mittelgroß. Buschiger Wuchs. Abstammung: ›Rosy Jewel‹ × ›Zorina‹.

Minijet (Meirotego). Miniaturrose, von Meilland gezogen und 1977 eingeführt. Abstammung: ›Seventeen‹ × (›Mon petit‹ × ›Perla de Montserrat‹).

Bonnie Hamilton. Floribunda-Rose, von Cocker gezogen und 1976 eingeführt. Abstammung: ›Anne Cocker‹ × ›Allgold‹.

Meirov (Meillandina). Miniaturrose, von Paolino gezogen und 1973 eingeführt. Bis 45 cm hoch. Abstammung: ›Rumba‹ × (›Dany Robin‹ × ›Fire King‹).

Snow Carpet (Maccarpe). Miniaturrose, von McGredy gezogen und 1980 eingeführt. Als Bodendecker geeignet. Abstammung: ›New Penny‹ × ›Temple Bells‹.

Wanaka (Longleat, Macinca, Young Cale). Miniaturrose, von McGredy gezogen und 1978 eingeführt. Abstammung: ›Anytime‹ × ›Trumpeter‹.

Anabell (Korbell). Floribunda-Rose, von Kordes gezogen und 1972 eingeführt. Abstammung: ›Zorina‹ × ›Colour Wonder‹.

Sunday Times. Zwergfloribunda-Rose, von McGredy gezogen und 1972 eingeführt. Abstammung: nicht registriert.

Dainty Dinah (Cocamond). Floribunda-Rose, von Cocker gezogen und 1981 eingeführt. Abstammung: ›Anne Cocker‹ × ›Wee Man‹.

Peek a Boo (Dicgrow, Brass Ring). Miniaturrose, von Dickson gezogen und 1981 eingeführt. Abstammung: (›Bangor‹ × ›Korbell‹) × ›Nozomi‹.

Travesti. Zwergfloribunda-Rose, von de Ruiter gezogen und 1965 eingeführt. Abstammung: ›Orange Sensation‹ × ›Circus‹.

Disco Dancer (Dicinfra). Zwergfloribunda-Rose, von Dickson gezogen und 1984 eingeführt. Abstamm.: ›Coventry Cathedral‹ × ›Memento‹.

Seaspray (Macnew, Macnewing). Zwergfloribunda-Rose, von McGredy gezogen und 1982 eingeführt. Abstammung: ›Anytime‹ × ›Moana‹.

Little Jewel (Cocabel). Zwergfloribunda-Rose, von Cocker gezogen und 1980 eingeführt. Niedriger, dichter Wuchs. Abstammung: ›Wee Man‹ × ›Belinda‹.

Little Eskimo (Morwhit). Miniaturrose, von Moore gezogen und 1981 eingeführt. Abstammung: *R. wichuraiana* × ›Floradora‹.

Galaxy (Morgal). Miniaturrose, von Moore gezogen und 1980 eingeführt. Buschiger, kräftiger Wuchs. Blütenreich, blüht ununterbrochen die ganze Saison hindurch. Abstammung: ›Fairy Moss‹ × ›Fire Princess‹.

Fairlane. Miniaturrose, von Schwartz gezogen und 1980 eingeführt. Widerstandsfähig gegen Krankheiten. Abstammung: ›Charlie McCarthy‹ × nicht genannter Sämling.

Chipper

Fairlane

Earthquake

Galaxy

Baby Katie

Centrepiece

Chipper. Miniaturrose, von Meilland gezogen und 1966 eingeführt. Abstammung: (Sämling von ›Dany Robin‹ × ›Fire King‹) × ›Perla de Montserrat‹.

Baby Katie. Miniaturrose, von Saville gezogen und 1978 eingeführt. Widerstandsfähig gegen Krankheiten. Abstammung: ›Sheri Anne‹ × ›Watercolor‹.

Centrepiece (Savapiece). Miniaturrose, von Saville gezogen und 1984 eingeführt. Abstammung: noch nicht bekannt.

Earthquake (Morquake). Miniaturrose, von Moore gezogen und 1983 eingeführt. Abstammung: noch nicht bekannt.

Little Eskimo

14. Oktober, Justice Mini Roses, Wilsonville, Oregon

Jelly Bean (Savabean). Miniaturrose, von Saville gezogen und 1982 eingeführt. Reich blühend. Sehr niedrig. Abstammung: nicht genannter Sämling × ›Poker Chip‹.

Tara Allison. Miniaturrose, von McGredy gezogen und 1986 eingeführt. Abstammung: noch nicht bekannt.

Singles Better (Savabet). Miniaturrose, von Saville gezogen und 1985 eingeführt. In voller Sonne sind die Blüten rot, während sie sich im Schatten bläulich färben. Widerstandsfähig gegen Krankheiten. Abstammung: noch nicht bekannt.

Green Ice. Miniaturrose, von Moore gezogen und 1971 eingeführt. Sehr blütenreich. Eignet sich gut für Blumenampeln. Abstammung: (*R. wichuraiana* × ›Floradora‹) × ›Jet Trail‹.

Helen Boehm (Aroprawn). Miniaturrose, von Christensen gezogen und 1983 eingeführt. Nicht zuverlässig winterhart. Abstammung: ›Foxy Lady‹ × ›Deep Purple‹.

Puppy Love. Miniaturrose, von Schwartz gezogen und 1978 eingeführt. Abstammung: ›Zorina‹ × nicht genannter Sämling.

Cherry's Jubilee. Wir haben diese außergewöhnlich gefärbte Rose in Justice's Rosenschule in der Nähe von Portland, Oregon, geschnitten, aber es ist uns nicht gelungen, etwas über sie zu erfahren.

Sweet Chariot (Morchari). Miniaturrose, von Moore gezogen und 1984 eingeführt. Lavendelfarbene Blüten. Schwach duftend. Abstammung: noch nicht bekannt.

Littlest Angel. Miniaturrose, von Schwartz gezogen und 1976 eingeführt. Sehr niedrig und kompakt. Abstammung: Sämling von ›Gold Coin‹ × nicht genannter Miniaturrosen-Sämling.

Red Flush. Miniaturrose, von Schwartz gezogen und 1978 eingeführt. Abstammung: nicht registriert.

Baby Betsy McCall. Miniaturrose, von Morey gezogen und 1960 eingeführt. Als Containerpflanze geeignet. Widerstandsfähig gegen Krankheiten. Abstammung: ›Cécile Brunner‹ × ›Rosy Jewel‹.

Cuddles. Miniaturrose, von Schwartz gezogen und 1978 eingeführt. Als Containerpflanze geeignet. Schwach duftend. Widerstandsfähig gegen Krankheiten. Abstammung: ›Zorina‹ × nicht genannter Sämling.

You 'n' Me (Seayou). Miniaturrose, von McCann gezogen und 1985 eingeführt. Abstammung: noch nicht bekannt.

Little Sir Echo. Miniaturrose, von Schwartz gezogen und 1977 eingeführt. Guter Duft. Abstammung: ›Ma Perkins‹ × ›Baby Betsy McCall‹.

Betty Bee (Blabee). Miniaturrose, von Blazey gezogen und 1983 eingeführt. Als Containerpflanze geeignet. Abstammung: nicht bekannt.

Hokey Pokey. Miniaturrose, von Saville gezogen und 1980 eingeführt. Widerstandsfähig gegen Krankheiten. Einfach zu ziehen. Abstammung: ›Rise 'n' Shine‹ × ›Sheri Anne‹.

Holy Toledo (Arobri). Miniaturrose, von Christensen gezogen und 1978 eingeführt. Hochwachsend. Nicht verläßlich winterhart. Abstammung: ›Gingersnap‹ × ›Magic Carrousel‹.

Honest Abe (Aron). Miniaturrose, von Christensen gezogen und 1978 eingeführt. Kräftig, buschig. Abstamm.: ›Fairy Moss‹ × ›Rubinette‹.

Purple Fantasy. Miniaturrose, von Dobbs gezogen und 1982 eingeführt. Abstammung: ›Blue Mist‹ × ›Snow Magic‹.

Popcorn. Miniaturrose, von Morey gezogen und 1973 eingeführt. Honigduft. Abstammung: ›Katharina Zeimet‹ × ›Diamond Jewel‹.

Pacesetter (Pace Setter). Miniaturrose, von Schwartz gezogen und 1979 eingeführt. Abstammung: ›Ma Perkins‹ × ›Magic Carrousel‹.

Memory Lane. Miniaturrose, von Moore gezogen und 1973 eingeführt. Duftend. Eignet sich gut als Zimmerpflanze. Abstammung: ›Pinocchio‹ × ›William Lobb‹.

Anita Charles (Mornita). Miniaturrose, von Moore gezogen und 1981 eingeführt. Rückschnitt ist erforderlich, um gutes Wachstum zu erhalten. Abstammung: ›Golden Glow‹ (Brownell) × ›Over the Rainbow‹.

Baby Eclipse. Miniaturrose, 1984 von Moore gezogen. Sehr hohe Pflanze mit großen Blüten. Abstammung: noch nicht bekannt.

Angel Darling. Miniaturrose, von Moore gezogen und 1976 eingeführt. Duftend. Abstammung: ›Little Chief‹ × ›Angel Face‹.

Acey Deucy (Savathree). Miniaturrose, von Saville gezogen und 1982 eingeführt. Kräftiger Wuchs. Für Container geeignet. Abstammung: ›Yellow Jewel‹ × ›Tamango‹.

Ada Perry. Miniaturrose, von Bennett gezogen und 1978 eingeführt. Abstammung: ›Little Darling‹ × ›Coral Treasure‹-Sämling.

Hokey Pokey

Holy Toledo

Honest Abe

Purple Fantasy

Popcorn

Pacesetter

Memory Lane

Anita Charles

Baby Eclipse

Angel Darling

Acey Deucy

Ada Perry

18. Juli, Wisley

Petit Four

Mini Metro

Little Flirt

Tapis Jaune

Darling Flame

Dreamglo

Pink Posy (Cocanelia). Polyantha-Rose, von Cocker gezogen und 1983 eingeführt. Abstammung: ›Trier‹ × ›New Penny‹.

Gold Pin. Miniaturrose, von Mattock gezogen und 1974 eingeführt. Halbgefüllte Blüten. Junges Laub ist bronzegrün. Anfällig für Sternrußtau. Schwacher Duft. Abstammung: nicht registriert.

Minuette (Laminuette). Zwergfloribunda-Rose, von Lammerts gezogen und 1969 eingeführt. Abstammung: ›Peace‹ × ›Rumba‹.

Fire Princess. Miniaturrose, von Moore gezogen und 1969 eingeführt. Bis 45 cm hoch. Abstammung: ›Baccará‹ × ›Eleanor‹.

Pink Sunblaze (Pink Meillandina, Meijidiro). Miniaturrose, von Meilland gezogen und 1982 eingeführt. Abstammung: Sport von ›Meijikatar‹.

Chelsea Pensioner (Mattche). Miniaturrose, von Mattock gezogen und 1982 eingeführt. Abstammung: Sämling von ›Gold Pin‹ × namenloser Sämling.

Swany (Meiburenac). Miniaturrose, von Meilland gezogen und 1978 eingeführt. Als Bodendecker geeignet. Abstammung: *R. sempervirens* × ›Mlle Marthe Caron‹.

Angela Rippon (Ocarina, Ocaru). Miniaturrose, von de Ruiter gezogen und 1978 eingeführt. Mittelgroß. Buschiger Wuchs. Abstammung: ›Rosy Jewel‹ × ›Zorina‹.

Benson and Hedges Special (Macshana, Dorola). Miniaturrose, von McGredy gezogen und 1982 eingeführt. Abstammung: ›Minuetto‹ × ›Mabella‹.

Clarissa (Harpocrustes). Zwergpolyantha-Rose, von Harkness gezogen und 1983 eingeführt. Abstammung: ›Southampton‹ × ›Darling Flame‹.

Dwarfking (Zwergkönig). Miniaturrose, von Kordes gezogen und 1954 eingeführt. Mittelgroß bis hochwachsend. Abstammung: ›World's Fair‹ × ›Peon‹.

Penelope Keith (Freegold, Macfreego). Miniaturrose, von McGredy gezogen und 1983 eingeführt. Abstammung: noch nicht bekannt.

Mood Music. Miniatur-Moosrose, von Moore gezogen und 1977 eingeführt. Abstammung: ›Fairy Moss‹ × ›Goldmoss‹.

Royal Baby (Debrad). Zwergfloribunda-Rose, von Bracegirdle gezogen und 1982 eingeführt. Abstammung: ›Generosa‹ × ›Baby Darling‹.

Orange Sunblaze (Meijikatar, Sunblaze, Orange Meillandina). Miniaturrose, von Meilland gezogen und 1982 eingeführt. Abstammung: ›Meichanso‹ × (›Meidacinu‹ × ›Duchess of Windsor‹.

Hula Girl. Miniaturrose, von Williams gezogen und 1975 eingeführt. Sehr große, volle Blüten. Hochwachsend. Fruchtiger Duft. Abstammung: ›Miss Hillcrest‹ × ›Mabel Dot‹.

Fashion Flame. Miniaturrose, von Moore gezogen und 1977 eingeführt. Mittelgroß. Nicht zuverlässig winterhart. Abstammung: ›Little Darling‹ × ›Fire Princess‹.

Baby Faurax. Zwergpolyantha-Rose, von Lille gezogen und 1924 eingeführt. Abstammung: nicht registriert.

Petit Four (Interfour). Miniaturrose, von Interplant gezogen und 1982 eingeführt. Duftend. Abstammung: Sämling von ›Marlena‹ × namenloser Sämling.

Mini Metro (Finstar, Rutin). Miniaturrose, von de Ruiter gezogen und 1979 eingeführt. Abstammung: ›Minuette‹ × Sämling.

Little Flirt. Miniaturrose, von Moore gezogen und 1961 eingeführt. Die Farbe der Blüten verblaßt schnell. Mittelgroß bis hochwachsend. Abstammung: (*R. wichuraiana* × ›Floradora‹) × (›Golden Glow‹ × ›Zee‹).

Tapis Jaune (Rugul). Miniaturrose, von de Ruiter gezogen und 1973 eingeführt. Abstammung: ›Rosy Jewel‹ × ›Allgold‹.

Darling Flame. Miniaturrose, von Meilland gezogen und 1971 eingeführt. Mittelgroß bis hochwachsend. Leicht anfällig für Sternrußtau. Abstammung: (›Rimosa‹ × ›Rosina‹) × ›Zambra‹.

Dreamglo. Miniaturrose, von E. D. Williams gezogen und 1978 eingeführt. Hoher, aufrechter Wuchs. Abstammung: ›Little Darling‹ × ›Little Chief‹.

18. Juli, Wisley

18. Juli, Wisley

Snowball

Golden Angel. Miniaturrose, von Moore gezogen und 1975 eingeführt. Mittelgroß mit ziemlich großen Blüten und Blättern. Abstammung: ›Golden Glow‹ × (›Little Darling‹ × Sämling).

Lavender Jewel. Miniaturrose, von Moore gezogen und 1978 eingeführt. Große, gefüllte Blüten. Mittelgroß bis hochwachsend. Widerstandsfähig gegen Krankheiten. Abstammung: ›Little Chief‹ × ›Angel Face‹.

Air France (Meifinaro, American Independence, Rosy Meillandina). Miniaturrose, von Meilland gezogen und 1982 eingeführt. Abstammung: ›Meirotego‹ × (›Darling Flame‹ × ›Perla de Montserrat‹).

Little Buckaroo. Miniaturrose, 1956 von Moore gezogen und eingeführt. Hoher, aufrechter Wuchs. Abstammung: (*R. wichuraiana* × ›Floradora‹) × (›Oakington Ruby‹ × ›Floradora‹).

Green Diamond. Miniaturrose, von Moore gezogen und 1975 eingeführt. Sehr kleine Blüten, die sich nicht immer ganz öffnen. Abstammung: Sämling × ›Sheri Anne‹.

Pour Toi (For You, Para Ti, Wendy). Miniaturrose, von Dot gezogen und 1946 eingeführt. Buschiger Wuchs. Mittelgroß. Abstammung: ›Eduardo Toda‹ × ›Pompon de Paris‹.

Dresden Doll. Miniatur-Moosrose, von Moore gezogen und 1975 eingeführt. Abstammung: ›Fairy Moss‹ × namenloser Mooshybriden-Sämling.

Swedish Doll. Miniaturrose, von Moore gezogen und 1976 eingeführt. Abstammung: ›Fire King‹ × ›Little Buckaroo‹.

Sheri Anne. Miniaturrose, von Moore gezogen und 1973 eingeführt. Hochwachsend; große Blüten mit angenehmem Duft. Abstammung: ›Little Darling‹ × ›New Penny‹.

Starina. Miniaturrose, von Meilland gezogen und 1965 eingeführt. Große Blüten. Abstammung: (›Dany Robin‹ × ›Fire King‹) × ›Perla de Montserrat‹.

Yellow Sunblaze (Yellow Meillandina, Meitrisical). Miniaturrose, von Meilland gezogen und 1980 eingeführt. Abstammung: [›Poppy Flash‹ × (›Meiridge‹ × ›Allgold‹)] × ›Gold Coin‹.

Gypsy Jewel. Miniaturrose, von Moore gezogen und 1975 eingeführt. Gebogener Wuchs. Große, gefüllte Blüten. Abstammung: ›Little Darling‹ × ›Little Buckaroo‹.

Josephine. Miniaturrose, 1969 von Moore gezogen. Abstammung: (*R. wichuraiana* × ›Carolyn Dean‹) × ›Jet Trail‹.

Fairy Ring (Harnicely). Zwergpolyantha-Rose, von Harkness gezogen. Niedriger, buschiger Wuchs. Blüht Sommer und Herbst hindurch. Abstammung: ›The Fairy‹ × ›Yesterday‹.

Snowdrop (Amoru). Miniaturrose, von de Ruiter gezogen und 1978 eingeführt. Mittelgroß bis hochwachsend. Abst.: ›Rosy Jewel‹ × ›Zorina‹.

Indian Sunblaze (Carol-Jean). Miniaturrose, von Moore gezogen und 1977 eingeführt. Abstammung: ›Pinocchio‹ × ›Little Chief‹.

Royal Occasion (Montana). Zwergfloribunda-Rose, von Tantau gezogen und 1974 eingeführt. Abstammung: ›Walzertraum‹ × ›Europeana‹.

Toy Clown. Miniaturrose, von Moore gezogen und 1966 eingeführt. Halbgefüllte Blüten. Nicht besonders robust. Abstammung: ›Little Darling‹ × ›Magic Wand‹.

Anna Ford (Harpiccolo). Miniatur-Floribunda-Rose, von Harkness gezogen und 1980 eingeführt. Abstammung: ›Southampton‹ × ›Darling Flame‹.

Red Ace (Amruda). Miniaturrose, von de Ruiter gezogen und 1982 eingeführt. Abstammung: ›Rise 'n' Shine‹ × ›Sheri Anne‹.

Blue Peter (Bluenette, Ruiblun). Miniaturrose, von de Ruiter gezogen und 1983 eingeführt. Abstammung: ›Little Flirt‹ × Sämling.

Anytime. Miniaturrose, von McGredy gezogen und 1973 eingeführt. Sehr blütenreich. Widerstandsfähig gegen Krankheiten. Als Containerpflanze geeignet. Abstammung: ›New Penny‹ × ›Elizabeth of Glamis‹.

Bit O'Sunshine. Miniaturrose, von Moore gezogen und 1956 eingeführt. Mittelgroß bis hochwachsend. Anfällig für Mehltau. Abstammung: ›Copper Glow‹ × ›Zee‹.

Boy's Brigade (Cocdinkum). Zwergfloribunda-Rose, von Cocker gezogen und 1983 eingeführt. Abstammung: (›Darling Flame‹ × ›Saint Alban‹) × (›Little Flirt‹ × ›Marlena‹.

Stars 'n' Stripes. Miniaturrose, von Moore gezogen und 1976 anläßlich der Zweihundertjahrfeier der USA eingeführt. Bis 60 cm hoch. Sehr große, halbgefüllte Blüten. Abstammung: (›Little Chief‹ × Sämling) × (›Little Darling‹ × ›Ferdinand Pichard‹).

Little Prince (Coccord). Zwergfloribunda-Rose, von Cocker gezogen und 1983 eingeführt. Abstammung: ›Darling Flame‹ × (›National Trust‹ × ›Wee Man‹).

Yorkshire Sunblaze (Meiblam, White Meillandina). Miniaturrose, von Meilland gezogen und 1984 eingeführt. Abst.: noch nicht bekannt.

Yesterday (Tapis d'Orient). Zwergfloribunda-Rose, von Harkness gezogen und 1974 eingeführt. Abstammung: (›Phyllis Bide‹ × ›Shepherd's Delight‹) × ›Ballerina‹.

Snowball (Macangeli). Miniaturrose, von McGredy gezogen und 1984 eingeführt. Nicht duftend. Abstammung: nicht registriert.

2. September, Valley Gardens, Windsor

Rosa soulieana Crep. Zierliche Kletterrose, bis 4 m hoch, mit lockeren Trieben und zahlreichen gekrümmten, blassen Stacheln. Zart blau- oder graugrünes Laub; 7-9 ovale oder verkehrt eiförmige, an der Spitze abgerundete Blättchen, bis 2,5 cm lang, kahl bis auf die untere Mittelrippe. Weiße Blüten mit goldenen Staubfäden. 3,75 cm breit, kleine Doldenrispen bis 15 cm breit. Blütenstiele und Kelch drüsig. Ovale, orangerote Früchte, 1,2 cm lang. Stammt aus Mittelchina und wächst auf felsigen Hängen im westlichen Szetschuan. Sie wurde von dem französischen Missionar Abbé Soulie entdeckt und nach Frankreich gebracht. Charakteristisch sind ihre graugrünen, abgerundeten, ziemlich kleinen Blättchen. Verglichen mit der *R. brunonii* blüht sie recht spät, meist im Juli.

Rosa glutinosa Sibth. & Sm. Ähnlich der *R. serafinii* (S.18), hat jedoch Blütenstiele und junge (reife) Hagebutten mit zahlreichen Stieldrüsen sowie drüsigen und feinbehaarten Blättchen.

Rosa corymbulosa Rolfe. Strauchrose, bis 2 m hoch, mit wenigen dünnen, geraden Stacheln. 3-5 eiförmig-längliche Blättchen, bis 5 cm lang, unten bläulich und behaart. Blüten in doldenartigen Ständen von 1-12, etwa 2,5 cm breit, dunkelrosa, mit Doldenrispen. Blütenstiele drüsig. Kugelförmige Hagebutten, etwa 7,5 mm Durchmesser, mit ausdauernden Kelchblättern. Im Norden Chinas, in Hupeh und Schan-xi beheimatet. 1907 von Wilson eingeführt.

Rosa microrugosa Henkel. Hybride aus *R. rugosa* (S.100) und *R. roxburghii*, mit großen blaßrosa Blüten, die sich lange halten.

R. nitida (S. 21)

R. glauca (S. 18)

R. ›Wolley-Dod‹ (S. 29)

R. californica (S. 27)

R. canina (S. 28)

R. rugosa (S. 100)

R. mollis (S. 28)

R. glutinosa (siehe oben)

R. corymbulosa (siehe oben)

R. microrugosa (siehe oben)

2. September, Valley Gardens, Windsor

R. davidii, Hillier-Baumschule, Hampshire

R. moyesii (S. 23)

R. pendulina (S. 23)

R. ›Wintonensis‹ (*R. moyesii* × *R. setipoda*)

R. setipoda (S. 23)

Rosenzüchter

Australien
Rainbow Roses, 433 Scoresby Road, Ferntree Gully, Victoria 3156.
Ross Roses, St. Andrews Tce, P. O. Box 23, Willunga, S. A. 5172.
Swane's Nursery, Swane Bros. Pty Ltd. Inc., Galston Road, Dural 2158, Neusüdwales.
Treloar Roses Pty Ltd., Keillors Road, Portland, Victoria 3305.
Honeysuckle Cottage, lot 35, Bowen Mountain Road, NSW 2753. (Hier gibt es viele alte und seltene Pflanzen).

Europa
Georges Delbard, 16 Quai de la Mégisserie, 75038 Paris Cedex 01, Frankreich.
Rosenschule Gaujard S. A.; 38 Route de Lyon, 69320 Feyzin, Isère, Frankreich.
Rosenschule Hauser, 2028 Vaumarcus, Neuchâtel, Schweiz.
Richard Huber AG, Rosenkulturen, 5605 Dottikon AG, Schweiz.
W. Kordes Söhne, Rosenstraße 54, 2206 Klein Offenseth, Sparrieshoop, Holstein, Bundesrepublik Deutschland.
J. D. Maarse & Zonen B. V., Handels Kwekerijen, Oosteinderweg 489, 1432 B. J. Aalsmeer, Holland.
Meilland-Richardier, 50 Rue Deperet, 69160 Tassin-la-Demi-Lune, Frankreich.
Poulsen, Rosenschulen, ApS Hillerodvej 29, 3480 Fredensborg, Dänemark.
Tantau, Rosenschulen, Tornescher Weg 13, Postfach 1344, 2082 Uetersen bei Hamburg, Bundesrepublik Deutschland.

Großbritannien
David Austin Roses, Bowling Green Lane, Albrighton, Wolverhampton WV7 3HB.
Peter Beales Roses, London Road, Attleborough, Norfolk.
Cants of Colchester Ltd., Agriculture House, Mile End Road, Colchester, Essex CO4 5EB.
James Cocker & Sons, Whitemyres, Lang Stracht, Aberdeen.
Dickson Nurseries Ltd., Milecross Road, Newtownards, Co., Down, Nordirland.
R. Harkness & Co. Ltd., The Rose Gardens, Cambridge, Hitchin, Herts SG4 0JT.
Hilliers Nurseries (Winchester) Ltd., Ampfield House, Romsey, Hants SO5 9PA.
Le Grice Nurseries, Norwich Road, North Walsham, Norfolk NR28 0DR.
John Mattock Ltd., The Rose Nurseries, Nuneham Courtenay, Oxford OX9 9PY.
Notcutts Nurseries Ltd., Woobridge, Suffolk IP12 4AF.
Wheatcroft Roses Ltd., Edwalton, Nottingham NG12 4DE.
Warley Rose Gardens Ltd., Warley Street, Great Warley, Brentwood, Essex CM13 3JH.

Kanada
Aubin Nurseries Ltd., PO Box 1089, Carman, Manitoba, Canada ROG 090.
Hortico, Inc., 723 Robson Road, RR1, Waterdown, Ontario, Canada LOR 2HO.
Roses by Walter LeMire, Hwy. 3 and Oldcastle Road, North, RR1, Oldcastle, Ontario, Canada NOR 1LO.
Pickering Nurseries, Inc., 670 Kingston Road (Hwy.2), Pickering, Ontario, Canada L1V 1A6.
Morden Nurseries, PO Box 1270, Morden, Manitoba, Canada ROG 1JO.
Carl Pallek & Son, Box 137, Virgil, Ontario, Canada LOS 1TO.

Neuseeland
Egmont Roses, Cowling Road, New Plymouth.
Avenue Roses, The Avenue, Levin.
Roselynn Nurseries, McKean Road, Whenuapai, Auckland.
Sam McGredy Roses International, 130b Beach Road, Castor Bay, Auckland.

USA
Armstrong Roses, P. O. Box 1020, Somis, CA 93066.
Fred Edmunds Inc, 6235 S. W. Kahle Road, Wilsonville, OR 97070.
Jackson & Perkins Company, 1 Rose Lane, Medford, OR 97501.
Carl Pallek & Son, Box 137, Virgil, Ontario, Kanada LOS 1TO.
Roses of Yesterday and Today, 802 Brown's Valley Rd, Watsonville, CA 95076.
Stocking Rose Nursery, 785 North Capitol Avenue, San José, Ca 95133.
Thomasville Nurseries Inc., P. O. Box 7, Thomasville, GA 31799.
Wayside Gardens, Hodges, SC 29695-0001.
Carroll Gardens Inc., P. O. Box 310, 444 East Main Street, Westminster, MD 21157.
Sequoia Nursery, Moore Miniature Roses, 2519 East Noble Avenue, Visalia, CA 93277.
Nor-East Miniature Roses, 58 Hammond Street, Rowley, MA 10969.
Anitque Rose Emporium, RT 5 Box 143, Brenham TX 77833.
Gloria Dei Nursery, 36 East Road, High Falls Park, High Falls NY 12440.
Donovan's Roses, PO Box 37, 800, Shreveport LA 71133-7800.
Farmer Seed & Nursery Co., PO Box 129, Fairbault MN 55021.
Hastings, 434 Marietta Street N. W., PO Box 4274, Atlanta GA 30302-4274.
Heritage Rose Gardens, 40350 Wilderness Road, Branscomp CA 95417.
High Country Rosarium, 1717 Downing Street at Park Avenue, Denver CO 80218.
Historical Roses Inc., 1657 W. Jackson St., Painesville OH 44077.
Inter-State Nurseries Inc., PO Box 208, Hamburg IA 51640-0208.
Justice Miniature Roses, 5947 S. W. Kahle Road, Wilsonville OR 97070.
Kelly Brothers Nurseries Inc., Dansville KY 14437.
Lamb Nurseries, East 101 Sharp Avenue, Spokane WA 99202.
Liggett's Rose Nursery, 1206 Curtiss Avenue, San Jose CA 95125.
McDaniel's Miniature Roses, 7523 Zemco Street, Lemon Grove CA 92045.
Mellinger's 2310 West South Range Road, North Lima OH 44452-9731.
Mini Roses, PO Box 4255, Station A, Dallas TX 75208.
Miller Nurseries, 5060 West Lake Road, Canaduigua NY 14424.
Richard Owen Nursery, 2300 E. Lincoln Street, Bloomington IL 61701.
Roseway Nurseries Inc., 1567 Guild Road, PO Box 269, Woodland WA 98674.
P. O. Tate Nursery, Rt. 20 Box 436, Tyler TX 75708.

Rosengärten

In den meisten Rosenschulen können Besucher die Rosen in voller Blüte bewundern. Zudem haben einige, und nicht nur die nachfolgend aufgeführten, Rosen in Schaugärten angepflanzt.

Großbritannien
Cambridge University Botanic Gardens, Cambridge.
Castle Howard, in der Nähe von Malton, Yorkshire.
Corsley Mill, Chapmanslade, Wiltshire.
Gardens of the Rose, in der Nähe von St. Albans, Hertfordshire.
Goodnestone Park, in der Nähe von Deal, Kent.
Mottisfont Abbey, bei Romsey, Hampshire.
Queen Mary Rose Garden, Regents Park, London.
Royal Botanic Gardens, Kew.
Royal Horticultural Society Garden, Wisley, bei Woking, Surrey.
Sissinghurst Castle Garden, in der Nähe von Cranbrook, Kent.
Windsor Great Park: the Valley Gardens Leather Garden, Buckinghamshire; the Savill Garden.

Frankreich
Bagatelle, Paris.
Le Roserie de l'Haij-les-Roses, Paris.

DDR
Das Rosarium Sangerhausen bei Leipzig besitzt das wohl umfassendste Rosensortiment der Welt.

USA
Huntingdon Library, Art Collection & Botanical Garden, 1151 Oxford Road, San Marino, CA 91180.
Memphis Botanic Garden, 750 Cherry Road, Audubon Park, Memphis, TN 38117-4699.
Gene C. Reid Park Rose Garden, 900 S. Randolph Way, Tuscon, Arizona.
Descano Gardens, 1418 Descano Dr., Lacanada, California.
Exposition Park Rose Garden, 701 State Dr., Los Angeles, California.
Marcom Amphitheater of Roses, Jean St., One Block North of Grand Ave., Oakland, California.
James P. Kelleher Rose Garden, Park Drive, Boston, Massachusetts.
Michigan State University Horticulture Gardens, East Lansing, Michigan.
Lake Harriett Rose Gardens, Roseway Road and Lake Harriett Parkway, Minneapolis, Minnesota.
Missouri Botanical Gardens, 4434 Shaw, St. Louis, Missouri.
Washington Park Rose Garden, Washington Park Springfield, Illinois.
Lakeside Rose Garden, Lakeside Park, 1500 Lake Avenue, Ft. Wayne, Indiana.
Greenwood Park Rose Garden, Grand Avenue, (45th-49th Streets.), Des Moines, Iowa.
Reinisch Rose and Test Garden, Gage Park, 4320 W. 10th Street, Topeka, Kansas.
Deering Oaks Park Rose Circle, 227 Park Avenue, Portland, Maine.
Cranford Memorial Rose Garden, Booklyn Botanic Garden, 1000 Washington Avenue, Brooklyn, NYC, New York.
Queens Botanical Garden, 43-50 Main Street, Flushing, NYC, New York.

Biltmore House and Garden, US 25, Asheville, North Carolina.
Columbus Park of Roses, 3923 N. High Street, Columbus, Ohio.
The Marion F. Rivinus Rose Garden of the Morris Arboretum, University of Pennsylvania, 9414 Meadowbrook Avenue, Philadelphia, Pennsylvania.
Samuell-Grand Municipal Rose Garden, 6200 E. Grand Blvd., Dallas, Texas.
Ft. Worth Botanic Garden, 3220 Botanic Gardens Dr., Ft. Worth, Texas.
Norfolk Botanical Gardens, Bicentennial Rose Garden, Airport Road Norfolk, Virginia.
Woodland Park Rose Garden, 700 N. 50th Street, Seattle, Washington.
Boerner Botanical Gardens, Whithall Park, 5879 S. 92nd Street, Hales Corner Wisconsin.
Portland, Oregon. Rose Test Gardens.
Hershey Rose Gardens, Harrisburg, Pennsylvania.
American Rose Society Gardens, Shreveport, Louisiana.

Bibliographie

Allgemein
Gibson, M.: *The Book of the Rose*; Macdonald 1980.
Harkness, Jack: *Roses*; Dent 1978.
Harkness, Jack: *The Rose Directory*.
Kordes, Wilhelm: *Das Rosenbuch*; Verlag M. & H. Schaper, Hannover 1977.
The Rose: The Royal National Rose Society Journal.
The Garden: The Royal Horticultural Society Journal. The Journal of the American Rose Society.

Alte Rosen, Strauchrosen und Kletterrosen
Beales, Peter: *Classic Roses*; Collins Harvill 1985.
Paul, William: *The Rose Garden*; 1872 (London 1848).
Redoute, P. J.: *Les Roses*; Text von Thory (Paris 1820).
Thomas, G. S.: *The Old Shrub Roses*; Dent 1955 (überarbeitete Ausgabe 1983).
Shrub Roses of Today; Phoenix House 1962.
Climbing Roses, Old and New; Dent (überarbeitete Ausgabe 1978).
Willmott, E., unter Mitarbeit von J. P. Baker, Zeichnungen von A. Parsons: *The Genus Rosa*; 2 Bände, 1914.

Teehybriden, Floribunda-Rosen und Miniaturrosen
Dobson, Bev.: *Combined Rose List*; 1987.
Fitch, Charles Marden: *The Complete Book of Miniature Roses*; (Hawthor 1977).
Gibson, M.: *Growing Roses*; (1984).
Modern Roses 8. American Rose Society, The International Registration Authority for Roses (McFarland 1980).

Gattung Rosa
Bean, W. J. (überarbeitet von D. L. Clarke): *Rosa*; in *Trees and Shrubs Hardy in the British Isles*, Band IV (1980).
Crépin, F.: Bull. Soc. Bot. Belg. 8-21 (1869-82).
Fernald, M. L.: *Gray's Manual of Botany*; ed. 8 (1950).
Fisjun, V. V.: *Rosa*; in *Conspectus Florae Asiae Mediae*, (1976).
Hillier's Manual of Trees and Shrubs; ed. 4 (1974).
Klastersky, I.: *Rosa*; in *Flora Europaea*, Band II (1968).
Ku, Tsue-chih: *Rosa*; in *Flora Reip. Pop. Sin. t. 37*, (1985).
Mulligan, B. O.: *Rosa*; in R. H. S. Dictionary of Gardening, 1951.
Munz, P. A.: *A Californian Flora*; 1959.
Nilsson, O.: *Rosa*; in Davis (ed.): *Flora of Turkey*, 4 (1972).
Ohwi, J.: *Flora of Japan*; 1965.
Polunin, O. und Stainton, A.: *Flowers of the Himalaya*; 1984.
Rehder, A.: *Manual of Trees and Shrubs Hardy in North America*; 1940.
Zielinski, J.: *Rosa*; Nr. 152, in *Flora Iranica*, 1982.

Index